Büchner · Die Briefe

Georg Büchner

Die Briefe

Herausgegeben von
Ariane Martin

Philipp Reclam jun. Stuttgart

RECLAMS UNIVERSAL-BIBLIOTHEK Nr. 18835

Gesamtherstellung: Reclam, Ditzingen. Printed in Germany 2011

ISBN 978-3-15-018835-4

www.reclam.de

Inhalt

Briefe

Anhang

Briefe

1. Briefe an die Familie

1.

Straßburg, im October 1831.
[*Nach 4. Dezember 1831*]

….. Als sich das Gerücht verbreitete, daß Romarino durch Straßburg reisen würde, eröffneten die Studenten sogleich eine Subscription und beschlossen, ihm mit einer schwarzen Fahne entgegenzuziehen. Endlich traf die Nachricht hier ein, daß Romarino den Nachmittag mit den Generälen Schneider und Langermann ankommen würde. Wir versammelten uns sogleich in der Academie; als wir aber durch das Thor ziehen wollten, ließ der Offizier, der von der Regierung Befehl erhalten hatte, uns mit der Fahne nicht passiren zu lassen, die Wache unter das Gewehr treten, um uns den Durchgang zu wehren. Doch wir brachen mit Gewalt durch und stellten uns drei- bis vierhundert Mann stark an der großen Rheinbrücke auf. An uns schloß sich die Nationalgarde an. Endlich erschien Romarino, begleitet von einer Menge Reiter; ein Student hält eine Anrede, die er beantwortet, ebenso ein Nationalgardist. Die Nationalgarden umgeben den Wagen und ziehen ihn; wir stellen uns mit der Fahne an die Spitze des Zugs, dem ein großes Musikchor vormarschirt. So ziehen wir in die Stadt, begleitet von einer ungeheuren Volksmenge unter Absingung der Marseillaise und der Carmagnole; überall erschallt der Ruf: Vive la liberté! vive Romarino! à bas les ministres! à bas le juste milieu! Die Stadt selbst illuminirt, an den Fenstern schwenken die Damen ihre Tücher, und Romarino wird im Triumph bis zum Gasthof gezogen, wo ihm unser Fahnenträger die Fahne mit dem Wunsch überreicht, daß diese Trauerfahne sich bald in Polens Freiheitsfahne verwandeln möge. Darauf erscheint Romarino auf dem Balkon, dankt, man ruft Vivat! – und die Comödie ist fertig. …

2.

Straßburg, im December 1831.

..... Es sieht verzweifelt kriegerisch aus; kommt es zum Kriege, dann gibt es in Deutschland vornehmlich eine babylonische Verwirrung, und der Himmel weiß, was das Ende vom Liede sein wird. Es kann Alles gewonnen und Alles verloren werden; wenn aber die Russen über die Oder gehn, dann nehme ich den Schießprügel, und sollte ich's in Frankreich thun. Gott mag den allerdurchlauchtigsten und gesalbten Schafsköpfen gnädig sein; auf der Erde werden sie hoffentlich keine Gnade mehr finden. ....

3.

Straßburg, im Februar 1832.
[*Zwischen Mitte April und Mitte Mai 1832*]

.... Das einzige Interessante in politischer Beziehung ist, daß die hiesigen republikanischen Zierbengel mit rothen Hüten herumlaufen, und daß Herr Périer die Cholera hatte, die Cholera aber leider nicht ihn.*) .....

4.

Straßburg, im December 1832.

.... Ich hätte beinahe vergessen zu erzählen, daß der Platz in Belagerungsstand gesetzt wird (wegen der holländischen Wirren). Unter meinem Fenster rasseln beständig die Kanonen vorbei, auf den öffentlichen Plätzen exerciren die Truppen und das Geschütz wird auf den Wällen aufgefahren. Für eine politische Abhandlung habe ich keine Zeit mehr, es wäre auch nicht der Mühe werth, das Ganze ist doch nur eine Comödie. Der König und die Kammern regieren, und das Volk klatscht und bezahlt. ....

5.

Straßburg, im Januar 1833.

..... Auf Weihnachten ging ich Morgens um vier Uhr in die Frühmette ins Münster. Das düstere Gewölbe mit seinen Säulen, die Rose und die farbigen Scheiben und die knieende Menge waren nur halb vom Lampenschein erleuchtet. Der Gesang des unsichtbaren Chores schien über dem Chor und dem Altare zu schweben und den vollen Tönen der gewaltigen Orgel zu antworten. Ich bin kein Katholik und kümmerte mich wenig um das Schellen und Knieen der buntscheckigen Pfaffen, aber der Gesang allein machte mehr Eindruck auf mich, als die faden, ewig wiederkehrenden Phrasen unserer meisten Geistlichen, die Jahr aus Jahr ein an jedem Weihnachtstag meist nichts Gescheidteres zu sagen wissen, als, der liebe Herrgott sei doch ein gescheidter Mann gewesen, daß er Christus grade um diese Zeit auf die Welt habe kommen lassen. –

6.

Straßburg, den 5. April 1833.
[*Frühestens 6. April 1833*]

Heute erhielt ich Euren Brief mit den Erzählungen aus Frankfurt.*) Meine Meinung ist die: Wenn in unserer Zeit etwas helfen soll, so ist es Gewalt. Wir wissen, was wir von unseren Fürsten zu erwarten haben. Alles, was sie bewilligen, wurde ihnen durch die Nothwendigkeit abgezwungen. Und selbst das Bewilligte wurde uns hingeworfen, wie eine erbettelte Gnade und ein elendes Kinderspielzeug, um dem ewigen Maulaffen Volk seine zu eng geschnürte Wickelschnur vergessen zu machen. Es ist eine blecherne Flinte und ein hölzerner Säbel, womit nur ein Deutscher die Abgeschmacktheit begehen konnte, Soldatchens zu spielen. Unsere Landstände sind eine Satyre auf die gesunde Vernunft, wir können noch ein Säculum damit herumziehen, und wenn wir die Resultate dann zusammennehmen, so hat das Volk die schönen Reden seiner Vertreter noch immer theurer bezahlt, als der römische Kaiser, der seinem Hofpoeten für zwei gebrochene Verse 20,000 Gulden geben ließ. Man wirft den jungen Leuten den Gebrauch der Gewalt vor. Sind wir denn aber nicht in einem ewigen Gewaltzustand? Weil wir in Kerker geboren und großgezogen sind, merken wir nicht mehr, daß wir im Loch stecken mit angeschmiedeten Händen und Füßen und einem Knebel im Munde. Was nennt Ihr denn gesetzlichen Zustand? Ein Gesetz, das die große Masse der Staatsbürger zum frohnenden Vieh macht, um die unnatürlichen Bedürfnisse einer unbedeutenden und verdorbenen Minderzahl zu befriedigen? Und dies Gesetz, unterstützt durch eine rohe Militärgewalt und durch die dumme Pfiffigkeit seiner Agenten, dies Gesetz ist eine ewige, rohe Gewalt, angethan dem Recht und der gesunden Vernunft, und ich werde mit Mund und Hand dagegen kämpfen, wo ich kann. Wenn ich an dem, was geschehen, keinen Theil genommen und an dem, was vielleicht geschieht, keinen Theil nehmen werde, so geschieht es weder aus Mißbilligung, noch aus Furcht, sondern nur weil ich im gegenwärtigen Zeitpunkt jede revolutionäre Bewegung als eine vergebliche Unternehmung betrachte und nicht die Verblendung Derer theile, welche in den Deutschen ein zum Kampf für sein Recht bereites Volk sehen. Diese tolle Meinung führte die Frankfurter Vorfälle herbei, und der Irrthum büßte sich schwer. Irren ist übrigens keine Sünde, und die deutsche Indifferenz ist wirklich von der Art, daß sie alle Berechnung zu Schanden macht. Ich bedaure die Unglücklichen von Herzen. Sollte keiner von meinen Freunden in die Sache verwickelt sein? ....

7.

[*Straßburg, April oder Mai 1833*]

Wegen mir könnt Ihr ganz ruhig sein; ich werde nicht nach Freiburg gehen, und eben so wenig wie im vorigen Jahre, an einer Versammlung Theil nehmen.

8.

Straßburg, im Mai 1833.

...... So eben erhalten wir die Nachricht, daß in Neustadt die Soldateska über eine friedliche und unbewaffnete Versammlung hergefallen sei und ohne Unterschied mehrere Personen niedergemacht habe. Aehnliche Dinge sollen sich im übrigen Rheinbayern zugetragen haben. Die liberale Partei kann sich darüber grade nicht beklagen; man vergilt Gleiches mit Gleichem, Gewalt mit Gewalt. Es wird sich finden, wer der Stärkere ist. – Wenn Ihr neulich bei hellem Wetter bis auf das Münster hättet sehen können, so hättet Ihr mich bei einem langhaarigen, bärtigen, jungen Mann sitzend gefunden. Besagter hatte ein rothes Barett auf dem Kopf, um den Hals einen Cashmir-Shawl, um den Cadaver einen kurzen deutschen Rock, auf die Weste war der Name »Rousseau« gestickt, an den Beinen enge Hosen mit Stegen, in der Hand ein modisches Stöckchen. Ihr seht, die Carricatur ist aus mehreren Jahrhunderten und Welttheilen zusammengesetzt: Asien um den Hals, Deutschland um den Leib, Frankreich an den Beinen, 1400 auf dem Kopf und 1833 in der Hand. Er ist ein Kosmopolit – nein, er ist mehr, er ist St. Simonist! Ihr denkt nun, ich hätte mit einem Narren gesprochen, und Ihr irrt. Es ist ein liebenswürdiger junger Mann, viel gereist. – Ohne sein fatales Costüm hätte ich nie den St. Simonisten verspürt, wenn er nicht von der femme in Deutschland gesprochen hätte. Bei den Simonisten sind Mann und Frau gleich, sie haben gleiche politische Rechte. Sie haben nun ihren père, der ist St. Simon, ihr Stifter; aber billigerweise müßten sie auch eine mère haben. Die ist aber noch zu suchen, und da haben sie sich denn auf den Weg gemacht, wie Saul nach seines Vaters Eseln, mit dem Unterschied, daß – denn im neunzehnten Jahrhundert ist die Welt gar weit vorangeschritten, – daß die Esel diesmal den Saul suchen. Rousseau mit noch einem Gefährten (beide verstehen kein Wort deutsch) wollten die femme in Deutschland suchen, man beging aber die intolerante Dummheit, sie zurückzuweisen. Ich sagte ihm, er hätte nicht viel an den Weibern, die Weiber aber viel an ihm verloren; bei den Einen hätte er sich ennuyirt und über die Anderen gelacht. Er bleibt jetzt in Straßburg, steckt die Hände in die Taschen und predigt dem Volke die Arbeit, wird für seine Capacität gut bezahlt und marche vers les femmes, wie er sich ausdrückt. Er ist übrigens beneidenswerth, führt das bequemste Leben unter der Sonne, und ich möchte aus purer Faulheit St. Simonist werden, denn man müßte mir meine Capacität gehörig honoriren. ……

9.

Straßburg, im Juni 1833.

……. Ich werde zwar immer meinen Grundsätzen gemäß handeln, habe aber in neuerer Zeit gelernt, daß nur das nothwendige Bedürfniß der großen Masse Umänderungen herbeiführen kann, daß alles Bewegen und Schreien der Einzelnen vergebliches Thorenwerk ist. Sie schreiben, man liest sie nicht; sie schreien, man hört sie nicht; sie handeln, man hilft ihnen nicht.

10.

[*Straßburg, Juni 1833*]

Ihr könnt voraussehen, daß ich mich in die Gießener Winkelpolitik und revolutionären Kinderstreiche nicht einlassen werde.

11.

Straßburg, den 8. Juli 1833.

Bald im Thal, bald auf den Höhen zogen wir durch das liebliche Land. Am zweiten Tage gelangten wir auf einer über 3000 Fuß hohen Fläche zum sogenannten weißen und schwarzen See. Es sind zwei finstere Lachen in tiefer Schlucht, unter etwa 500 Fuß hohen Felsenwänden. Der weiße See liegt auf dem Gipfel der Höhe. Zu unseren Füßen lag still das dunkle Wasser. Ueber die nächsten Höhen hinaus sahen wir im Osten die Rheinebenen und den Schwarzwald, nach West und Nordwest das Lothringer Hochland; im Süden hingen düstere Wetterwolken, die Luft war still. Plötzlich trieb der Sturm das Gewölke die Rheinebene herauf, zu unserer Linken zuckten die Blitze, und unter dem zerrissenen Gewölk über dem dunklen Jura glänzten die Alpengletscher in der Abendsonne. Der dritte Tag gewährte uns den nämlichen herrlichen Anblick; wir bestiegen nämlich den höchsten Punkt der Vogesen, den an 5000 Fuß hohen Bölgen. Man übersieht den Rhein von Basel bis Straßburg, die Fläche hinter Lothringen bis zu den Bergen der Champagne, den Anfang der ehemaligen franche Comté, den Jura und die Schweizergebirge vom Rigi bis zu den entferntesten Savoy'schen Alpen. Es war gegen Sonnenuntergang, die Alpen wie blasses Abendroth über der dunkel gewordenen Erde. Die Nacht brachten wir in einer geringen Entfernung vom Gipfel in einer Sennerhütte zu. Die Hirte haben hundert Kühe und bei neunzig Farren und Stiere auf der Höhe. Bis Sonnenaufgang war der Himmel etwas dunstig, die Sonne warf einen rothen Schein über die Landschaft. Ueber den Schwarzwald und den Jura schien das Gewölk wie ein schäumender Wasserfall zu stürzen, nur die Alpen standen hell darüber, wie eine blitzende Milchstraße. Denkt Euch über der dunklen Kette des Jura und über dem Gewölk im Süden, soweit der Blick reicht, eine ungeheure, schimmernde Eiswand, nur noch oben durch die Zacken und Spitzen der einzelnen Berge unterbrochen. Vom Bölgen stiegen wir rechts herab in das sogenannte Amarinenthal, das letzte Hauptthal der Vogesen. Wir gingen thalaufwärts. Das Thal schließt sich mit einem schönen Wiesengrund im wilden Gebirg. Ueber die Berge führte uns eine gut erhaltene Bergstraße nach Lothringen zu den Quellen der Mosel. Wir folgten eine Zeitlang dem Laufe des Wassers, wandten uns dann nördlich und kehrten über mehrere interessante Punkte nach Straßburg zurück.

Hier ging es seit einigen Tagen etwas unruhig zu. Ein ministerieller Deputirter, Herr Saglio, kam vor einigen Tagen aus Paris zurück. Es kümmerte sich Niemand um ihn. Eine bankerotte Ehrlichkeit ist heutzutage etwas zu Gemeines, als daß ein Volksvertreter, der seinen Frack wie einen Schandpfahl auf dem Rücken trägt, noch Jemanden interessiren könnte. Die Polizei war aber entgegengesetzter Meinung und stellte deßhalb eine bedeutende Anzahl Soldaten auf dem Paradeplatz und vor dem Hause des Herrn Saglio auf. Dies lockte denn endlich am zweiten oder dritten Tage die Menge herbei, gestern und vorgestern Abend wurde etwas vor dem Hause gelärmt. Präfect und Maire hielten es für die beste Gelegenheit, einen Orden zu erwischen, sie ließen die Truppen ausrücken, die Straßen räumen, Bajonnette und Kolbenstöße austheilen, Verhaftungen vornehmen, Proklamationen anschlagen u. s. w.

12.

Gießen, den 1. November 1833.

..... Gestern wurden wieder zwei Studenten verhaftet, der kleine Stamm, und Groß. ....

13.

Gießen, den 19. November 1833.
[*12. November 1833*]

..... Gestern war ich bei dem Bankett zu Ehren der zurückgekehrten Deputirten. An zweihundert Personen, unter ihnen Balser und Vogt. Einige loyale Toaste, bis man sich Courage getrunken, und dann das Polenlied, die Marseillaise gesungen und den in Friedberg Verhafteten ein Vivat gebracht! Die Leute gehen ins Feuer, wenn's von einer brennenden Punschbowle kommt! .....

14.

[*Gießen, Anfang 1834*]

Ich habe Anlagen zur Schwermuth.

15.

Gießen, im Februar 1834.

..... Ich verachte Niemanden, am wenigsten wegen seines Verstandes oder seiner Bildung, weil es in Niemands Gewalt liegt, kein Dummkopf oder kein Verbrecher zu werden, – weil wir durch gleiche Umstände wohl Alle gleich würden, und weil die Umstände außer uns liegen. Der Verstand nun gar ist nur eine sehr geringe Seite unsers geistigen Wesens und die Bildung nur eine sehr zufällige Form desselben. Wer mir eine solche Verachtung vorwirft, behauptet, daß ich einen Menschen mit Füßen träte, weil er einen schlechten Rock anhätte. Es heißt dieß, eine Rohheit, die man Einem im Körperlichen nimmer zutrauen würde, ins Geistige übertragen, wo sie noch gemeiner ist. Ich kann Jemanden einen Dummkopf nennen, ohne ihn deßhalb zu verachten; die Dummheit gehört zu den allgemeinen Eigenschaften der menschlichen Dinge; für ihre Existenz kann ich nichts, es kann mir aber Niemand wehren, Alles, was existirt, bei seinem Namen zu nennen und dem, was mir unangenehm ist, aus dem Wege zu gehn. Jemanden kränken, ist eine Grausamkeit, ihn aber zu suchen oder zu meiden, bleibt meinem Gutdünken überlassen. Daher erklärt sich mein Betragen gegen alte Bekannte; ich kränkte Keinen und sparte mir viel Langeweile; halten sie mich für hochmüthig, wenn ich an ihren Vergnügungen oder Beschäftigungen keinen Geschmack finde, so ist es eine Ungerechtigkeit; mir würde es nie einfallen, einem Andern aus dem nämlichen Grunde einen ähnlichen Vorwurf zu machen. Man nennt mich einen Spötter. Es ist wahr, ich lache oft, aber ich lache nicht darüber, wie Jemand ein Mensch, sondern nur darüber, daß er ein Mensch ist, wofür er ohnehin nichts kann, und lache dabei über mich selbst, der ich sein Schicksal theile. Die Leute nennen das Spott, sie vertragen es nicht, daß man sich als Narr producirt und sie dutzt; sie sind Verächter, Spötter und Hochmüthige, weil sie die Narrheit nur außer sich suchen. Ich habe freilich noch eine Art von Spott, es ist aber nicht der der Verachtung, sondern der des Hasses. Der Haß ist so gut erlaubt als die Liebe, und ich hege ihn im vollsten Maße gegen die, welche verachten. Es ist deren eine große Zahl, die im Besitze einer lächerlichen Aeußerlichkeit, die man Bildung, oder eines todten Krams, den man Gelehrsamkeit heißt, die große Masse ihrer Brüder ihrem verachtenden Egoismus opfern. Der Aristocratismus ist die schändlichste Verachtung des heiligen Geistes im Menschen; gegen ihn kehre ich seine eigenen Waffen; Hochmuth gegen Hochmuth, Spott gegen Spott. – Ihr würdet euch besser bei meinem Stiefelputzer nach mir umsehn; mein Hochmuth und Verachtung Geistesarmer und Ungelehrter fände dort wohl ihr bestes Object. Ich bitte, fragt ihn einmal... Die Lächerlichkeit des Herablassens werdet Ihr mir doch wohl nicht zutrauen. Ich hoffe noch immer, daß ich leidenden, gedrückten Gestalten mehr mitleidige Blicke zugeworfen, als kalten, vornehmen Herzen bittere Worte gesagt habe. – .....

16.

Gießen, den 19. März 1834.

..... Wichtiger ist die Untersuchung wegen der Verbindungen; die Relegation steht wenigstens dreißig Studenten bevor. Ich wollte die Unschädlichkeit dieser Verschwörer eidlich bekräftigen. Die Regierung muß aber doch etwas zu thun haben! Sie dankt ihrem Himmel, wenn ein paar Kinder schleifen oder Ketten schaukeln! – Die in Friedberg Verhafteten sind frei, mit Ausnahme von Vieren. – ...

17.

[*Straßburg, Ende März 1834*]

Ich war im Aeußeren ruhig, doch war ich in tiefe Schwermuth verfallen; dabei engten mich die politischen Verhältnisse ein, ich schämte mich, ein Knecht mit Knechten zu sein, einem vermoderten Fürstengeschlecht und einem kriechenden Staatsdiener-Aristokratismus zu Gefallen. Ich komme nach Gießen in die niedrigsten Verhältnisse, Kummer und Widerwillen machen mich krank.

18.

Gießen, den 25. Mai 1834.

..... Das Treiben des »Burschen« kümmert mich wenig, gestern Abend hat er von dem Philister Schläge bekommen. Man schrie Bursch heraus! Es kam aber Niemand, als die Mitglieder zweier Verbindungen, die aber den Universitätsrichter rufen mußten, um sich vor den Schuster- und Schneiderbuben zu retten. Der Universitätsrichter war betrunken und schimpfte die Bürger; es wundert mich, daß er keine Schläge bekam; das Possierlichste ist, daß die Buben liberal sind und sich daher an die loyal gesinnten Verbindungen machten. Die Sache soll sich heute Abend wiederholen, man munkelt sogar von einem

Auszug; ich hoffe, daß der Bursche wieder Schläge bekommt; wir halten zu den Bürgern und bleiben in der Stadt. .....

19.

Gießen, den 2. Juli 1834.

..... Was sagt man zu der Verurtheilung von Schulz?*) – Mich wundert es nicht, es riecht nach Kommißbrod. – A propos, wißt Ihr die hübsche Geschichte vom Herrn Commissär, etc ...? Der gute Columbus sollte in X.... bei einem Schreiner eine geheime Presse entdecken. Er besetzt das Haus, dringt ein. »Guter Mann, es ist Alles aus, führ' Er mich nur an die Presse.« – Der Mann führt ihn an die Kelter. »Nein, Mann! Die Presse! Die Presse!« – Der Mann versteht ihn nicht, und der Commissär wagt sich in den Keller. Es ist dunkel. »Ein Licht, Mann!« – »Das müssen Sie kaufen, wenn Sie eins haben wollen.« – Aber der Herr Commissär spart dem Lande überflüssige Ausgaben. Er rennt, wie Münchhausen, an einen Balken, er schlägt Feuer aus seinem Nasenbein, das Blut fließt, er achtet nichts und findet nichts. Unser lieber Großherzog wird ihm aus einem Civilverdienstorden ein Nasenfutteral machen. – ......

20.

Frankfurt, den 3. August 1834.

.... Ich benutze jeden Vorwand, um mich von meiner Kette loszumachen. Freitag Abends ging ich von Gießen weg; ich wählte die Nacht der gewaltigen Hitze wegen, und so wanderte ich in der lieblichsten Kühle unter hellem Sternenhimmel, an dessen fernstem Horizonte ein beständiges Blitzen leuchtete. Theils zu Fuß, theils fahrend mit Postillonen und sonstigem Gesindel, legte ich während der Nacht den größten Theil des Wegs zurück. Ich ruhte mehrmals unterwegs. Gegen Mittag war ich in Offenbach. Den kleinen Umweg machte ich, weil es von dieser Seite leichter ist, in die Stadt zu kommen, ohne angehalten zu werden. Die Zeit erlaubte mir nicht, mich mit den nöthigen Papieren zu versehen. .....

21.

Gießen, den 5. August 1834.

.... Ich meine, ich hätte Euch erzählt, daß Minnigerode eine halbe Stunde vor meiner Abreise arretirt wurde, man hat ihn nach Friedberg abgeführt. Ich begreife den Grund seiner Verhaftung nicht. Unserem scharfsinnigen Universitätsrichter fiel es ein, in meiner Reise, wie es scheint, einen Zusammenhang mit der Verhaftung Minnigerode's zu finden. Als ich hier ankam, fand ich meinen Schrank versiegelt, und man sagte mir, meine Papiere seien durchsucht worden. Auf mein Verlangen wurden die Siegel sogleich abgenommen, auch gab man mir meine Papiere (nichts als Briefe von Euch und meinen Freunden) zurück, nur einige französische Briefe von W..., Muston,*) L... und B... wurden zurückbehalten, wahrscheinlich weil die Leute sich erst einen Sprachlehrer müssen kommen lassen, um sie zu lesen. Ich bin empört über ein solches Benehmen, es wird mir übel, wenn ich meine heiligsten Geheimnisse in den Händen dieser schmutzigen Menschen denke. Und das Alles – wißt Ihr auch warum? Weil ich an dem nämlichen Tag abgereist, an dem Minnigerode verhaftet wurde. Auf einen vagen Verdacht hin verletzte man die heiligsten Rechte und verlangte dann weiter Nichts, als daß ich mich über meine Reise ausweisen sollte!!! Das konnte ich natürlich mit der größten Leichtigkeit; ich habe Briefe von B., die jedes Wort bestätigen, das ich gesprochen, und unter meinen Papieren befindet sich keine Zeile, die mich compromittiren könnte. Ihr könnt über die Sache ganz unbesorgt sein. Ich bin auf freiem Fuß und es ist unmöglich, daß man einen Grund zur Verhaftung finde. Nur im Tiefsten bin ich über das Verfahren der Gerichte empört, auf den Verdacht eines möglichen Verdachts in die heiligsten Familiengeheimnisse einzubrechen. Man hat mich auf dem Universitätsgericht *bloß gefragt*, wo ich mich während der drei letzten Tage aufgehalten, und um sich darüber Aufschluß zu verschaffen, *erbricht* man schon am zweiten Tag in meiner Abwesenheit meinen Pult und bemächtigt sich meiner Papiere! Ich werde mit einigen Rechtskundigen sprechen und sehen, ob die Gesetze für eine solche Verletzung Genugthuung schaffen! ....

22.

Gießen, den 8. August 1834.

..... Ich gehe meinen Beschäftigungen wie gewöhnlich nach, vernommen bin ich nicht weiter geworden. Verdächtiges hat man nicht gefunden, nur die französischen Briefe scheinen noch nicht entziffert zu sein; der Herr Universitätsrichter muß sich wohl erst Unterricht im Französischen nehmen. Man hat mir sie noch nicht zurückgegeben ..... Uebrigens habe ich mich bereits an das Disciplinargericht gewendet und es um Schutz gegen die Willkür des Universitätsrichters gebeten. Ich bin auf die Antwort begierig. Ich kann mich nicht entschließen, auf die mir gebührende Genugthuung zu verzichten. Das Verletzen meiner heiligsten Rechte und das Einbrechen in alle meine Geheimnisse, das Berühren von Papieren, die mir Heiligthümer sind, empörten mich zu tief, als daß ich nicht jedes Mittel ergreifen sollte, um mich an dem Urheber dieser Gewaltthat zu rächen. Den Universitätsrichter habe ich mittelst des höflichsten Spottes fast ums Leben gebracht. Wie ich zurückkam, mein Zimmer mir verboten und mein Pult versiegelt fand, lief ich zu ihm und sagte ihm ganz kaltblütig mit der größten Höflichkeit, in Gegenwart mehrerer Personen: wie ich vernommen, habe er in meiner Abwesenheit mein Zimmer mit seinem Besuche beehrt, ich komme, um ihn um den Grund seines gütigen Besuches zu fragen etc. – Es ist Schade, daß ich nicht nach dem Mittagessen gekommen, aber auch so barst er fast und mußte diese beißende Ironie mit der größten Höflichkeit beantworten. Das Gesetz sagt, nur in Fällen sehr dringenden Verdachts, ja nur eines Verdachtes, der statt halben Beweises gelten könne, dürfe eine Haussuchung vorgenommen werden. Ihr seht, wie man das Gesetz auslegt. Verdacht, am wenigsten ein dringender, kann nicht gegen mich vorliegen, sonst müßte ich verhaftet sein; in der Zeit, wo ich hier bin, könnte ich ja jede Untersuchung durch Verabreden gleichlautender Aussagen und dergleichen unmöglich machen. Es geht hieraus hervor, daß ich durch nichts compromittirt bin und daß die Haussuchung nur vorgenommen worden, weil ich nicht liederlich und nicht sclavisch genug aussehe, um für keinen Demagogen gehalten zu werden. Eine solche Gewaltthat stillschweigend ertragen, hieße die Regierung zur Mitschuldigen machen; hieße aussprechen, daß es keine gesetzliche Garantie mehr gäbe; hieße erklären, daß das verletzte Recht keine Genugthuung mehr erhalte. Ich will unserer Regierung diese grobe Beleidigung nicht anthun.

Wir wissen nichts von Minnigerode; das Gerücht mit Offenbach ist jedenfalls reine Erfindung; daß ich auch schon da gewesen, kann mich nicht mehr compromittiren, als jeden anderen Reisenden .... – Sollte man, sowie man ohne die gesetzlich nothwendige Ursache meine Papiere durchsuchte, mich auch ohne dieselbe festnehmen, in Gottes Namen! ich kann so wenig darüber hinaus, und es ist dies so wenig meine Schuld, als wenn eine Heerde Banditen mich anhielte, plünderte oder mordete. Es ist Gewalt, der man sich fügen muß, wenn man nicht stark genug ist, ihr zu widerstehen; aus der Schwäche kann Einem kein Vorwurf gemacht werden. ......

23.

Gießen, Ende August 1834.

Es sind jetzt fast drei Wochen seit der Haussuchung verflossen, und man hat mir in Bezug darauf noch nicht die mindeste Eröffnung gemacht. Die Vernehmung bei dem Universitätsrichter am ersten Tage kann nicht in Anschlag gebracht werden, sie steht damit in keinem gesetzlichen Zusammenhang; der Herr Georgi verlangt nur als Universitätsrichter von mir als Studenten: ich solle mich wegen meiner Reise ausweisen, während er die Haussuchung als Regierungscommissär vornahm. Ihr sehet also, wie weit man es in der gesetzlichen Anarchie gebracht hat. Ich vergaß, wenn ich nicht irre, den wichtigen Umstand anzuführen, daß die Haussuchung sogar ohne die drei, durch das Gesetz vorgeschriebenen Urkundspersonen vorgenommen wurde, und so um so mehr den Charakter eines Einbruchs an sich trägt. Das Verletzen unserer Familiengeheimnisse ist ohnehin ein bedeutenderer Diebstahl, als das Wegnehmen einiger Geldstücke. Das Einbrechen in meiner Abwesenheit ist ebenfalls ungesetzlich; man war nur berechtigt, meine Thüre zu versiegeln, und erst dann in meiner Abwesenheit zur Haussuchung zu schreiten, wenn ich mich auf erfolgte Vorladung nicht gestellt hätte. Es sind also drei Verletzungen des Gesetzes vorgefallen: Haussuchung ohne dringenden Verdacht (ich bin, wie gesagt, noch nicht vernommen worden, und es sind drei Wochen verflossen), Haussuchung ohne Urkundspersonen, und endlich Haussuchung am dritten Tage meiner Abwesenheit ohne vorher erfolgte Vorladung.–

Die Vorstellung an das Disciplinargericht war im Grund genommen überflüssig, weil der Universitätsrichter als Regierungscommissär nicht unter ihm steht. Ich that diesen Schritt nur vorerst, um nicht mit der Thüre ins

Haus zu fallen; ich stellte mich unter seinen Schutz, ich überließ ihm meine Klage. Seiner Stellung gemäß mußte es meine Sache zu der seinigen machen, aber die Leute sind etwas furchtsamer Natur; ich bin überzeugt, daß sie mich an eine andere Behörde verweisen. Ich erwarte ihre Resolution. ... Der Vorfall ist so einfach und liegt so klar am Tage, daß man mir entweder volle Genugthuung schaffen oder öffentlich erklären muß, das Gesetz sei aufgehoben und eine Gewalt an seine Stelle getreten, gegen die es keine Appellation, als Sturmglocken und Pflastersteine gebe. ....

24.

Weißenburg, den 9. März 1835.

Eben lange ich wohlbehalten hier an. Die Reise ging schnell und bequem vor sich. Ihr könnt, was meine persönliche Sicherheit anlangt, völlig ruhig sein. Sicheren Nachrichten gemäß bezweifle ich auch nicht, daß mir der Aufenthalt in Straßburg gestattet werden wird. ... Nur die dringendsten Gründe konnten mich zwingen, Vaterland und Vaterhaus in der Art zu verlassen... Ich konnte mich unserer politischen Inquisition stellen; von dem Resultat einer Untersuchung hatte ich nichts zu befürchten, aber Alles von der Untersuchung selbst. .... Ich bin überzeugt, daß nach einem Verlaufe von zwei bis drei Jahren meiner Rückkehr nichts mehr im Wege stehen wird. Diese Zeit hätte ich im Falle des Bleibens in einem Kerker zu Friedberg versessen; körperlich und geistig zerrüttet wäre ich dann entlassen worden. Dies stand mir so deutlich vor Augen, dessen war ich so gewiß, daß ich das große Uebel einer freiwilligen Verbannung wählte. Jetzt habe ich Hände und Kopf frei. ... Es liegt jetzt Alles in meiner Hand. Ich werde das Studium der medicinisch-philosophischen Wissenschaften mit der größten Anstrengung betreiben, und auf dem Felde ist noch Raum genug, um etwas Tüchtiges zu leisten und unsere Zeit ist grade dazu gemacht, dergleichen anzuerkennen. Seit ich über der Grenze bin, habe ich frischen Lebensmuth, ich stehe jetzt ganz allein, aber gerade das steigert meine Kräfte. Der beständigen geheimen Angst vor Verhaftung und sonstigen Verfolgungen, die mich in Darmstadt beständig peinigte, enthoben zu sein, ist eine große Wohlthat. ....

25.

Straßburg, den 27. März 1835.

..... Ich fürchte sehr, daß das Resultat der Untersuchung den Schritt, welchen ich gethan, hinlänglich rechtfertigen wird; es sind wieder Verhaftungen erfolgt, und man erwartet nächstens deren noch mehr. Minnigerode ist in flagranti crimine ertappt worden; man betrachtet ihn als den Weg, der zur Entdeckung aller bisherigen revolutionären Umtriebe führen soll, man sucht ihm um jeden Preis sein Geheimniß zu entreißen; wie sollte seine schwache Constitution der langsamen Folter, auf die man ihn spannt, widerstehen können? .... Ist in den deutschen Zeitungen die Hinrichtung des Lieutenant Kosseritz auf dem Hohenasperg in Würtemberg bekannt gemacht worden? Er war Mitwisser um das Frankfurter Complott, und wurde vor einiger Zeit erschossen. Der Buchhändler Frankh aus Stuttgart ist mit noch mehreren Anderen aus der nämlichen Ursache zum Tode verurtheilt worden, und man glaubt, daß das Urtheil vollstreckt wird.*) .....

26.

Straßburg, den 20. April 1835.

..... Heute Morgen erhielt ich eine traurige Nachricht; ein Flüchtling aus der Gegend von Gießen ist hier angekommen; er erzählte mir, in der Gegend von Marburg seien mehrere Personen verhaftet und bei einem von ihnen eine

Presse gefunden worden, außerdem sind meine Freunde L. Becker und Klemm eingezogen worden, und Rector Weidig von Butzbach wird verfolgt. Ich begreife unter solchen Umständen die Freilassung von P..... nicht. Jetzt erst bin ich froh, daß ich weg bin, man würde mich auf keinen Fall verschont haben. ... Ich sehe meiner Zukunft sehr ruhig entgegen. Jedenfalls könnte ich von meinen schriftstellerischen Arbeiten leben. .... Man hat mich auch aufgefordert, Kritiken über die neu erscheinenden französischen Werke in das Literaturblatt zu schicken, sie werden gut bezahlt. Ich würde mir noch weit mehr verdienen können, wenn ich mehr Zeit darauf verwenden wollte, aber ich bin entschlossen, meinen Studienplan nicht aufzugeben. .....

27.

Straßburg, den 5. Mai 1835.

Schulz*) und seine Frau gefallen mir sehr gut, ich habe schon seit längerer Zeit Bekanntschaft mit ihnen gemacht und besuche sie öfters. Schulz namentlich ist nichts weniger, als die unruhige Kanzleibürste, die ich mir unter ihm vorstellte; er ist ein ziemlich ruhiger und sehr anspruchsloser Mann. Er beabsichtigt in aller Nähe mit seiner Frau nach Nancy und in Zeit von einem Jahr ungefähr nach Zürich zu gehen, um dort zu dociren. ... Die Verhältnisse der politischen Flüchtlinge sind in der Schweiz keineswegs so schlecht, als man sich einbildet; die strengen Maßregeln erstrecken sich nur auf diejenigen, welche durch ihre fortgesetzten Tollheiten die Schweiz in die unangenehmsten Verhältnisse mit dem Auslande gebracht und schon beinahe in einen Krieg mit demselben verwickelt haben. .... Böckel und Baum sind fortwährend meine intimsten Freunde; Letzterer will seine Abhandlung über die Methodisten, wofür er einen Preis von 3000 Francs erhalten hat und öffentlich gekrönt worden ist, drucken lassen. Ich habe mich in seinem Namen an Gutzkow gewendet, mit dem ich fortwährend in Correspondenz stehe. Er ist im Augenblick in Berlin, muß aber bald wieder zurückkommen. Er scheint viel auf mich zu halten, ich bin froh darüber, sein Literaturblatt steht in großem Ansehn. ..... Im Juni wird er hierherkommen, wie er mir schreibt. Daß Mehreres aus meinem Drama im Phönix erschienen ist, hatte ich durch ihn erfahren, er versicherte mich auch, daß das Blatt viel Ehre damit eingelegt habe. Das Ganze muß bald erscheinen. Im Fall es euch zu Gesicht kommt, bitte ich euch, bei eurer Beurtheilung vorerst zu bedenken, daß ich der Geschichte treu bleiben und die Männer der Revolution geben mußte, wie sie waren, blutig, liederlich, energisch und cynisch. Ich betrachte mein Drama wie ein geschichtliches Gemälde, das seinem Original gleichen muß. ... Gutzkow hat mich um Kritiken, wie um eine besondere Gefälligkeit gebeten; ich konnte es nicht abschlagen, ich gebe mich ja doch in meinen freien Stunden mit Lectüre ab, und wenn ich dann manchmal die Feder in die Hand nehme und schreibe über das Gelesene etwas nieder, so ist dieß keine so große Mühe und nimmt wenig Zeit weg. ... Der Geburtstag des Königs ging sehr still vorüber, Niemand fragt nach dergleichen, selbst die Republikaner sind ruhig; sie wollen keine Emeuten mehr, aber ihre Grundsätze finden von Tag zu Tag, namentlich bei der jungen Generation mehr Anhang, und so wird wohl die Regierung nach und nach, ohne gewaltsame Umwälzung von selbst zusammenfallen. ... Sartorius ist verhaftet, sowie auch Becker. Heute habe ich auch die Verhaftung des Herrn Weidig und des Pfarrers Flick zu Petterweil erfahren. .....

28.

Straßburg, Mittwoch nach Pfingsten 1835.
[*10. Juni 1835*]

..... Was ihr mir von dem in Darmstadt verbreiteten Gerüchte hinsichtlich einer in Straßburg bestehenden Verbindung sagt, beunruhigt mich sehr. Es sind höchstens acht bis neun deutsche Flüchtlinge hier, ich komme fast in keine Berührung mit ihnen, und an eine politische Verbindung ist nicht zu denken. Sie sehen so gut wie ich ein, daß unter den jetzigen Umständen dergleichen im Ganzen unnütz und dem, der daran Theil nimmt, höchst verderblich ist. Sie haben nur einen Zweck, nämlich durch Arbeiten, Fleiß und gute Sitten das sehr gesunkene Ansehn der deutschen Flüchtlinge wieder zu heben, und ich finde das sehr lobenswerth. Straßburg schien übrigens unserer Regierung höchst verdächtig und sehr gefährlich, es wundern mich daher die umgehenden Gerüchte nicht im Geringsten, nur macht es mich besorgt, daß unsere Regierung die Ausweisung der Schuldigen verlangen will. Wir stehen hier unter keinem gesetzlichen Schutz, halten uns eigentlich gegen das Gesetz hier auf, sind nur geduldet und somit ganz der Willkür des Präfecten überlassen. Sollte ein derartiges Verlangen von unserer Regierung gestellt werden, so würde man nicht fragen: existirt eine solche Verbindung oder nicht? sondern man würde ausweisen, was da ist. Ich kann zwar auf Protection genug zählen, um mich hier halten zu können, aber das geht nur so lange, als die hessische Regierung nicht besonders meine Ausweisung verlangt, denn in diesem Falle spricht das Gesetz zu deutlich, als daß die Behörde ihm nicht nachkommen müßte. Doch hoffe ich, das Alles ist übertrieben. Uns berührt auch folgende Thatsache: Dr. Schulz hat nämlich vor einigen Tagen den Befehl erhalten, Straßburg zu verlassen; er hatte hier ganz zurückgezogen gelebt, sich ganz ruhig verhalten und dennoch! Ich hoffe, daß unsere Regierung mich für zu unbedeutend hielt, um auch gegen mich ähnliche Maßregeln zu ergreifen und daß ich somit ungestört bleiben werde. Sagt, ich sei in die Schweiz gegangen. – Heumann sprach ich gestern. – Auch sind in der letzten Zeit wieder fünf Flüchtlinge aus Darmstadt und Gießen hier eingetroffen und bereits in die Schweiz weiter gereist. Rosenstiel, Wiener und Stamm sind unter ihnen.....

29.

Straßburg, im Juli 1835.

..... Ich habe hier noch mündlich viel Unangenehmes aus Darmstadt erfahren. Koch, Walloth, Geilfuß und einer meiner Gießener Freunde, mit Namen Becker, sind vor Kurzem hier angekommen, auch ist der junge Stamm hier. Es sind sonst noch Mehrere angekommen, sie gehen aber sämmtlich weiter in die Schweiz oder in das Innere von Frankreich. Ich habe von Glück zu sagen und fühle mich manchmal recht frei und leicht, wenn ich den weiten, freien Raum um mich überblicke und mich dann in das Darmstädter Arresthaus zurückversetze. Die Unglücklichen! Minnigerode sitzt jetzt fast ein Jahr, er soll körperlich fast aufgerieben sein, aber zeigt er nicht eine heroische Standhaftigkeit? Es heißt, er sei schon mehrmals geschlagen worden, ich kann und mag es nicht glauben. A. Becker wird wohl von Gott und der Welt verlassen sein; seine Mutter starb, während er in Gießen im Gefängniß saß, vierzehn Tage darnach eröffnete man es ihm!!! Kl...*) ist ein Verräther, das ist gewiß, aber es ist mir doch immer, als ob ich träumte, wenn ich daran denke. Wißt Ihr denn, daß seine Schwester und seine Schwägerin ebenfalls verhaftet und nach Darmstadt gebracht worden sind, und zwar höchst wahrscheinlich auf seine eigne Aussage hin? Uebrigens gräbt er sich sein eignes Grab; seinen Zweck, die Heirath mit Fräulein v...... in Gießen, wird er doch nicht erreichen, und die öffentliche Verachtung, die ihn unfehlbar trifft, wird ihn tödten. Ich fürchte nur sehr, daß die bisherigen Verhaftungen nur das Vorspiel sind; es wird noch bunt hergehen. Die Regierung weiß sich nicht zu mäßigen; die Vortheile, welche ihr die Zeitumstände in die Hand geben, wird sie auf's Aeußerste mißbrauchen, und das ist sehr unklug und für uns sehr vortheilhaft. Auch der junge v. Biegeleben, Weidenbusch, Floret sind in eine Untersuchung verwickelt; das wird noch ins Unendliche gehen. Drei Pfarrer, Flick, Weidig und Thudichum sind unter den Verhafteten. Ich fürchte nur sehr, daß unsere Regierung uns hier nicht in Ruhe läßt, doch bin ich der Verwendung der Professoren Lauth, Duvernoy und des Doctor Boeckel's gewiß, die sämmtlich mit dem Präfecten gut stehen. – Mit meiner Uebersetzung bin ich längst fertig; wie es mit meinem Drama geht, weiß ich nicht; es mögen wohl fünf bis sechs Wochen sein, daß mir Gutzkow schrieb, es werde daran gedruckt, seit der Zeit habe ich nichts mehr darüber gehört. Ich denke es muß erschienen sein, und man schickt es mir erst, wenn die Recensionen erschienen sind, zugleich mit diesen zu. Anders weiß ich mir die Verzögerung nicht zu erklären. Nur fürchte ich zuweilen für Gutzkow; er ist ein Preuße und hat sich neuerdings durch eine Vorrede zu einem in Berlin erschienenen Werke das Mißfallen seiner Regierung zugezogen. Die Preußen machen kurzen Prozeß; er sitzt vielleicht jetzt auf einer preußischen Festung; doch wir wollen das Beste hoffen. .....

30.

Straßburg, 16. Juli 1835.

.... Ich lebe hier ganz unangefochten; es ist zwar vor einiger Zeit ein Rescript von Gießen gekommen, die Polizei scheint aber keine Notiz davon genommen zu haben. .... Es liegt schwer auf mir, wenn ich mir Darmstadt vorstelle; ich sehe unser Haus und den Garten und dann unwillkührlich das abscheuliche Arresthaus. Die Unglücklichen! Wie wird das enden? Wohl wie in Frankfurt, wo Einer nach dem Andern stirbt und in der Stille begraben wird. Ein Todesurtheil, ein Schaffot, was ist das? Man stirbt für seine Sache. Aber so im Gefängniß auf eine langsame Weise aufgerieben zu werden! Das ist entsetzlich! Könntet Ihr mir nicht sagen, wer in Darmstadt sitzt? Ich habe hier Vieles untereinander gehört, werde aber nicht klug daraus. Kl… scheint eine schändliche Rolle zu spielen. Ich hatte den Jungen sehr gern, er war grenzenlos leidenschaftlich, aber offen, lebhaft, muthig und aufgeweckt. Hört man nichts von Minnigerode? Sollte er wirklich Schläge erhalten? Es ist mir undenkbar. Seine heroische Standhaftigkeit sollte auch den verstocktesten Aristokraten Ehrfurcht einflößen. .....

31.

Straßburg, 28. Juli 1835.

..... Ueber mein Drama muß ich einige Worte sagen: erst muß ich bemerken, daß die Erlaubniß, einige Aenderungen machen zu dürfen, allzusehr benutzt worden ist. Fast auf jeder Seite weggelassen, zugesetzt, und fast immer auf die dem Ganzen nachtheiligste Weise. Manchmal ist der Sinn ganz entstellt oder ganz und gar weg, und fast platter Unsinn steht an der Stelle. Außerdem wimmelt das Buch von den abscheulichsten Druckfehlern. Man hatte mir keinen Correcturbogen zugeschickt. Der Titel ist abgeschmackt, und mein Name steht darauf, was ich ausdrücklich verboten hatte; er steht außerdem nicht auf dem Titel meines Manuscripts. Außerdem hat mir der Corrector einige Gemeinheiten in den Mund gelegt, die ich in meinem Leben nicht gesagt haben würde. Gutzkow's glänzende Kritiken habe ich gelesen und zu meiner Freude dabei bemerkt, daß ich keine Anlagen zur Eitelkeit habe. Was übrigens die sogenannte Unsittlichkeit meines Buchs angeht, so habe ich Folgendes zu antworten: der dramatische Dichter ist in meinen Augen nichts, als ein Geschichtschreiber, steht aber über Letzterem dadurch, daß er uns die Geschichte zum zweiten Mal erschafft und uns gleich unmittelbar, statt eine trockne Erzählung zu geben, in das Leben einer Zeit hinein versetzt, uns statt Charakteristiken Charaktere, und statt Beschreibungen Gestalten gibt. Seine höchste Aufgabe ist, der Geschichte, wie sie sich wirklich begeben, so nahe als möglich zu kommen. Sein Buch darf weder sittlicher noch unsittlicher sein, als die Geschichte selbst; aber die Geschichte ist vom lieben Herrgott nicht zu einer Lectüre für junge Frauenzimmer geschaffen worden, und da ist es mir auch nicht übel zu nehmen, wenn mein Drama ebensowenig dazu geeignet ist. Ich kann doch aus einem Danton und den Banditen der Revolution nicht Tugendhelden machen! Wenn ich ihre Liederlichkeit schildern wollte, so mußte ich sie eben liederlich sein, wenn ich ihre Gottlosigkeit zeigen wollte, so mußte ich sie eben wie Atheisten sprechen lassen. Wenn einige unanständige Ausdrücke vorkommen, so denke man an die weltbekannte, obscöne Sprache der damaligen Zeit, wovon das, was ich meine Leute sagen lasse, nur ein schwacher Abriß ist. Man könnte mir nur noch vorwerfen, daß ich einen solchen Stoff gewählt hätte. Aber der Einwurf ist längst widerlegt. Wollte man ihn gelten lassen, so müßten die größten Meisterwerke der Poesie verworfen werden. Der Dichter ist kein Lehrer der Moral, er erfindet und schafft Gestalten, er macht vergangene Zeiten wieder aufleben, und die Leute mögen dann daraus lernen, so gut, wie aus dem Studium der Geschichte und der Beobachtung dessen, was im menschlichen Leben um sie herum vorgeht. Wenn man so wollte, dürfte man keine Geschichte studiren, weil sehr viele unmoralische Dinge darin erzählt werden, müßte mit verbundenen Augen über die Gasse gehen, weil man sonst Unanständigkeiten sehen könnte, und müßte über einen Gott Zeter schreien, der eine Welt erschaffen, worauf so viele Liederlichkeiten vorfallen. Wenn man mir übrigens noch sagen wollte, der Dichter müsse die Welt nicht zeigen wie sie ist, sondern wie sie sein solle, so antworte ich, daß ich es nicht besser machen will, als der liebe Gott, der die Welt gewiß gemacht hat, wie sie sein soll. Was noch die sogenannten Idealdichter anbetrifft, so finde ich, daß sie fast nichts als Marionetten mit himmelblauen Nasen und affectirtem Pathos, aber nicht Menschen von Fleisch und Blut gegeben haben, deren Leid und Freude mich mitempfinden macht, und deren Thun und Handeln mir Abscheu oder Bewunderung einflößt. Mit einem Wort, ich halte viel auf Goethe und Shakspeare, aber sehr wenig auf Schiller. Daß übrigens noch die ungünstigsten Kritiken erscheinen werden, versteht sich von selbst; denn die Regierungen müssen doch durch ihre bezahlten Schreiber beweisen lassen, daß ihre Gegner Dummköpfe oder unsittliche Menschen sind. Ich halte übrigens mein Werk keineswegs für vollkommen, und werde jede wahrhaft ästhetische Kritik mit Dank annehmen. –

Habt ihr von dem gewaltigen Blitzstrahl gehört, der vor einigen Tagen das Münster getroffen hat? Nie habe ich einen solchen Feuerglanz gesehen und einen solchen Schlag gehört, ich war einige Augenblicke wie betäubt. Der Schade ist der größte seit Wächtersgedenken. Die Steine wurden mit ungeheurer Gewalt zerschmettert und weit weg geschleudert; auf hundert Schritt im Umkreis wurden die Dächer der benachbarten Häuser von den herabfallenden Steinen durchgeschlagen. –

Es sind wieder drei Flüchtlinge hier eingetroffen, Nievergelder ist darunter; es sind in Gießen neuerdings zwei Studenten verhaftet worden. Ich bin äußerst vorsichtig. Wir wissen hier von Niemand, der auf der Grenze verhaftet worden sei. Die Geschichte muß ein Mährchen sein. .....

32.

[*Straßburg, frühestens Juli bis September 1835*]

…… Ich würde Dir das nicht sagen, wenn ich im Entferntesten jetzt an die Möglichkeit einer politischen Umwälzung glauben könnte. Ich habe mich seit einem halben Jahre vollkommen überzeugt, daß Nichts zu thun ist, und daß Jeder, der im Augenblicke sich aufopfert, seine Haut wie ein Narr zu Markte trägt. Ich kann Dir nichts Näheres sagen, aber ich kenne die Verhältnisse, ich weiß, wie schwach, wie unbedeutend, wie zerstückelt die liberale Partei ist, ich weiß, daß ein zweckmäßiges, übereinstimmendes Handeln unmöglich ist, und daß jeder Versuch auch nicht zum geringsten Resultate führt.

33.

[*Straßburg, frühestens Juli bis September 1835*]

Eine genaue Bekanntschaft mit dem Treiben der deutschen Revolutionäre im Auslande hat mich überzeugt, daß auch von dieser Seite nicht das Geringste zu hoffen ist. Es herrscht unter ihnen eine babylonische Verwirrung, die nie gelöst werden wird. Hoffen wir auf die Zeit!

34.

Straßburg, Anfangs August 1835.

….. Vor Allem muß ich Euch sagen, daß man mir auf besondere Verwendung eine Sicherheitskarte versprochen hat, im Fall ich einen Geburts-(nicht Heimats-)Schein vorweisen könnte. Es ist dies nur als eine vom Gesetze vorgeschriebene Förmlichkeit zu betrachten; ich muß ein Papier vorweisen können, so unbedeutend es auch sei. … Doch lebe ich ganz unangefochten, es ist nur eine prophylactische Maßregel, die ich für die Zukunft nehme. Sprengt übrigens immerhin aus, ich sei nach Zürich gegangen; da ihr seit längerer Zeit keine Briefe von mir durch die Post erhalten habt, so kann die Polizei unmöglich mit Bestimmtheit wissen, wo ich mich aufhalte, zumal da ich meinen Freunden geschrieben, ich sei nach Zürich gegangen. Es sind wieder einige Flüchtlinge hier angekommen, ein Sohn des Professor Vogt ist darunter, sie bringen die Nachricht von neuen Verhaftungen dreier Familienväter! Der eine in Rödelheim, der andere in Frankfurt, der dritte in Offenbach. Auch ist eine Schwester des unglücklichen Neuhof, ein schönes und liebenswürdiges Mädchen, wie man sagt, verhaftet worden. Daß ein Frauenzimmer aus Gießen in das Darmstädter Arresthaus gebracht wurde, ist gewiß; man behauptet, sie sei die .... Die Regierung muß die Sachen sehr geheim halten, denn ihr scheint in Darmstadt sehr schlecht unterrichtet zu sein. Wir erfahren Alles durch die Flüchtlinge, welche es am besten wissen, da sie meistens zuvor in die Untersuchung verwickelt waren. Daß Minnigerode in Friedberg eine Zeit lang Ketten an den Händen hatte, weiß ich gewiß; ich weiß es von Einem, der mit ihm saß. Er soll tödtlich krank sein; wolle der Himmel, daß seine Leiden ein Ende hätten! Daß die Gefangenen die Gefangenenkost bekommen und weder Licht noch Bücher erhalten, ist ausgemacht. Ich danke dem Himmel, daß ich voraussah, was kommen würde, ich wäre in so einem Loch verrückt geworden. ..... In der Politik fängt es hier wieder an, lebendig zu werden. Die Höllenmaschine in Paris und die der Kammer vorgelegten Gesetz-Entwürfe über die Presse machen viel Aufsehn. Die Regierung zeigt sich sehr unmoralisch; denn, obgleich es gerichtlich erwiesen ist, daß der Thäter ein verschmitzter Schurke ist, der schon allen Parteien gedient hat und wahrscheinlich durch Geld zu der That getrieben wurde, so sucht sie doch das Verbrechen den Republikanern und Carlisten auf den Hals zu laden und durch den momentanen Eindruck die unleidlichsten Beschränkungen der Presse zu erlangen. Man glaubt, daß das Gesetz in der

Kammer durchgehen und vielleicht noch geschärft werden wird. Die Regierung ist sehr unklug; in sechs Wochen hat man die Höllenmaschine vergessen, und dann befindet sie sich mit ihrem Gesetz einem Volke gegenüber, das seit mehreren Jahren gewohnt ist, Alles, was ihm durch den Kopf kommt, öffentlich zu sagen. Die feinsten Politiker reimen die Höllenmaschine mit der Revue in Kalisch zusammen. Ich kann ihnen nicht ganz Unrecht geben; die Höllenmaschine unter Bonaparte! der Rastadter Gesandtenmord!! .....

Wenn man sieht, wie die absoluten Mächte Alles wieder in die alte Unordnung zu bringen suchen, Polen, Italien, Deutschland wieder unter den Füßen! es fehlt nur noch Frankreich, es hängt ihnen immer, wie ein Schwerdt, über dem Kopf. So zum Zeitvertreib wirft man doch die Millionen in Kalisch nicht zum Fenster hinaus. Man hätte die auf den Tod des Königs folgende Verwirrung benutzt und hätte gerade nicht sehr viele Schritte gebraucht, um an den Rhein zu kommen. Ich kann mir das Attentat auf keine andere Weise erklären. Die Republikaner haben erstens kein Geld und sind zweitens in einer so elenden Lage, daß sie nichts hätten versuchen können, selbst wenn der König gefallen wäre. Höchstens könnten einige Legitimisten hinein verwickelt sein. Ich glaube nicht, daß die Justiz die Sache aufklären wird. ......

35.

Straßburg, den 17. August 1835.

Von Umtrieben weiß ich nichts. Ich und meine Freunde sind sämmtlich der Meinung, daß man für jetzt Alles der Zeit überlassen muß; übrigens kann der Mißbrauch, welchen die Fürsten mit ihrer wieder erlangten Gewalt treiben, nur zu unserem Vortheil gereichen. Ihr müßt Euch durch die verschiedenen Gerüchte nicht irre machen lassen; so soll sogar ein Mensch Euch besucht haben, der sich für Einen meiner Freunde ausgab. Ich erinnere mich gar nicht, den Menschen je gesehen zu haben; wie mir die Anderen jedoch erzählten, ist er ein ausgemachter Schurke, der wahrscheinlich auch das Gerücht von einer hier bestehenden Verbindung ausgesprengt hat. Die Gegenwart des Prinzen Emil, der eben hier ist, könnte vielleicht nachtheilige Folgen für uns haben, im Fall er von dem Präfecten unsere Ausweisung begehrte; doch halten wir uns für zu unbedeutend, als daß seine Hoheit sich mit uns beschäftigen sollte. Uebrigens sind fast sämmtliche Flüchtlinge in die Schweiz und in das Innere abgereist, und in wenigen Tagen gehen noch Mehrere, so daß höchstens fünf bis sechs hier bleiben werden. .....

36.

Straßburg, den 20. September 1835.

..... Mir hat sich eine Quelle geöffnet; es handelt sich um ein großes Literaturblatt, deutsche Revue betitelt, das mit Anfang des neuen Jahres in Wochenheften erscheinen soll. Gutzkow und Wienbarg werden das Unternehmen leiten; man hat mich zu monatlichen Beiträgen aufgefordert. Ob das gleich eine Gelegenheit gewesen wäre, mir vielleicht ein regelmäßiges Einkommen zu sichern, so habe ich doch meiner Studien halber die Verpflichtung zu regelmäßigen Beiträgen abgelehnt. Vielleicht, daß Ende des Jahres noch etwas von mir erscheint. – Kl... also frei? Er ist mehr ein Unglücklicher, als ein Verbrecher, ich bemitleide ihn eher, als ich ihn verachte; man muß doch gar pfiffig die tolle Leidenschaft des armen Teufels benützt haben. Er hatte sonst Ehrgefühl, ich glaube nicht, daß er seine Schande wird ertragen können. Seine Familie verleugnet ihn, seinen älteren Bruder ausgenommen, der eine Hauptrolle in der Sache gespielt zu haben scheint. Es sind viel Leute dadurch unglücklich geworden. Mit Minnigerode soll es besser gehen. Hat denn Gladbach noch kein Urtheil? Das heiße ich einen doch lebendig begraben. Mich schaudert, wenn ich denke, was vielleicht mein Schicksal gewesen wäre! ......

37.

Straßburg im Oktober 1835.

..... Ich habe mir hier allerhand interessante Notizen über einen Freund Goethe's, einen unglücklichen Poeten Namens Lenz verschafft, der sich gleichzeitig mit Goethe hier aufhielt und halb verrückt wurde. Ich denke darüber einen Aufsatz in der deutschen Revue erscheinen zu lassen. Auch sehe ich mich eben nach Stoff zu einer Abhandlung über einen philosophischen oder naturhistorischen Gegenstand um. Jetzt noch eine Zeit lang anhaltendes Studium, und der Weg ist gebrochen. Es gibt hier Leute, die mir eine glänzende Zukunft prophezeien. Ich habe nicht dawider. ....

38.

Straßburg, den 2. November 1835.

..... Ich weiß bestimmt, daß man mir in Darmstadt die abenteuerlichsten Dinge nachsagt; man hat mich bereits dreimal an der Grenze verhaften lassen. Ich finde es natürlich; die außerordentliche Anzahl von Verhaftungen und Steckbriefen muß Aufsehen machen, und da das Publikum jedenfalls nicht weiß, um was es sich eigentlich handelt, so macht es wunderliche Hypothesen. .....

..... Aus der Schweiz habe ich die besten Nachrichten. Es wäre möglich, daß ich noch vor Neujahr von der Züricher Facultät den Doctorhut erhielte, in welchem Fall ich alsdann nächste Ostern anfangen würde, dort zu dociren. In einem Alter von zwei und zwanzig Jahren wäre das Alles, was man fordern kann. .....

..... Neulich hat mein Name in der Allgemeinen Zeitung paradirt. Es handelte sich um eine große literärische Zeitschrift, deutsche Revue, für die ich Artikel zu liefern versprochen habe. Dieß Blatt ist schon vor seinem Erscheinen angegriffen worden, worauf es denn hieß, daß man nur die Herren Heine, Börne, Mundt, Schulz, Büchner etc. zu nennen brauche, um einen Begriff von dem Erfolge zu haben, den diese Zeitschrift haben würde. – Ueber die Art, wie Minnigerode mißhandelt wird, ist im Temps ein Artikel erschienen. Er scheint mir von Darmstadt aus geschrieben; man muß wahrhaftig weit gehen, um einmal klagen zu dürfen. Meine unglücklichen Freunde! .....

39.

Straßburg, den 1. Januar 1836.

..... Das Verbot der deutschen Revue schadet mir nichts. Einige Artikel, die für sie bereit lagen, kann ich an den Phönix schicken. Ich muß lachen, wie fromm und moralisch plötzlich unsere Regierungen werden; der König von X..... läßt unsittliche Bücher verbieten! da darf er seine Biographie nicht erscheinen lassen, denn die wäre das Schmutzigste, was je geschrieben worden! Der Großherzog von Y...., erster Ritter vom doppelten M......, macht sich zum Ritter vom heiligen Geist und läßt Gutzkow arretiren, und der liebe deutsche Michel glaubt, es geschähe Alles aus Religion und Christenthum und klatscht in die Hände. Ich kenne die Bücher nicht, von denen überall die Rede ist; sie sind nicht in den Leihbibliotheken und zu theuer, als daß ich Geld daran wenden sollte. Sollte auch Alles sein, wie man sagt, so könnte ich darin nur die Verirrungen eines durch philosophische Sophismen falsch geleiteten Geistes sehen. Es ist der gewöhnlichste Kunstgriff, den großen Haufen auf seine Seite zu bekommen, wenn man mit recht vollen Backen: »unmoralisch!« schreit. Uebrigens gehört sehr viel Muth dazu, einen Schriftsteller anzugreifen, der von einem deutschen Gefängniß aus antworten soll. Gutzkow hat bisher einen edlen, kräftigen Charakter gezeigt, er hat Proben von großem Talent abgelegt; woher denn plötzlich das Geschrei? Es kommt mir vor, als stritte man sehr um das Reich von dieser Welt, während man sich stellt, als müsse man der heiligen Dreifaltigkeit das Leben retten. Gutzkow hat in seiner Sphäre muthig für die Freiheit gekämpft; man muß doch die Wenigen, welche noch aufrecht stehn und zu sprechen wagen, verstummen machen! Uebrigens gehöre ich für meine Person keineswegs zu dem sogenannten Jungen Deutschland, der literarischen Partei Gutzkow's und Heine's. Nur ein völliges Mißkennen unserer gesellschaftlichen Verhältnisse konnte die Leute glauben machen, daß durch die Tagesliteratur eine völlige Umgestaltung unserer religiösen und gesellschaftlichen Ideen möglich sei. Auch theile ich keineswegs ihre Meinung über die Ehe und das Christenthum, aber ich ärgere mich doch, wenn Leute, die in der Praxis tausendfältig mehr gesündigt, als diese in der Theorie, gleich moralische Gesichter ziehn und den Stein auf ein jugendliches, tüchtiges Talent werfen. Ich gehe meinen Weg für mich und bleibe auf dem Felde des Drama's, das mit all diesen Streitfragen nichts zu thun hat; ich zeichne meine Charaktere, wie ich sie der Natur und der Geschichte angemessen halte, und lache über die Leute, welche mich für die Moralität oder Immoralität derselben verantwortlich machen wollen. Ich habe darüber meine eignen Gedanken. .....

..... Ich komme vom Christkindelsmarkt, überall Haufen zerlumpter, frierender Kinder, die mit aufgerissenen Augen und traurigen Gesichtern vor den Herrlichkeiten aus Wasser und Mehl, Dreck und Goldpapier standen. Der Gedanke, daß für die meisten Menschen auch die armseligsten Genüsse und Freuden unerreichbare Kostbarkeiten sind, machte mich sehr bitter. .....

40.

[*Adresse:*] Herrn / Louis Büchner Obertertianer / auf der 2.n Ordnung / zu / Darmstadt,

[*Straßburg, 1. Januar 1836*]

Prost Neujahr Hammelmaus!

Ich höre, daß Du ein braver Junge bist, die Eltern haben ihre Freude an Dir. Mache daß es immer so sey. Es ist mir ein schönes Weihnachtgeschenk, dieß von Dir zu hören. Du zeichnest nett, fahre so fort, Louis Jaeglé hatte große Freude daran und am Büchsenlecker und da läßt er Dir durch mich ein Buch mit Zeichnungen schicken. Da hast Du etwas um Dich zu üben. – Ist Lottchen Cellarius mit Dir zufrieden und ist es mit dem Stück am Weihnachtabend gut gegangen? Wenn Du in die Clavirstunde gehst, so sage der Fräulein Lottchen einen schönen Gruß von mir, aber sage um des Himmelswillen Niemand ein Wort davon.

Nächstes Frühjahr gehe ich in die Schweiz. Wenn Du brav bist und etwas größer, als jezt, so mußt Du Stock und Ranzen nehmen und mich besuchen. Erst gehst Du auf das Straßburger Münster und dann gehn wir an den Rheinfall nach Schaffhausen und an dem Vierwaldstätter-See nach der Tellenplatte und der Tellskapelle. Adieu Mäuschen, ich denke Du bist jezt eine Maus und wenn Du so fort machst, kannst Du es noch weit bringen; ich hoffe, daß Du für den grauen Bieberrock jezt zu groß bist.

Lebwohl Dein Bruder Georg.

41.

Straßburg, den 15. März 1836.

..... Ich begreife nicht, daß man gegen K.....r etwas in Händen haben soll; ich dachte, er sei mit nichts beschäftigt, als seine Praxis und Kenntnisse zu erweitern. Wenn er auch nur kurze Zeit sitzt, so ist doch wohl seine ganze Zukunft zerstört: man setzt ihn vorläufig in Freiheit, spricht ihn von der Instanz los, läßt ihn versprechen, das Land nicht zu verlassen, und verbietet ihm seine Praxis, was man nach den neusten Verfügungen kann. – Als sicher und gewiß kann ich Euch sagen, daß man vor Kurzem in Bayern zwei junge Leute, nachdem sie seit fast vier Jahren in strenger Haft gesessen, als unschuldig in Freiheit gesetzt hat! Außer K.....r und Groß sind noch drei Bürger aus Gießen verhaftet worden. Zwei von ihnen haben ihr Geschäft, und der eine ist obendrein Familienvater. Auch hörten wir, Max v. Biegeleben sei verhaftet, aber gleich darauf wieder gegen Caution in Freiheit gesetzt worden. Gladbach soll vor einiger Zeit zu acht Jahren Zuchthaus verurtheilt worden sein; das Urtheil sei aber wieder umgestoßen, und die Untersuchung fange von Neuem an. Ihr würdet mir einen Gefallen thun, wenn ihr mir über Beides Auskunft gäbet.

Ich will euch dafür sogleich eine sonderbare Geschichte erzählen, die Herr J. in den englischen Blättern gelesen, und die, wie dazu bemerkt, in den deutschen Blättern nicht mitgetheilt werden durfte. Der Director des Theaters zu X..... ist der bekannte Componist Methfessel. Er hat eine hübsche Frau, die dem Herzog gefällt, und ein Paar Augen, die er gern zudrückt, und ein Paar Hände, die er gern aufmacht. Der Herzog hat die sonderbare Manie, Madame Methfessel im Costüm zu bewundern. Er befindet sich daher gewöhnlich vor Anfang des Schauspiels mit ihr allein auf der Bühne. Nun intriguirt Methfessel gegen einen bekannten Schauspieler, dessen Name mir entfallen ist. Der Schauspieler will sich rächen, er gewinnt den Maschinisten, der Maschinist zieht an einem schönen Abend den Vorhang ein Viertelstündchen früher auf, und der Herzog spielt mit Madame Methfessel die erste Scene. Er geräth außer sich, zieht den Degen und ersticht den Maschinisten; der Schauspieler hat sich geflüchtet. –

Ich kann euch versichern, daß nicht das geringste politische Treiben unter den Flüchtlingen hier herrscht; die vielen und guten Examina, die hier gemacht werden, beweisen hinlänglich das Gegentheil. Uebrigens sind wir Flüchtigen und Verhafteten gerade nicht die Unwissendsten, Einfältigsten oder Liederlichsten! Ich sage nicht zuviel, daß bis jetzt die besten Schüler des Gymnasiums und die fleißigsten und unterrichtetsten Studenten dieß Schicksal getroffen hat, die mitgerechnet, welche von Examen und Staatsdienst zurückgewiesen sind. Es ist doch im Ganzen ein armseliges, junges Geschlecht, was eben in …… herumläuft und sich ein Aemtchen zu erkriechen sucht!

42.

Straßburg, im Mai 1836. [*Juni 1836*]

….. Ich bin fest entschlossen, bis zum nächsten Herbste hier zu bleiben. Die letzten Vorfälle in Zürich geben mir einen Hauptgrund dazu. Ihr wißt vielleicht, daß man unter dem Vorwande, die deutschen Flüchtlinge beabsichtigten einen Einfall in Deutschland, Verhaftungen unter denselben vorgenommen hat. Das Nämliche geschah an anderen Punkten der Schweiz. Selbst hier äußerte die einfältige Geschichte ihre Wirkung, und es war ziemlich ungewiß, ob wir hier bleiben dürften, weil man wissen wollte, daß wir (höchstens noch sieben oder acht an der Zahl) mit bewaffneter Hand über den Rhein gehen sollten! Doch hat sich Alles in Güte gemacht, und wir haben keine weiteren Schwierigkeiten zu besorgen. Unsere hessische Regierung scheint unserer zuweilen mit Liebe zu gedenken. …..

….. Was an der ganzen Sache eigentlich ist, weiß ich nicht; da ich jedoch weiß, daß die Mehrzahl der Flüchtlinge jeden directen revolutionären Versuch unter den jetzigen Verhältnissen für Unsinn hält, so konnte höchstens eine ganz unbedeutende, durch keine Erfahrung belehrte Minderzahl an dergleichen gedacht haben. Die Hauptrolle unter den Verschworenen soll ein gewisser Herr v. Eib gespielt haben. Daß dieses Individuum ein Agent des Bundestags sei, ist mehr als wahrscheinlich; die Pässe, welche die Züricher Polizei bei ihm fand, und der Umstand, daß er starke Summen von einem Frankfurter Handelshause bezog, sprechen auf das directeste dafür. Der Kerl soll ein ehemaliger Schuster sein, und dabei zieht er mit einer liederlichen Person aus Mannheim herum, die er für eine ungarische Gräfin ausgibt. Er scheint wirklich einige Esel unter den Flüchtlingen übertölpelt zu haben. Die ganze Geschichte hatte keinen andern Zweck, als, im Falle die Flüchtlinge sich zu einem öffentlichen Schritt hätten verleiten lassen, dem Bundestag einen gegründeten Vorwand zu geben, um auf die Ausweisung aller Refugiés aus der Schweiz zu dringen. Uebrigens war dieser v. Eib schon früher verdächtig, und man war schon mehrmals vor ihm gewarnt worden. Jedenfalls ist der Plan vereitelt und die Sache wird für die Mehrzahl der Flüchtlinge ohne Folgen bleiben. Nichts destoweniger fände ich es nicht räthlich, im Augenblick nach Zürich zu gehen; unter solchen Umständen hält man sich besser fern. Die Züricher Regierung ist natürlich eben etwas ängstlich und mißtrauisch, und so könnte man wohl unter den jetzigen Verhältnissen meinem Aufenthalte Schwierigkeiten machen. In Zeit von zwei bis drei Monaten ist dagegen die ganze Geschichte vergessen. .....

43.

Straßburg im Juni 1836. [*August 1836*]

..... Es ist nicht im Entferntesten daran zu denken, daß im Augenblick ein Staat das Asylrecht aufgibt, weil ein solches Aufgeben ihn den Staaten gegenüber, auf deren Verlangen es geschieht, politisch annulliren würde. Die Schweiz würde durch einen solchen Schritt sich von den liberalen Staaten, zu denen sie ihrer Verfassung nach natürlich gehört, lossagen und sich an die absoluten anschließen, ein Verhältniß, woran unter den jetzigen politischen Constellationen nicht zu denken ist. Daß man aber Flüchtlinge, welche die Sicherheit des Staates, der sie aufgenommen, und das Verhältniß desselben zu den Nachbarstaaten compromittiren, ausweist, ist ganz natürlich und hebt das Asylrecht nicht auf. Auch hat die Tagsatzung bereits ihren Beschluß erlassen. Es werden nur diejenigen Flüchtlinge ausgewiesen, welche als Theilnehmer an dem Savoyer Zuge schon früher waren ausgewiesen worden, und diejenigen, welche an den letzten Vorfällen Theil genommen haben. Dieß ist authentisch. Die Mehrzahl der Flüchtlinge bleibt also ungefährdet, und es bleibt Jedem unbenommen, sich in die Schweiz zu begeben. Nur ist man in vielen Kantonen gezwungen, eine Caution zu stellen, was sich aber schon seit längerer Zeit so verhält. Meiner Reise nach Zürich steht also kein Hinderniß im Weg. – Ihr wißt, daß unsere Regierung uns hier chicanirt, und daß die Rede davon war, uns auszuweisen, weil wir mit den Narren in der Schweiz in Verbindung ständen. Der Präfect wollte genaue Auskunft, wie wir uns hier beschäftigten. Ich gab dem Polizeikommissär mein Diplom als Mitglied der Société d'histoire naturelle nebst einem von den Professoren mir ausgestellten Zeugnisse. Der Präfect war damit außerordentlich zufrieden, und man sagte mir, daß ich namentlich ganz ruhig sein könne. .....

44.

Straßburg, den 2. September 1836.

..... Ich bin ganz vergnügt in mir selbst, ausgenommen, wenn wir Landregen oder Nordwestwind haben, wo ich freilich einer von denjenigen werde, die Abends vor dem Bettgehn, wenn sie den einen Strumpf vom Fuß haben, im Stande sind, sich an ihre Stubenthür zu hängen, weil es ihnen der Mühe zuviel ist, den andern ebenfalls auszuziehen. ..... Ich habe mich jetzt ganz auf das Studium der Naturwissenschaften und der Philosophie gelegt, und werde in Kurzem nach Zürich gehen, um in meiner Eigenschaft als überflüssiges Mitglied der Gesellschaft meinen Mitmenschen Vorlesungen über etwas ebenfalls höchst Ueberflüssiges, nämlich über die philosophischen Systeme der Deutschen seit Cartesius und Spinoza, zu halten. – Dabei bin ich gerade daran, sich einige Menschen auf dem Papier todtschlagen oder verheirathen zu lassen, und bitte den lieben Gott um einen einfältigen Buchhändler und ein groß Publikum mit so wenig Geschmack, als möglich. Man braucht einmal zu vielerlei Dingen unter der Sonne Muth, sogar, um Privatdocent der Philosophie zu sein .....

45.

[*Straßburg, September 1836*]

Ich habe meine zwei Dramen noch nicht aus den Händen gegeben, ich bin noch mit Manchem unzufrieden und will nicht, daß es mir geht, wie das erste Mal. Das sind Arbeiten, mit denen man nicht zu einer bestimmten Zeit fertig werden kann, wie der Schneider mit seinem Kleid.

46.

Zürich, den 26. October 1836.

.... Wie es mit dem Streite der Schweiz mit Frankreich gehen wird, weiß der Himmel. Doch hörte ich neulich Jemand sagen: »die Schweiz wird einen kleinen Knicks machen, und Frankreich wird sagen, es sei ein großer gewesen.« Ich glaube, daß er Recht hat. .....

47.

Zürich, den 20. November 1836.

.... Was das politische Treiben anlangt, so könnt Ihr ganz ruhig sein. Laßt euch nur nicht durch die Ammenmährchen in unseren Zeitungen stören. Die Schweiz ist eine Republik, und weil die Leute sich gewöhnlich nicht anders zu helfen wissen, als daß sie sagen, jede Republik sei unmöglich, so erzählen sie den guten Deutschen jeden Tag von Anarchie, Mord und Todtschlag. Ihr werdet überrascht sein, wenn ihr mich besucht; schon unterwegs überall freundliche Dörfer mit schönen Häusern, und dann, je mehr Ihr Euch Zürich nähert und gar am See hin, ein durchgreifender Wohlstand; Dörfer und Städtchen haben ein Aussehen, wovon man bei uns keinen Begriff hat. Die Straßen laufen hier nicht voll Soldaten, Accessisten und faulen Staatsdienern, man riskirt nicht von einer adligen Kutsche überfahren zu werden; dafür überall ein gesundes, kräftiges Volk, und um wenig Geld eine einfache, gute, rein republikanische Regierung, die sich durch eine Vermögenssteuer erhält, eine Art Steuer, die man bei uns überall als den Gipfel der Anarchie ausschreien würde...

Minnigerode ist todt, wie man mir schreibt, das heißt, er ist drei Jahre lang todt gequält worden. Drei Jahre! Die französischen Blutmänner brachten einen doch in ein paar Stunden um, das Urtheil und dann die Guillotine! Aber drei Jahre! Wir haben eine gar menschliche Regierung, sie kann kein Blut sehen. Und so sitzen noch an vierzig Menschen, und das ist keine Anarchie, das ist Ordnung und Recht, und die Herren fühlen sich empört, wenn sie an die anarchische Schweiz denken! Bei Gott, die Leute nehmen ein großes Kapital auf, das ihnen einmal mit schweren Zinsen kann abgetragen werden, mit sehr schweren. – .....

48.

[*Zürich, Ende 1836 oder Anfang 1837*]

Ich sitze am Tage mit dem Scalpell und die Nacht mit den Büchern.

2. Briefe an Edouard Reuss

49.

[*Adresse:*] An / Edouard Reuss, Licenciat, / zu / Strasburg, Spießgasse / Frei

Darmstadt d. 20ten August 1832.

Lieber Eduard!

Nicht wahr, ich sollte eigentlich mit einigen Dutzend Entschuldigung anfangen? aber Himmel, ich habe dieß schon im beyliegenden Brief gethan, und wiederhole dergleichen nicht gern, ich krieche also unterthänigst zu Kreuz und bitte um Pardon für den nachlässigen Delinquenten. Ich denke Du nimmst diesen papiernen Oelzweig und Friedensfahne auch so ohne weitere Friedens-Präliminarien an und zankst nicht weiter mit mir, der ich Dich 3 volle Wochen warten ließ und lässest mich nicht eben so lange warten. Ich freue mich ordentlich, daß dießer Wisch Papier an einen Ort kommen soll, der mir meine zweite Vaterstadt geworden und dem ich, wenn ich einmal als ein gefürsteter Zweifüßler, longimanus und omnivore sterben sollte, die eine Herzkammer nebst meinem übrigen durchlauchtigsten Cadaver vermachen würde, während ich denn doch wohl die andere Herzkammer meinem Vaterhause ließe, aber auch nur meinem Vaterhause, denn ach! ich armseliger Kreuzträger, sitze erstens im lieben heiligen teutschen Reich, zweitens im Großherzogthum Hessen, drittens in der Residenz Darmstadt, zuletzt sitze ich nun noch freilich in der Mitte meiner Familie, aber ich bin leider noch nicht so patriarchalisch geworden, daß ich über dießen Abrahamsschooß die drei übrigen Klassifikationen vergessen sollte.

Die erste umfaßt die Secte der Nabelbeschauer, die sich von der alten wohlbekannt nur dadurch unterscheidet, daß sie beym Nabel nicht mehr an Gott, sondern bey Gott an den Nabel denkt, die zweite, als Unterabtheilung umfaßt ein Stück des Theils, wo der Nabel und Bauch-Gottesdienst als konstitutionell aufgeklärter Liberalismus getrieben wird, die dritte endlich umfaßt die ordinirten Geistlichen und trägt als Ordenskleid die Hoflivree und als Wappen den Hessischen Haus und Zivil-Verdienstorden e. c. t.

Du kannst Dir wohl denken, wie wohl ich mich dabey befinde, doch füge ich mich in die Umstände und bin dabey so ein anständiger, so ein rechtlicher, so ein zivilisirter junger Mann geworden, daß ich bey einem Minister den Thee einnehmen, bey seiner Frau auf dem Kanapee sitzen und mit seiner Tochter eine Françoise tanzen könnte; wir sind im neunzehnten Jahrhundert, bedenke was das heißen will!

Ach, lieber Eduard! schreibe mir nur bald, daß ich doch etwas aus Straßburg zu sehen bekomme, ich habe wohl Eltern und Geschwister hier, aber alle meine Freunde sind fort und ich bin fast ganz isolirt; ich war wohl die ersten Tage froh, aber ich kann einmal dieße Luft nicht vertragen, sie ist mir noch eben so zuwider, als zur Zeit da ich fortging. Ich lamentire Dir da etwas vor und Du möchtest wohl etwas Vernünftiges von mir hören, aber es ist unmöglich weder von, noch in Darmstadt dergleichen zu schreiben, ist auch noch nie geschehen.

Nur das: Deine Aufträge sind besorgt, Zimmermann's Sohn hat noch die Redaction der Kirchen-Zeitung, wird sie jedoch wie man sagt, mit Bretschneider theilen, und ein Geistlicher aus Mainz, dessen Name mir entfallen, wird

Zimmermanns Platz hier ausfüllen. Dieß interessirt Dich vielleicht, mich verzweifelt wenig. Lebe wohl, schreibe bald, herzliche Grüße an die Tante, Pauline und Mad. Bauer vo[*n De*]inem

G. Büchner

50.

[*Adresse:*] Monsieur / M. Edouard Reuss licencié en. Th. / à / Strasbourg / rue des Hallebardes

Darmstadt d. 31ten August 33

Lieber Edouard!

Soll ich meine träge Hand entschuldigen? Für mein Gedächtniß ist's nicht nöthig; ich kümmerte mich sonst wenig darum, jetzt aber macht es bey mir den Wiederkäuer und füttert mich mit der Erinnerung an frohe Tage. Ich könnte in dießem lamentirenden Style fortfahren um Dir einen Begriff von meiner hiesigen Existenz zu geben, wenn Du nicht schon einmal selbst so eine Art vom Darmstädter Geschmack gehabt hättest. Meine Familie im engern Sinne traf ich im erwünschtesten Wohlseyn, und meine Mutter erholt sich zusehends von ihrer schweren Krankheit. Eltern und Geschwister wiederzusehen, war eine große Freude; das entschädigt aber nicht für meine sonstigen furchtbar, kolossal, langweiligen Umgebungen. Es ist etwas großartiges in dieser Wüstenei, die Wüste Sahara in allen Köpfen und Herzen. Von den übrigen Verwandten weiß ich wenig. Nach dem pflichtmäßigen Antritts-Gerüssel, mache ich so gegen Ende Octobers mein officielles Abschieds Gerüssel, wo ich nach Gießen abziehe. Meine verwandtschaftlichen Regungen sind damit beseitigt. Von Gießen verspreche ich mir wenig, meine Freunde sind flüchtig oder im Gefängniß. Für mich ist nichts zu fürchten, ich bin hier konstitutionell, liberal aufgeklärt geworden, seit ich weiß, daß das tausendjährige Reich mit der konstitutionellen Aera angefangen. Unser

Landtag führt den Beweis, seine Lebensfrage ist seit 8 Monat noch nicht entschieden. Ein Mensch braucht höchstens eine Stunde um auf die Welt zu kommen, (wo die Civilisation und Aufklärung noch nicht so weit gekommen wie z.B. bey den Indiern 10 Minuten) ein deutscher Landtag deren 5760, ein Mensch lebt 60 Jahr, ein Landtag 41272; O Messias! Ueber seine Physiognomie kann ich Dir grade nichts sagen, sintemal es noch nicht entschieden, ob das Kind mit Kopf oder podex zuerst auf die Welt kommt.

Doch wird es wahr[*scheinlich*] die Familienzüge behalten und so zi[*em*]lich seiner französischen Mama gleichen.

Bey unsrer Manier im Briefschreiben, hoffe ich kaum bald Antwort zu erhalten; doch dürftest Du mit mir einmal eine Ausnahme machen, so eine gänzliche Trennung von Straßburg schmerzt mich. Ich habe an Boeckel geschrieben, aber keine Antwort. Grüße ihn und sag' ihm er möge bald antworten und mir die These von Goupil schicken, die andere hätte ich erhalten und ließe ihm danken. Ist Stöber in Straßburg? Viel Grüße an ihn und die andern Freunde. Und Wulfes? Ist er noch bey Dir, so sag ihm, ich hoffte ihn bey mir zu sehen, wenn seine Reise ihn in unsre Gegend brächte. Ihr werdet mich doch über einen Monat ohne Briefe nicht vergessen haben. Ich bitte und hoffe auf baldige Antwort.

Bringe meine herzlichsten Grüße Deiner Mutter, Schwester und Tante, und sage ihnen, daß d[*ie in i*]hrer Nähe erlebten Augenblicke zu [*den f*]rohsten meines Lebens gehörten. Lebe [*wo*]hl, Dein Georg

3. Briefe an Wilhelmine Jaeglé

51.

[*Gießen, Januar 1834*]

Hier ist kein Berg, wo die Aussicht frei sei. Hügel hinter Hügel und breite Thäler, eine hohle Mittelmäßigkeit in Allem; ich kann mich nicht an diese Natur gewöhnen, und die Stadt ist abscheulich. Bei uns ist Frühling, ich kann deinen Veilchenstrauß immer ersetzen, er ist unsterblich wie der Lama. Lieb Kind, was macht denn die gute Stadt Straßburg, es geht dort allerlei vor, und du sagst kein Wort davon. Je baisse les petites mains, en goûtant les souvenirs doux de Strasbourg. –

»Prouves-moi que tu m'aimes encore beaucoup en me donnant bientôt des nouvelles.« Und ich ließ dich warten! Schon seit einigen Tagen nehme ich jeden Augenblick die Feder in die Hand, aber es war mir unmöglich, nur ein Wort zu schreiben. Ich studirte die Geschichte der Revolution. Ich fühlte mich wie zernichtet unter dem gräßlichen Fatalismus der Geschichte. Ich finde in der Menschennatur eine entsetzliche Gleichheit, in den menschlichen Verhältnissen eine unabwendbare Gewalt, Allen und Keinem verliehen. Der Einzelne nur Schaum auf der Welle, die Größe ein bloßer Zufall, die Herrschaft des Genies ein Puppenspiel, ein lächerliches Ringen gegen ein ehernes Gesetz, es zu erkennen das Höchste, es zu beherrschen unmöglich. Es fällt mir nicht mehr ein, vor den Paradegäulen und Eckstehern der Geschichte mich zu bücken. Ich gewöhnte mein Auge ans Blut. Aber ich bin kein Guillotinenmesser. Das m u ß ist eins von den Verdammungsworten, womit der Mensch getauft worden. Der Ausspruch: es muß ja Aergerniß kommen, aber wehe dem, durch den es kommt, – ist schauderhaft. Was ist das, was in uns lügt, mordet, stiehlt? Ich mag dem Gedanken nicht weiter nachgehen. Könnte ich aber dies kalte und gemarterte Herz an deine Brust legen! B. wird dich über mein Befinden beruhigt haben, ich schrieb ihm. Ich verwünsche meine Gesundheit. Ich glühte, das Fieber bedeckte mich mit Küssen und umschlang mich wie der Arm der Geliebten. Die Finsterniß wogte über mir, mein Herz schwoll in unendlicher Sehnsucht, es drangen Sterne durch das Dunkel, und Hände und Lippen bückten sich nieder. Und jetzt? Und sonst? Ich habe nicht einmal die Wollust des Schmerzes und des Sehnens. Seit ich über die Rheinbrücke ging, bin ich wie in mir vernichtet, ein einzelnes Gefühl taucht nicht in mir auf. Ich bin ein Automat; die Seele ist mir genommen. Ostern ist noch mein einziger Trost; ich habe Verwandte bei Landau, ihre Einladung und die Erlaubniß, sie zu besuchen. Ich habe die Reise schon tausendmal gemacht und werde nicht müde. – Du frägst mich: sehnst du dich nach mir? Nennst du's Sehnen, wenn man nur in einem Punkt leben kann und wenn man davon gerissen ist, und dann nur noch das Gefühl seines Elendes hat? Gib mir doch Antwort. Sind meine Lippen so kalt? ……. – Dieser Brief ist ein Charivari: ich tröste dich mit einem andern.

52.

[*Gießen, Februar 1834*]

… Ich dürste nach einem Briefe. Ich bin allein, wie im Grabe; wann erweckt mich deine Hand? Meine Freunde verlassen mich, wir schreien uns wie Taube einander in die Ohren; ich wollte, wir wären stumm, dann könnten wir uns doch nur ansehen, und in neuen Zeiten kann ich kaum Jemand starr anblicken, ohne daß mir die Thränen kämen. Es ist dies eine Augenwassersucht, die auch beim Starrsehen oft vorkommt. Sie sagen, ich sei verrückt, weil ich gesagt habe, in sechs Wochen würde ich auferstehen, zuerst aber Himmelfahrt halten, in der Diligence nämlich.

Lebe wohl, liebe Seele, und verlaß mich nicht. Der Gram macht mich dir streitig, ich lieg' ihm den ganzen Tag im Schooß; armes Herz, ich glaube, du vergiltst mit Gleichem. …

53.

[*Gießen, 8. oder 9. März 1834*]

… Der erste helle Augenblick seit acht Tagen. Unaufhörliches Kopfweh und Fieber, die Nacht kaum einige Stunden dürftiger Ruhe. Vor zwei Uhr komme ich in kein Bett, und dann ein beständiges Auffahren aus dem Schlaf und ein Meer von Gedanken, in denen mir die Sinne vergehen. Mein Schweigen quält dich wie mich, doch vermochte ich nichts über mich. Liebe, liebe Seele, vergibst du? Eben komme ich von draußen herein. Ein einziger, forthallender Ton aus tausend Lerchenkehlen schlägt durch die brütende Sommerluft, ein schweres Gewölk wandelt über die Erde, der tiefbrausende Wind klingt wie sein melodischer Schritt. Die Frühlingsluft löste mich aus meinem Starrkrampf. Ich erschrack vor mir selbst. Das Gefühl des Gestorbenseins war immer über mir. Alle Menschen machten mir das hypokratische Gesicht, die Augen verglast, die Wangen wie von Wachs, und wenn dann die ganze Maschinerie zu leiern anfing, die Gelenke zuckten, die Stimme herausknarrte und ich das ewige Orgellied herumtrillern hörte und die Wälzchen und Stiftchen im Orgelkasten hüpfen und drehen sah, – ich verfluchte das Concert, den Kasten, die Melodie und – ach, wir armen schreienden Musikanten, das Stöhnen auf unsrer Folter, wäre es nur da, damit es durch die Wolkenritzen dringend und weiter, weiter klingend, wie ein melodischer Hauch in himmlischen Ohren stirbt? Wären wir das Opfer im glühenden Bauch des Perryllusstiers, dessen Todesschrei wie das Aufjauchzen des in den Flammen sich aufzehrenden Gottstiers klingt. Ich lästre nicht. Aber die Menschen lästern. Und doch bin ich gestraft, ich fürchte mich vor meiner Stimme und – vor meinem Spiegel. Ich hätte Herrn Callot-Hoffmann sitzen können, nicht wahr, meine Liebe? Für das Modelliren hätte ich Reisegeld bekommen. Ich spüre, ich fange an, interessant zu werden. –

Die Ferien fangen morgen in vierzehn Tagen an; verweigert man die Erlaubniß, so gehe ich heimlich, ich bin mir selbst schuldig, einem unerträglichen Zustande ein Ende zu machen. Meine geistigen Kräfte sind gänzlich zerrüttet. Arbeiten ist mir unmöglich, ein dumpfes Brüten hat sich meiner bemeistert, in dem mir kaum ein Gedanke noch hell wird. Alles verzehrt sich in mir selbst; hätte ich einen Weg für mein Inneres, aber ich habe keinen Schrei für den Schmerz, kein Jauchzen für die Freude, keine Harmonie für die Seligkeit. Dies Stummsein ist meine Verdammniß. Ich habe dir's schon tausendmal gesagt: Lies meine Briefe nicht, – kalte, träge Worte! Könnte ich nur über dich einen vollen Ton ausgießen; – so schleppe ich dich in meine wüsten Irrgänge. Du sitzest jetzt im dunkeln Zimmer in deinen Thränen allein, bald trete ich zu dir. Seit vierzehn Tagen steht dein Bild beständig vor mir, ich sehe dich in jedem Traum. Dein Schatten schwebt immer vor mir, wie das Lichtzittern, wenn man in die Sonne gesehen. Ich lechze nach einer seligen Empfindung, die wird mir bald, bald, bei dir.

54.

[*Gießen, Mitte März 1834*]

... Ich wäre untröstlich, mein armes Kind, wüßte ich nicht, was dich heilte. Ich schreibe jetzt täglich, schon gestern hatte ich einen Brief angefangen. Fast hätte ich Lust, statt nach Darmstadt, gleich nach Straßburg zu gehen. Nimmt dein Unwohlsein eine ernste Wendung, – ich bin dann im Augenblick da. Doch was sollen dergleichen Gedanken? Sie sind mir Unbegreiflichkeiten. – Mein Gesicht ist wie ein Osterei, über das die Freude rothe Flecken laufen läßt. Doch ich schreibe abscheulich, es greift deine Augen an, das vermehrt das Fieber. Aber nein, ich glaube nichts, es sind nur die Nachwehen des alten nagenden Schmerzes; die linde Frühlingsluft küßt alte Leute und hektische todt; dein Schmerz ist alt und abgezehrt, er stirbt, das ist Alles, und du meinst, dein Leben ginge mit. Siehst du denn nicht den neuen lichten Tag? Hörst du meine Tritte nicht, die sich wieder rückwärts zu dir wenden? Sieh, ich schicke dir Küsse, Schneeglöckchen, Schlüsselblumen, Veilchen, der Erde erste schüchterne Blicke ins flammende Auge des Sonnenjünglings. Den halben Tag sitze ich eingeschlossen mit deinem Bild und spreche mit dir. Gestern Morgen versprach ich dir Blumen; da sind sie. Was gibst du mir dafür? Wie gefällt dir mein Bedlam? Will ich etwas Ernstes thun, so komme ich mir vor, wie Larifari in der Komödie; will er das Schwerdt ziehen: so ist's ein Hasenschwanz. .....

Ich wollte, ich hätte geschwiegen. Es überfällt mich eine unsägliche Angst. Du schreibst gleich, doch um's Himmelswillen nicht, wenn es dich Anstrengung kostet. Du sprachst mir von einem Heilmittel; lieb Herz, schon lange schwebt es mir auf der Zunge. Ich liebte aber so unser stilles Geheimniß, – doch sage deinem Vater Alles, – doch zwei Bedingungen: Schweigen, selbst bei den nächsten Verwandten. Ich mag nicht hinter jedem Kusse die Kochtöpfe rasseln hören, und bei den verschiedenen Tanten das Familienvatersgesicht ziehen. Dann: nicht eher an meine Eltern zu schreiben, als bis ich selbst geschrieben. Ich überlasse dir Alles, thue, was dich beruhigen kann. Was kann ich sagen, als daß ich dich liebe; was versprechen, als was in dem Worte Liebe schon liegt, Treue? Aber die sogenannte Versorgung? Student noch zwei Jahre; die gewisse Aussicht auf ein stürmisches Leben, vielleicht bald auf fremdem Boden!

Zum Schlusse trete ich zu dir und singe dir einen alten Wiegengesang:

War nicht umsonst so still und schwach,
Verlass'ne Liebe trug sie nach.
In ihrer kleinen Kammer hoch
Sie stets an der Erinnerung sog;
An ihrem Brodschrank an der Wand
Er immer, immer vor ihr stand,
Und wenn ein Schlaf sie übernahm,
Er immer, immer wieder kam.
Und dann:
Denn immer, immer, immer doch
Schwebt ihr das Bild an Wänden noch
Von einem Menschen, welcher kam
Und ihr als Kind das Herze nahm.
Fast ausgelöscht ist sein Gesicht,
Doch seiner Worte Kraft noch nicht,
Und jener Stunden Seligkeit,
Ach jener Träume Wirklichkeit,
Die, angeboren jedermann,
Kein Mensch sich wirklich machen kann.

55.

[*Gießen, Mitte März 1834*]

... Ich werde gleich von hier nach Straßburg gehen, ohne D.... zu berühren; ich hätte dort auf Schwierigkeiten gestoßen, und meine Reise wäre vielleicht bis zu Ende der Vakanzen verschoben worden. Ich schreibe dir jedoch vorher noch einmal, sonst ertrag' ich's nicht vor Ungeduld; dieser Brief ist ohnedies so langweilig, wie ein Anmelden in einem vornehmen Hause: Herr Studiosus Büchner. Das ist Alles! Wie ich hier zusammenschrumpfe, ich erliege fast unter diesem Bewußtsein; ja sonst wäre es ziemlich gleichgiltig; wie man nur einen Betäubten oder Blödsinnigen beklagen mag! Aber du, was sagst du zu dem Invaliden? Ich wenigstens kann die Leute auf halbem Sold nicht ausstehen. Nous ferons un peu de romantique, pour nous tenir à la hauteur du siècle; et puis me faudra-t-il du fer à cheval pour faire de l'impression à un cœur de femme? Aujourd'hui on a le système nerveux un peu robuste. Adieu.

56.

[*Zürich,*] 13. Januar 1837

Mein lieb Kind! ..... Ich zähle die Wochen bis zu Ostern an den Fingern. Es wird immer öder. So im Anfange ging's: neue Umgebungen, Menschen, Verhältnisse, Beschäftigungen – aber jetzt, da ich an Alles gewöhnt bin, Alles mit Regelmäßigkeit vor sich geht, man vergißt sich nicht mehr. Das Beste ist, meine Phantasie ist thätig, und die mechanische Beschäftigung des Präparirens läßt ihr Raum. Ich sehe dich immer so halb durch zwischen Fischschwänzen, Froschzehen etc. Ist das nicht rührender, als die Geschichte von Abälard, wie sich ihm Heloise immer zwischen die Lippen und das Gebet drängt? O, ich werde jeden Tag poetischer, alle meine Gedanken schwimmen in Spiritus. Gott sei Dank, ich träume wieder viel Nachts, mein Schlaf ist nicht mehr so schwer.

57.

[*Zürich,*] 20. Januar [*1837*]

Ich habe mich verkältet und im Bett gelegen. Aber jetzt ist's besser. Wenn man so ein wenig unwohl ist, hat man ein so groß Gelüsten nach Faulheit; aber das Mühlrad dreht sich als fort ohne Rast und Ruh. ... Heute und gestern gönne ich mir jedoch ein wenig Ruhe und lese nicht; morgen geht's wieder im alten Trab, du glaubst nicht, wie regelmäßig und ordentlich. Ich gehe fast so richtig, wie eine Schwarzwälder Uhr. Doch ist's gut: auf all das aufgeregte, geistige Leben Ruhe, und dabei die Freude am Schaffen meiner poetischen Produkte. Der arme Shakspeare war

Schreiber den Tag über und mußte Nachts dichten, und ich, der ich nicht werth bin, ihm die Schuhriemen zu lösen, hab's weit besser. – …… Lernst Du bis Ostern die Volkslieder singen, wenn's Dich nicht angreift? Man hört hier keine Stimme; das Volk singt nicht, und Du weißt, wie ich die Frauenzimmer lieb habe, die in einer Soiree oder einem Concerte einige Töne todtschreien oder winseln. Ich komme dem Volk und dem Mittelalter immer näher, jeden Tag wird mir's heller – und gelt, du singst die Lieder? Ich bekomme halb das Heimweh, wenn ich mir eine Melodie summe. ……… Jeden Abend sitz' ich eine oder zwei Stunden im Casino; Du kennst meine Vorliebe für schöne Säle, Lichter und Menschen um mich.

58.

[*Zürich*,] 27. Januar [*1837*]

Mein lieb Kind, Du bist voll zärtlicher Besorgniß und willst krank werden vor Angst; ich glaube gar, Du stirbst – aber ich habe keine Lust zum Sterben und bin gesund wie je. Ich glaube, die Furcht vor der Pflege hier hat mich gesund gemacht; in Straßburg wäre es ganz angenehm gewesen, und ich hätte mich mit dem größten Behagen in's Bett gelegt, vierzehn Tage lang, rue St. Guillaume Nro. 66, links eine Treppe hoch, in einem etwas überzwergen Zimmer, mit grüner Tapete! Hätt' ich dort umsonst geklingelt? Es ist mir heut einigermaßen innerlich wohl, ich zehre noch von gestern, die Sonne war groß und warm im reinsten Himmel – und dazu hab' ich meine Laterne gelöscht und einen edlen Menschen an die Brust gedrückt, nämlich einen kleinen Wirth, der aussieht, wie ein betrunkenes Kaninchen, und mir in seinem prächtigen Hause vor der Stadt ein großes elegantes Zimmer vermiethet hat. Edler Mensch! Das Haus steht nicht weit vom See, vor meinen Fenstern die Wasserfläche und von allen Seiten die Alpen, wie sonnenglänzendes Gewölk. – Du kommst bald? mit dem Jugendmuth ist's fort, ich bekomme sonst graue Haare, ich muß mich bald wieder an Deiner inneren Glückseligkeit stärken und Deiner göttlichen Unbefangenheit und Deinem lieben Leichtsinn und all Deinen bösen Eigenschaften, böses Mädchen. Adio piccola mia!

59.

[*Zürich, Januar 1837*]

[*Ich werde*] in längstens acht Tagen Leonce und Lena mit noch zwei anderen Dramen erscheinen lassen.

60.

[*Zürich, 10. Februar 1837*]

[...] Adieu mein Kind [*Dein George*]

4. Briefe an Straßburger Freunde

61.

[*Adresse:*] An / Herrn August Stoeber, Stud.Theologiae / zu / Strasburg. / Am alten Weinmarkt. / Frei.

Darmstadt d. 24ten August. 1832

Liebes Brüderpaar!

Obgleich die Adresse nur an einen von Euch lautet, so gilt sie doch Euch beiden; doch seht vorerst nach der zweiten, [*den*]n mein Brief ist nur die Schaale und figurirt nur als Käspapier. Habt Ihr das andre Papier gelesen, so werdet Ihr wissen, daß es sich um nichts geringeres handelt, als um die Muse der teutschen Dichtkunst; ob Ihr dabey als Accoucheurs oder als Todtengräber auftreten sollt, wird der

Erfolg lehren. Ihr seyd gebeten mit Eurer poetischen Haus und Feld-Apotheke bey der Wiederbelebung des Cadavers thätige Hülfe zu leisten; am besten wäre es man suchte ihn in einem Backofen zu erwärmen, denn dieß ist noch das einzige Kunstwerk, welches das liebe Teutsche Volk zu bauen und zu genießen versteht! Doch, Spaß bey Seite! ich lege Euch die Sache ernstlich an's Herz; wenn die Männer, welche Ihre Beihülfe versprochen haben, Wort halten, so kann etwas Tüchtiges geleistet werden, daß Ihr viel dazu beytragen könnt, weiß ich, ohne Euch schmeicheln zu wollen. Die Herausgeber kenne ich persönlich, Künzel ist Candidat der Theologie, Metz steht einer Buchhandlung vor, beyde sehr gebildete junge Leute; die Zimmermänner sind Zwillinge und studiren in Heidelberg, sie gehören zu meinen ältesten und besten Freunden, namentlich hat der eine von ihnen ausgezeichnete poetische Anlagen. Eure Antwort seyd Ihr gebeten, an mich zu adressiren, ich hoffe dabey auch einige herzliche Worte an mich zu finden; heute sind es zuerst 3 Wochen, daß ich Euch verlassen, und doch könnte ich Euch schon manche epistolas ex ponto schreiben! Ach säße ich doch wieder einmal unter Euch im Drescher. Herzliche Grüße an die edlen Eugeniden namentlich an Boekel und Baum.

Lebt wohl
Euer G. Büchner

61a. [*Anlage*]

Unsere vielbewegte Zeit tritt einem geistigen Vorhaben keineswegs hemmend entgegen. Dieser Zeit Leben und Streben besteht gerade darin: die Völker, wenigstens im Geiste, zu einigen und zu verbinden. Wir wünschen daher – möge unser frommer Wunsch eine schöne Verwürklichung finden – ein Unternehmen auszuführen, welches ein rühmliches Zeugniß ablegt, wie die deutsche Nation durch ihre poetischen Repräsentanten vermittelst gemeinsamer Sprachengabe eine höhere Einheit darstellt.

Zu dem Ende rufen wir alle Männer deutscher Zunge um Unterstützung und Begünstigung an!

Wir beabsichtigen nämlich die Herausgabe eines

Deutschen Musenalmanachs für 1833,
mit Beiträgen
von

K. Baur, Lud. Bechstein, A. v. Chamisso, W. v. Chezy, Ed. Duller, G. Friedrich, Anastasius Grün, Carl Grüneisen, K. Immermann, K. W. Justi, Just. Kerner, Nikolaus Lehnau (Edler von Strehlenau), Wolfgang Menzel, Frau Aug. Meyer, Ernst Münch, L. Neuffer, Gustav Pfitzer, Louise v. Plönnies, J. B. Rousseau, L. Schäfer, Aug. Wilh. v. Schlegel, Ph. Schlinck, Gustav Schwab, Ludwig Tieck, Ludwig Uhland, H. G. Zehner, Wilhelm Zimmermann etc.

herausgegeben
von
F. H. Küntzel, Fr. Metz, Georg und
Fr. Zimmermann.
(Mit dem Bildniß von Anastasius Grün.)

Da wir das Unternehmen erst ins Leben rufen, so können wir bei Uebernahme der Druckkosten fürs erste Jahr die Beiträge, um welche wir Sie freundlichst bitten, nur mit einigen Freiexemplaren des Almanachs honoriren. Stellt sich nach Verlauf des ersten Jahres ein günstiges Resultat heraus, desto besser! Wir werden dann den Ueberschuß zur Verfügung der sammtlichen Mitherausgeber stellen und es ihnen überlassen: zu welchem schönen Zwecke derselbe verwendet werden soll. Zu diesem Ende werden wir genaue Abrechnung halten und zur Prüfung vorlegen.

Bis Ende October d. J. wünschen wir im Besitz Ihrer Beiträge zu sein und bitten vorläufig um eine geneigte Antwort. Senden Sie solche an J. W. Heyer's Hofbuchhandlung in Darmstadt, damit wir Ihren Entschluß kennen lernen. Neujahr 1833 soll der Almanach seine Wanderung beginnen.

Der Druck wird elegant und das weitere Aeußere desselben schön werden.

Für musikalische Beiträge und Compositionen einzelner Gedichte, werden die Herren Wilh. Mangold, F. Neukäufler, H. Christ. Rinck und Gottfried Weber zu Darmstadt Sorge tragen.

Der Almanach wird aus den Rubricken: Lieder, Kirchenlieder, Sonette, Elegien, Romanzen und Balladen, Legenden, Episteln und Epigrammen etc. bestehen.

Ob wir nun gleich die Zusage zu Beiträgen von vielen Herren schon längere Zeit besitzen und auch die der andern Herren zu erhalten hoffen; so müssen wir doch bitten: das ganze Unternehmen bis zur Zeit öffentlicher Anzeige, um derjenigen Herren willen, deren Zusage wir noch nicht erhalten, unter dem Siegel der Verschwiegenheit gütigst bewahren zu wollen.

Verehrungsvoll verharren wir unterdessen als

Ihre ganz ergebenen

F. H. Küntzel, Fr. Metz, Georg & Fr. Zimmermann.

Darmstadt und Heidelberg im August 1832.

62.

[*Straßburg, 3. November 1832*]

Lieber Adolph!

Nur wenige Zeilen bringen Dir dießmal meine Grüße. Ich komme eben aus dem Leichendunst und von der Schädelstätte, wo ich mich täglich wieder einige Stunden selbst kreuzige, und nach den kalten Brüsten und den todten Herzen, die ich da berührte, erquickte mich wieder das lebendige, warme an das Du mich drücktest über die Paar Meilen hinaus, die unsere Kadaver trennen. Wahrhaftig der Lindwurm von dem Du sprichst ist nicht so gefährlich man müßte ein armer Tropf seyn, wenn unsre Arme nicht einmal über die dreißig Stunden hinübergreifen könnten.

Wenn das Frühjahr kommt hoffe ich Dich zu sehen. Seit acht Tagen bin ich wieder hier, die teutsche naßkalte Holländerathmosphäre ist mir zuwider, die französische Gewitterluft ist mir lieber.

Lebe wohl,
Dein G. Büchner.

63.

[*Adresse:*] Monsieur / Mr. Aug. Stoeber,

Darmstadt: d. 9. Dec. 33.

Lieber August!

Ich schreibe in Ungewißheit, wo Dich dießer Brief treffen wird. Ich müßte mich sehr irren, wenn mir nicht Lambossy geschrieben hätte, daß Du Dich gewöhnlich in Oberbrunn aufhieltest. Das nämliche sagte mir Künzel, der von Deinem Vater auf einen an Dich gerichteten Brief Antwort erhalten hatte. Du erhältst am spätesten einen Brief, weil ich Dich am letzten mit einem finstren Gesicht quälen wollte, denn wenigstens Eurer Theilnahme halte ich mich immer versichert. Ich schrieb mehrmals, vielleicht sahst Du meine Briefe; ich klagte über mich und spottete über andre; beydes kann Dir zeigen, wie übel ich mich befand. Ich wollte Dich nicht auch in's Lazareth führen und so schwieg ich.

Du magst entscheiden ob die Erinnerung an 2 glückliche Jahre, und die Sehnsucht nach All dem, was sie glücklich machte oder ob die widrigen Verhältnisse unter denen ich hier lebe, mich in die unglückseelige Stimmung setzen. Ich glaube s'ist beydes. Manchmal fühle ich ein wahres Heimweh nach Euren Bergen. Hier ist Alles so eng und klein. Natur und Menschen, die kleinlichsten Umgebungen, denen ich auch keinen Augenblick Interesse abgewinnen kann. Zu Ende Octobers ging ich von hier nach Gießen. 5 Wochen brachte ich daselbst halb im Dreck und halb im Bett zu. Ich bekam einen Anfall von Hirnhautentzündung; die Krankheit wurde im Entstehen unterdrückt, ich wurde aber gleichwohl gezwungen nach Darmstadt zurückzukehren um mich daselbst völlig zu erholen. Ich denke noch bis Neujahr hier zu bleiben und d. 5 oder 6. Januar wieder nach Gießen abzureisen.

Ein Brief von Dir würde mir große Freude machen, und, nicht wahr Christ einem Reconvalescenten schlägt man nichts ab? Seit ich Euch am Mittwoch Abend vor 5 Monaten zum letzten mal die Hände zum Kutschenschlag hinausstreckte, ist's mir als wären sie mir ab[g+++++++] und ich denke wir drücken uns die Hände um so fester, je seltner wir sie uns reichen. 3 treffliche Freunde habe ich in Gießen gelassen und bin jetzt ganz allein.

H. Dr. H. K.... ist freilich noch da, aber das ästhetische Geschlapp steht mir am Hals, er hat schon alle mögliche poetischen Accouchirstühle probirt, ich glaube er kann höchstens noch an eine kritische Nothtaufe in der Abendzeitung appelliren.

Ich werfe mich mit aller Gewalt in die Philosophie, die Kunstsprache ist abscheulich, ich meine für menschliche Dinge, müsse man auch menschliche Ausdrücke finden; doch das stört mich nicht, ich lache über meine Narrheit und meine es gäbe im Grund genommen doch nichts als taube Nüsse zu knacken. Man muß aber unter der Sonne doch auf irgend einem Esel reiten und so sattle ich in Gottes Namen den meinigen; für's Futter ist mir nicht bang, an Distelköpfen wird's nicht fehlen, so lang die Buchdruckerkunst nicht verloren geht. Lebe wohl, Bester. Grüße die Freunde, es geschieht dann doppelt, ich habe auch Böckel drum gebeten.

[*Am linken Rand der ersten Seite:*] Was schreiben Viktor und Scherb.

[*Am linken Rand der zweiten Seite:*] Und A d o l p h ist er wieder in Metz? ich schicke Dir nächstens einige Zeilen an ihn.

[*Am oberen Rand der ersten Seite:*] Die politischen Verhältnisse könnten mich rasend machen. Das arme Volk schleppt geduldig den Karren, worauf die Fürsten und Liberalen ihre Affenkomödie spielen. Ich bete jeden Abend zum Hanf und zu d. Laternen.

64.

[*Adresse:*] Herrn / Eugen Boeckel Dr. med. / Alser-Vorstadt, Wickburggasse / N. 18. / Wien.

D. 1. Juni. Straßburg. [*1836*]

Mein lieber Eugen!

Ich sitze noch hier, wie Du aus dem Datum siehst. »Sehr unvernünftig!« wirst Du sagen und ich sage: meinetwegen! Erst gestern ist meine Abhandlung vollständig fertig geworden. Sie hat sich viel weiter ausgedehnt, als ich Anfangs dachte und ich habe viel gute Zeit mit verloren; doch bilde ich mir dafür ein sie sey gut ausgefallen – und die société d'histoire naturelle scheint der nämlichen Meinung zu seyn. Ich habe in 3 verschiednen Sitzungen 3 Vorträge darüber gehalten, worauf die Gesellschaft sogleich beschloß sie unter ihren Memoiren abdrucken zu lassen; obendrein machte sie mich zu ihrem correspondirenden Mitglied. Du siehst, der Zufall hat mir wieder aus der Klemme geholfen, ich bin ihm überhaupt großen Dank schuldig und mein Leichtsinn, der im Grund genommen das unbegränzteste Gottvertrauen ist, hat dadurch wieder großen Zuwachs erhalten. Ich brauche ihn aber auch; wenn ich meinen Doctor bezahlt habe, so bleibt mir kein Heller mehr und schreiben habe ich die Zeit nichts können. Ich muß eine Zeitlang vom lieben Kredit leben und sehen, wie ich mir in den nächsten 6–8 Wochen Rock und Hosen aus meinen großen weißen Papierbogen, die ich vollschmieren soll, schneiden werde. Ich denke: »befiehl du deine Wege.« und lasse mich nicht stören.

Habe ich lange geschwiegen? Doch Du weißt warum und verzeihst mir. Ich war wie ein Kranker der eine ekelhafte Arznei so schnell, als möglich mit einem Schluck nimmt, ich konnte nichts weiter, als mir die fatale Arbeit vom Hals schaffen. Es ist mir unendlich wohl, seit ich das Ding aus dem Haus habe. – Ich denke den Sommer noch hier zu bleiben. Meine Mutter kommt im Herbst. Jezt nach Zürich, im Herbst wieder zurück, Zeit und Geld verliern, das wäre Unsinn. Jedenfalls fange ich aber nächsten Wintersemester meinen Kurs an, auf den ich mich jezt in aller Gemächlichkeit fertig präparire.

Du hast frohe Tage auf Deiner Reise, wie es scheint. Ich freue mich darüber. Das Leben ist überhaupt etwas recht Schönes und jedenfalls ist es nicht so langweilig, als wenn es noch einmal so langweilig wäre. Spute Dich etwas im nächsten Herbst, komme zeitig, dann sehe ich Dich noch hier. Hast Du viel gelernt, unterwegs? Ist Dir die Kranken und Leichenschau noch nicht zur Last geworden? Ich meine eine Tour durch die Spitäler von halb Europa müßte einem sehr melancholisch und die Tour durch die Hörsäle unserer Professor müßte einem halb verrückt und die Tour durch unsere teutschen Staaten müßte einem ganz wüthend machen. 3 Dinge, die man übrigens auch ohne die drei Touren sehr leicht werden kann z.B. wenn es regnet und kalt ist, wie eben; wenn man Zahnweh hat, wie ich vor 8 Tagen, u. wenn man einen vollen Winter und ein halbes Frühjahr nicht aus seinen 4 Wänden gekommen, wie ich dieß Jahr.

Du siehst ich stehe viel aus und ehe ich mir neulich meinen hohlen Zahn ausziehen lassen, habe ich im vollständigsten Ernst überlegt, ob ich mich nicht lieber todtschießen sollte, was jedenfalls weniger schmerzhaft ist.

Baum seufzt jeden Tag, bekommt dabey einen ungeheuren Bauch und macht ein so selbstmörderisches Gesicht, daß ich fürchte, er will sich auf subtile Weise durch einen Schlagfluß aus der Welt schaffen. Er ärgert sich dabey regelmäßig jeden Tag, seit ich ihn versichert habe, daß Aerger der Gesundheit sehr zuträglich sey. Das Fechten hat er eingestellt und ist dabey so entsetzlich faul, daß er zum großen Verdruß Deines Bruders noch keinen von Deinen Aufträgen ausgerichtet hat. Was ist mit dem Menschen anzufangen? Er muß Pfarrer werden, er zeigt die schönsten Dispositionen.

Die beiden Stöber sitzen noch in Oberbrunn. Leider bestätigt sich das Gerücht hinsichtlich der Frau Pfarrerin. Das arme Mädel hier ist ganz verlassen und unten sollen die Leute über die poetische Bedeutung des Ehebruchs philosophiren. Letztes glaube ich nicht, – aber zweideutig ist die Geschichte.

Was macht unser Freund und Vetter, Zipfel? Ist ihm die Zeit nirgends weiter gezündet worden? Siehst Du meinen Vetter aus Holland zuweilen? Grüße Beyde vielmals von mir.

Wilhelmine war lange Zeit unwohl, sie litt an einem chronischen Friesel, ohne jedoch je bedenklich krank gewesen zu seyn.

à propos, sie hat mir Deine beyden Briefe, unerbrochen gegeben, dennoch hätte ich es passender gefunden Du hättest schicklichkeitshalber eine Couverte um Deinen Brief gemacht; konnte ein Frauenzimmer ihn nicht lesen, so war es unpassend ihn auch an ein Frauenzimmer zu adressiren; mit einer Couverte ist es etwas andres. Ich hoffe Du verdenkst mir dieße kleine Zurechtweisung nicht.

Jedenfalls bin ich die nächsten 4 Wochen noch hier, während des Drucks meiner Abhandlung. Wirst Du mich noch mit einem Brief erfreuen, ehe Du aus Wien abreisest? à propos, Du machst ja ganz ästhetische Studien, Dem. Peche ist eine alte Bekanntin von mir.

Lebw[*obl*] Dein C.B.

5. Briefe an Karl Gutzkow (mit einem Anschreiben an Johann David Sauerländer)

65.

[*Adresse:*] S.r Wohlgeboren / Herrn Johann David Sauerländer / Buchhändler / zu / Frankfurt a.m.

Darmstadt d. 21. Febr. 35.

Geehrtester Herr!

Ich gebe mir die Ehre Ihnen mit dießen Zeilen ein Manuscript zu überschicken. Es ist ein dramatischer Versuch und behandelt einen Stoff der neueren Geschichte. Sollten Sie geneigt seyn das Verlag desselben zu übernehmen, so ersuche ich Sie mich so bald als möglich davon zu benachrichtigen, im entgegengesetzten Falle aber das Manuscript an die Heyerische Buchhandlung dahier zurückgehn zu lassen.

Sie würden mich sehr verbinden, wenn Sie dem Herrn Karl Guzkow den beygeschloßnen Brief überschicken und ihm das Drama zur Einsicht mittheilen wollten.

Haben Sie die Güte eine etwaige Antwort in einer Couverte mit der Adresse: an Frau Regierungsrath Reuss zu Darmstadt, an mich gelangen zu lassen. Verschiedne Umstände lassen mich dringend wünschen, daß dieß in möglichster Kürze der Fall sey.

Hochachtungsvoll verbleibe ich
Ihr
ergebenster Diener
G. Büchner.

66.

[*Darmstadt, 21. Februar 1835*]

Mein Herr!

Vielleicht hat es Ihnen die Beobachtung, vielleicht, im unglücklicheren Fall, die eigne Erfahrung schon gesagt, daß es einen Grad von Elend gibt, welcher jede Rücksicht vergessen und jedes Gefühl verstummen macht. Es gibt zwar Leute, welche behaupten, man solle sich in einem solchen Falle lieber zur Welt hinaushungern, aber ich könnte die Widerlegung in einem seit Kurzem erblindeten Hauptmann von der Gasse aufgreifen, welcher erklärt, er würde sich todtschießen, wenn er nicht gezwungen sei, seiner Familie durch sein Leben seine Besoldung zu erhalten. Das ist entsetzlich. Sie werden wohl einsehen, daß es ähnliche Verhältnisse geben kann, die Einen verhindern, seinen Leib zum Nothanker zu machen, um ihn von dem Wrack dieser Welt in das Wasser zu werfen und werden sich also nicht wundern, wie ich Ihre Thüre aufreiße, in Ihr Zimmer trete, Ihnen ein Manuscript auf die Brust setze und ein Allmosen abfordere. Ich bitte Sie nämlich, das Manuscript so schnell als möglich zu durchlesen, es, im Fall Ihnen Ihr Gewissen als Kritiker dieß erlauben sollte, dem Herrn S.. zu empfehlen, und sogleich zu antworten.

Ueber das Werk selbst kann ich Ihnen nichts weiter sagen, als daß unglückliche Verhältnisse mich zwangen, es in höchstens fünf Wochen zu schreiben. Ich sage dieß, um Ihr Urtheil über den Verfasser, nicht über das Drama an und für sich, zu motiviren. Was ich daraus machen soll, weiß ich selbst nicht, nur das weiß ich, daß ich alle Ursache habe, der Geschichte gegenüber roth zu werden; doch tröste ich mich mit dem Gedanken, daß, Shakespeare ausgenommen, alle Dichter vor ihr und der Natur wie Schulknaben dastehen.

Ich wiederhole meine Bitte um schnelle Antwort; im Falle eines günstigen Erfolgs können einige Zeilen von Ihrer Hand, wenn sie noch vor nächstem Mittwoch hier eintreffen, einen Unglücklichen vor einer sehr traurigen Lage bewahren.

Sollte Sie vielleicht der Ton dieses Briefes befremden, so bedenken Sie, daß es mir leichter fällt, in Lumpen zu betteln, als im Frack eine Supplik zu überreichen und fast leichter, die Pistole in der Hand: la bourse ou la vie! zu sagen, als mit bebenden Lippen ein: Gott lohn' es! zu flüstern.

G. Büchner.

67.

Straßburg. [*Mitte März 1835*]

Verehrtester!

Vielleicht haben Sie durch einen Steckbrief im Frankfurter Journal meine Abreise von Darmstadt erfahren. Seit einigen Tagen bin ich hier; ob ich hier bleiben werde, weiß ich nicht, das hängt von verschiedenen Umständen ab. Mein Manuscript wird unter der Hand seinen Kurs durchgemacht haben.

Meine Zukunft ist so problematisch, daß sie mich selbst zu interessiren anfängt, was viel heißen will. Zu dem subtilen Selbstmord durch Arbeit kann ich mich nicht leicht entschließen; ich hoffe, meine Faulheit wenigstens ein Vierteljahr lang fristen zu können, und nehme dann Handgeld entweder von den Jesuiten für den Dienst der Maria oder von den St. Simonisten für die femme libre, oder sterbe mit meiner Geliebten. Wir werden sehen. Vielleicht bin ich auch dabei, wenn noch einmal das Münster eine Jacobiner-Mütze aufsetzen sollte. Was sagen Sie dazu? Es ist nur mein Spaß. Aber sie sollen noch erleben, zu was ein Deutscher nicht fähig ist, wenn er Hunger hat. Ich wollte, es ginge der ganzen Nation wie mir. Wenn es einmal ein Misjahr gibt, worin nur der Hanf geräth! Das sollte lustig gehen, wir wollten schon eine Boa Constriktor zusammen flechten. Mein Danton ist vorläufig ein seidnes Schnürchen und meine Muse ein verkleideter Samson.

68.

[*Straßburg, vor 12. Mai 1835*]

[*Ich weiß nicht,*] wie [*ich m*]ich durch V. Hugo durchnagen [*soll. Hugo gibt nur*] aufspannende Situationen [, *Musset gibt*] Charaktere, wenn auch ausgeschnitzte.

69.

[*Straßburg, September 1835*]

[*Es sind*] die Darmstädtschen Polizeidiener [*m*]eine Musen gewesen[.]

70.

[*Straßburg, September 1835*]

Was Sie mir über die Zusendung aus der Schweiz sagen, macht mich lachen. Ich sehe schon, wo es herkommt. Ein Mensch, der mir einmal, es ist schon lange her, sehr lieb war, mir später zur unerträglichen Last geworden ist, den ich schon seit Jahren schleppe und der sich, ich weiß nicht aus welcher verdammten Nothwendigkeit, ohne Zuneigung, ohne Liebe, ohne Zutrauen an mich anklammert und quält und den ich wie ein nothwendiges Uebel getragen habe! Es war mir wie einem Lahmen oder Krüppel zu Muth und ich hatte mich so ziemlich in mein Leiden gefunden. Aber jetzt bin ich froh, es ist mir, als wäre ich von einer Todsünde absolvirt. Ich kann ihn endlich mit guter Manier vor die Thüre werfen. Ich war bisher unvernünftig gutmüthig, es wäre mir leichter gefallen ihn todtzuschlagen, als zu sagen: Pack dich! Aber jetzt bin ich ihn los! Gott sei Dank! Nichts kommt Einem doch in der Welt theurer zu stehen, als die Humanität.

71.

[*Straßburg, September oder Oktober 1835*]

Die ganze Revolution hat sich schon in Liberale und Absolutisten getheilt und muß von der ungebildeten und armen Klasse aufgefressen werden; das Verhältniß zwischen Armen und Reichen ist das einzige revolutionäre Element in der Welt, der Hunger allein kann die Freiheitsgöttin und nur ein Moses, der uns die sieben ägyptischen Plagen auf den Hals schickte, könnte ein Messias werden. Mästen Sie die Bauern, und die Revolution bekommt die Apoplexie. Ein Huhn im Topf jedes Bauern macht den gallischen Hahn verenden.

72.

Straßburg. [*Nach Mitte November 1835*]

Sie erhalten hiermit ein Bändchen Gedichte von meinem Freunde Stöber. Die Sagen sind schön, aber ich bin kein Verehrer der Manier à la Schwab und Uhland und der Parthei, die immer rückwärts ins Mittelalter greift, weil sie in der Gegenwart keinen Platz ausfüllen kann. Doch ist mir das Büchlein lieb; sollten Sie nichts Günstiges darüber zu sagen wissen, so bitte ich Sie, lieber zu schweigen. Ich habe mich ganz hier in das Land hineingelebt; die Vogesen sind ein Gebirg, das ich liebe wie eine Mutter, ich kenne jede Bergspitze und jedes Thal und die alten Sagen sind so originell und heimlich und die beiden Stöber sind alte Freunde, mit denen ich zum Erstenmal das Gebirg durchstrich. Adolph hat unstreitig Talent, auch wird Ihnen sein Name durch den Musenalmanach bekannt sein. August steht ihm nach, doch ist er gewandt in der Sprache.

Die Sache ist nicht ohne Bedeutung für das Elsaß, sie ist einer von den seltnen Versuchen, die noch manche Elsässer machen, um die deutsche Nationalität Frankreich gegenüber zu wahren und wenigstens das geistige Band zwischen ihnen und dem Vaterland nicht reißen zu lassen. Es wäre traurig, wenn das Münster einmal ganz auf fremdem Boden stünde. Die Absicht, welche zum Theil das Büchlein erstehen ließ, würde sehr gefördert werden, wenn das Unternehmen in Deutschland Anerkennung fände und von der Seite empfehle ich es Ihnen besonders.

Ich werde ganz dumm in dem Studium der Philosophie; ich lerne die Armseligkeit des menschlichen Geistes wieder von einer neuen Seite kennen. Meinetwegen! Wenn man sich nur einbilden könnte, die Löcher in unsern Hosen seien Pallastfenster, so könnte man schon wie ein König leben, so aber friert man erbärmlich.

73.

[*Adresse:*] Herrn / Karl Guzkow.

[*Straßburg, nach Mitte Januar 1836*]

Mein Lieber!

Ich weiß nicht ob bey der verdächtigen Adresse dieße Zeilen in ihre Hände gelangen werden.

Haben Sie den Brief von Boulet erhalten? Ich habe ihn nach Mannheim geschickt. Ich wagte damals nicht einige Zeilen an Sie beyzulegen. Ich hielt die Sache für ernsthafter. Nach den Zeitungen müssen Sie bald frei seyn. 4 Wochen, das ist bald herum. Dann habe ich noch besondere Nachrichten über Sie aus Mannheim. Ihre Haft ist leicht. Sie dürfen Besuche annehmen, sogar ausgehen. Verhält es sich so?

Haben Sie nichts weiter zu fürchten? Geben Sie mir Auskunft so bald, als möglich! Die Frage ist nicht müßig. Glauben Sie, daß man Sie frei läßt, nach Verlauf der bestimmten Frist? Sie sitzen im Amthaus, nicht wahr?

So bald Sie frei sind, verlassen Sie Teutschland so schnell, als möglich. Sie haben von Glück zu sagen, daß es so abzulaufen scheint. Es sollte mich wundern.

Im Fall Sie den Weg über Straßburg nehmen, so fragen Sie nach mir bey Herrn Schroot Gastwirth zum Rebstock.

Ich erwarte Sie mit Ungeduld.

Ihr G.

74.

Straßburg. [*Anfang Juni 1836*]

Lieber Freund!

War ich lange genug stumm? Was soll ich Ihnen sagen? Ich saß auch im Gefängniß und im langweiligsten unter der Sonne, ich habe eine Abhandlung geschrieben in die Länge, Breite und Tiefe. Tag und Nacht über der ekelhaften Geschichte, ich begreife nicht, wo ich die Geduld hergenommen. Ich habe nämlich die fixe Idee, im nächsten Semester zu Zürich einen Kurs über die Entwickelung der deutschen Philosophie seit Cartesius zu lesen; dazu muß ich mein Diplom haben und die Leute scheinen gar nicht geneigt, meinem lieben Sohn Danton den Doktorhut aufzusetzen.

Was war da zu machen?

Sie sind in Frankfurt, und unangefochten?

Es ist mir leid und doch wieder lieb, daß Sie noch nicht im Rebstöckel angeklopft haben. Ueber den Stand der modernen Literatur in Deutschland weiß ich so gut als nichts; nur einige versprengte Broschüren, die, ich weiß nicht wie, über den Rhein gekommen, fielen mir in die Hände.

Es zeigt sich in dem Kampf gegen Sie eine gründliche Niederträchtigkeit, eine recht gesunde Niederträchtigkeit, ich begreife gar nicht, wie wir noch so natürlich sein können! Und Menzels Hohn über die politischen Narren in den deutschen Festungen – und das von Leuten! mein Gott, ich könnte Ihnen übrigens erbauliche Geschichten erzählen.

Es hat mich im Tiefsten empört; meine armen Freunde! Glauben Sie nicht, daß Menzel nächstens eine Professur in München erhält?

Uebrigens; um aufrichtig zu sein, Sie und Ihre Freunde scheinen mir nicht grade den klügsten Weg gegangen zu sein. Die Gesellschaft mittelst der Idee, von der gebildeten Klasse aus reformiren? Unmöglich! Unsere Zeit ist rein materiell, wären Sie je directer politisch zu Werke gegangen, so wären Sie bald auf den Punkt gekommen, wo die Reform von selbst aufgehört hätte. Sie werden nie über den Riß zwischen der gebildeten und ungebildeten Gesellschaft hinauskommen.

Ich habe mich überzeugt, die gebildete und wohlhabende Minorität, so viel Concessionen sie auch von der Gewalt für sich begehrt, wird nie ihr spitzes Verhältniß zur großen Klasse aufgeben wollen. Und die große Klasse selbst? Für die gibt es nur zwei Hebel, materielles Elend und religiöser Fanatismus. Jede Parthei, welche diese Hebel anzusetzen versteht, wird siegen. Unsre Zeit braucht Eisen und Brod – und dann ein Kreuz oder sonst so was. Ich glaube, man muß in socialen Dingen von einem absoluten Rechtsgrundsatz ausgehen, die Bildung eines neuen geistigen Lebens im Volk suchen und die abgelebte moderne Gesellschaft zum Teufel gehen lassen. Zu was soll ein Ding, wie diese, zwischen Himmel und Erde herumlaufen? Das ganze Leben desselben besteht nur in Versuchen, sich die entsetzlichste Langeweile zu vertreiben. Sie mag aussterben, das ist das einzig Neue, was sie noch erleben kann.

75.

[*Straßburg, vor 10. Juni 1836*]

[...] Ferkeldramen [...].

6. Konspirative Briefe an »Kater« und »Hund«

76.

[*Adresse:*] Herrn / Dr. Diefenbach / abzugeben bey H. Präceptor Müller / auf Dorf / zu / Zürich.

[*Straßburg, 26. Januar 1836*]

Lieber Kater!

Eben bringt mir Fasan den beyliegenden Brief. Er lag 2 Tage in Deiner ehemaligen Wohnung. Es ist mir leid. Niemand wußte etwas davon. Er kommt aus Butzbach, wie mir Fasan sagt.

Es ist mir leid, daß Deine Schritte bisher so erfolglos waren. Deine Aufträge habe ich besorgt. Hier ist Alles beym Alten. Nächste Ostern bin ich definitiv in Zürich. – Wilgens hat soutenirt. Aus der Heimath haben wir nichts erfahren, als daß 2 von den Darmstädter Gefangnen sich zu entleiben versucht haben, der eine durch Oeffnen der Adern, der andre durch d. Strick. Beyde Versuche sind mißglückt. Wer? Das wissen wir nicht.

Grüße die Strömer. Wellers Brief habe ich erhalten. Ich lasse ihm vielmals danken. Lebewohl.

Dein

G. Büchner.

77.

[*Adresse:*] An / G. Geilfus / Zürich,

[*Straßburg, Ende Juli 1836*]

Werthester Hund!

Ich hoffe dieße Zeilen treffen Dich noch in Zürich, widrigenfalls erfährst Du nichts von ihnen, was Dich jedenfalls sehr bekümmern wird. Ich ersuche Dich um einen Gefallen, schreibe mir doch sobald als möglich, ob der Professor und Dekan der philosophischen Fakultät Baiter noch unter den Lebenden ist. Ich habe dem Menschen vor längerer Zeit geschrieben, aber keine Antwort erhalten. Da ich nun im Begriff bin meine Abhandlung nebst Doctorgebühren an ihn zu adressiren, so möchte ich doch sicher gehn. Du brauchst nur Weller zu fragen, der kennt ihn. Außerdem würdest Du mich sehr verbinden, wenn Du mir eine so weit es in Deinen Kräften steht menschliche Auskunft über den Stand der Dinge in Zürich gäbst. Soll wirklich eine von Russland, Preussen, Oestreich, Frankreich u. England unterzeichnete Note bey der Tagsatzung eingereicht worden seyn, welche die unbedingte Ausweisung aller Flüchtlinge begehrt? und, verhält es sich so, welche Resolution glaubt man, daß d. Tagsatzung fassen dürfte? Oder scheint es daß die Ausweisung sich nur auf die bey den letzten Vorfällen Betheiligten erstrecken wird? – Geht Alles gut, so denke ich nächsten Winter meinen Kurs über Philosophie zu lesen, und bin im October in Zürich. Glaubst Du daß ich Aussichten dort habe? Die Sachen sehen etwas bunt aus. – Aus Frankreich werden alle ehemaligen und jetzigen Mitglieder des jungen Teutschland verwiesen. Es ist doch ein Jammer was die lächerlichsten Dinge für Folge haben können. Anfangs amüsirte es einem die alten Esel wie kleine Buben spielen zu sehen, – und jezt ist Alles verzweifelt ernsthaft. Es ist gar kein Verhältniß zwischen der Veranlassung und der Folge, es ist doch jämmerlich sich mit einer hölzernen Pistole zu erschießen und mit einem blechernen Dolch zu erstechen – und wenn [*man*] noch gar bedenkt wie pathetisch und wichtig die Leute dabey zu Werk gehn. – Aus Darmstadt nichts Neues, als daß Advokat Briel auf Befehl des Appellationsgerichts gegen Handgelöbniß in Freiheit gesetzt worden ist.

Hier ist Alles beym Alten. Schnaps hat sein zweites Examen glücklich gemacht!

Was machen Weller, Mikes e. c. t? Ist Zopf noch in Liestal?

Viele Grüße an Alle.
Ich bitte dringend um baldige Antwort.
Lebwohl
Dein
G. Bü.

Daß Medicinalrath Graf u. Ploennies zum Bericht aufgefordert worden sind, ob Weidig Prügel vertragen könne und daß ihre Antwort bejahend ausgefallen sey, scheint nicht wohl bezweifelt werden zu können.

7. Behördenbriefe in die Schweiz

78.

[*Adresse:*] S.r Wohlgeboren / Herrn Bürgermeister Hess, / zu / Zürich. / Frei

Straßburg d. 22. September 1836

Euer Wohlgeboren

werden, wie ich hoffe, einen Fremden entschuldigen, der sich die Freiheit nimmt in einer für ihn höchst wichtigen Angelegenheit Ihre Güte in Anspruch zu nehmen.

Die politischen Verhältnisse Teutschlands zwangen mich mein Vaterland vor ungefähr anderthalb Jahren zu verlassen. Ich hatte mich der akademischen Laufbahn bestimmt. Ein Ziel aufzugeben, auf dessen Erreichung bisher all meine Kräfte gerichtet waren, konnte ich mich nicht entschließen und so setzte ich in Straßburg meine Studien fort, in der Hoffnung in der Schweiz meine Wünsche realisiren zu können. Wirklich hatte ich vor Kurzem die Ehre von der philosophischen Fakultät zu Zürich einmüthig zum Doctor kreirt zu werden. Nach einem so günstigen Urtheile über meine wissenschaftliche Befähigung konnte ich wohl hoffen auch als Privatdocent von der Züricher Universität angenommen zu werden und, im günstigen Fall, im nächsten Semester meine Vorlesungen beginnen zu können. Ich suchte daher bey den hiesigen Behörden um einen Paß nach. Dieße erklärten mir jedoch, es sey ihnen durch das Ministerium des Innern, auf Ansuchen der Schweiz, untersagt einem Flüchtling einen Paß auszustellen, der nicht von einer Schweizerbehörde die schriftliche Autorisation zum Aufenthalt in ihrem Bezirk vorweisen könne. In dießer Verlegenheit nun wende ich mich an Sie, hochgeehrtester Herr, als die oberste Magistratsperson Zürichs, mit der Bitte um die von den hiesigen Behörden verlangte Autorisation. Das beyliegende Zeugniß kann beweisen, daß ich seit der Entfernung aus meinem Vaterlande allen politischen Umtrieben fremd geblieben bin und somit nicht unter die Kategorie derjenigen Flüchtlinge gehöre, gegen welche die Schweiz und Frankreich neuerdings die bekannten Maaßregeln ergriffen haben. Ich glaube daher auf die Erfüllung einer Bitte zählen zu dürfen, deren Verweigerung die Vernichtung meines ganzen Lebensplanes zur Folge haben würde.

Sollten Euer Wohlgeboren gesonnen seyn, mich mit einer Antwort auf dieß Gesuch zu beehren, so bitte ich dieselbe unter der Adresse: Dr. Büchner bey Herrn Weinhändler Siegfried an der Douane zu Straßburg, an mich gelangen zu lassen.

Mit der grösten Hochachtung
Ihr
ergebenster
Dr. Büchner.

78a. [*Anlage*]

Nous, Jonathan Pfister, Commissaire de Police du Canton Sud, de la ville de Strasbourg, certifions que:

Mons. George Büchner, Docteur en Philosophie, agé de 23 ans, natif de Darmstadt, est inscrit sur nos registres rue de la Douane N° 18, comme demeurant en cette ville depuis dix huit mois jusqu'à ce jour, sans interruption; et que pendant ce laps de tems, sa conduite, tant sous le rapport Politique que moral, n'a donné lieu à aucune plainte.

En foi de quoi le présent

Strasbourg ce 21 Sept^b. 1836.

Pfister.

79.

Herr Präsident, hochgeachtete Herren!

Nach Einreichung einer Abhandlung über einen naturhistorischen Gegenstand, hatte ich die Ehre von der philosophischen Facultät zu Zürich in ihrer Sitzung vom 3ten dieses Monats einmüthig zum Doctor philosophiae ernannt zu werden. Gestützt auf dieses Urtheil über meine wissenschaftliche Befähigung wünsche ich mich als Privatdocent für Vorlesungen an der philosophischen Facultät zu Zürich zu habilitiren. Ich habe daher die Ehre mich an Sie mit der Bitte um Zulassung zu der für diesen Fall nach § 157 des Organisationsgesetzes über das Unterrichtswesen erforderlichen öffentlichen Probevorlesung zu wenden.

Mit der größten Hochachtung und Ergebenheit

G. Büchner Dr. phil.

Straßburg d 26 Sep. 1836.

Anhang

Zu dieser Ausgabe

Was von den zahlreichen Briefen, die Georg Büchner geschrieben hat, erhalten ist, sind lediglich Spuren, überwiegend problematisch überlieferte Fragmente, die gleichwohl zu den am häufigsten zitierten Texten des Autors zählen und sein ästhetisches und politisches Profil ebenso stark prägen wie sein literarisches Werk. Auf die »besonders prekäre Situation der Überlieferung von Büchners Korrespondenz« und die offenbare »Nachlassmisere« (Poschmann, L 3: 2009, 140 f.) hat die Forschung immer wieder hingewiesen. Von den insgesamt 79 überlieferten Briefschaften, die diese Ausgabe bietet, sind lediglich 13 Briefe handschriftlich erhalten. Der Großteil von 66 einzelnen brieflichen Zeugnissen ist dagegen nur in problematischen Drucken aus dem 19. Jahrhundert überliefert, in Ausschnitten und Bruchstücken, welche die Briefe nicht in der Gestalt wiedergeben, welche die verlorenen Originale gehabt haben. Die vormalige Existenz jener Briefe ist einzig durch diese frühen Drucke bezeugt, sie selbst sind mit dem Verlust der Handschriften verloren. Diese Tatsache gilt es zu vergegenwärtigen, nicht zu überdecken.

Der skizzierten Überlieferungssituation muss in einer kritischen Ausgabe Rechnung getragen werden. Die vorliegende Edition will in der Präsentation der Texte nicht versuchen, zu rekonstruieren, was nicht mehr existiert, sondern sie will die Überlieferung dieser Texte in ihrer damit gegebenen spezifischen Materialität transparent machen. Das Konvolut der brieflichen Zeugnisse des Autors ist hier erstmals in einer kritischen Ausgabe nicht chronologisch geordnet, wie bisher bei der Edition von Büchners Briefen üblich (so in der *Frankfurter Ausgabe* und in der Briefausgabe von Jan-Christoph Hauschild, der Briefe-Band der *Marburger Ausgabe* liegt noch nicht vor), sondern nach Adressaten. Dafür sprechen mehrere Gründe, die sich zunächst einmal aus der besonderen Überlieferungslage ergeben. Diese bringt es mit sich, dass sich eine präzise Datierung der recht häufig nicht oder gelegentlich falsch datierten einzelnen Zeugnisse insgesamt äußerst schwierig gestaltet und in Einzelfällen unmöglich ist, was gegen eine vorbehaltlose chronologische Anordnung spricht, die ohnehin immer nur hypothetisch sein kann. Für eine Anordnung der Briefe nach Adressaten sprechen vor allem drei weitere Argumente. Es sind (erstens) nur Briefe an einige wenige Adressaten erhalten, die jeweilige Anzahl der an diese wenigen Empfänger gerichteten Briefe ist (zweitens) äußerst ungleichgewichtig verteilt, und (drittens) sind die Briefe in ihrer jeweils spezifischen adressatenbezogenen Eigenart deutlich zu unterscheiden.

Weit mehr als die Hälfte des Konvoluts sind Briefe an die Familie, insgesamt 48 einzelne Zeugnisse. Um jeweils zehn Briefschaften handelt es sich bei den besonders problematisch überlieferten Fragmenten an Wilhelmine Jaeglé sowie an Karl Gutzkow, ein Brief ist an den Verleger Johann David Sauerländer adressiert, zwei Briefe sind an den Großonkel Edouard Reuss gerichtet, vier Briefe an Straßburger Freunde, zwei Briefe an Exilanten, und bei zwei Briefen handelt es sich um Schreiben an Behörden. Schon angesichts dieser ungleichgewichtigen Streuung von Briefempfängern bot es sich an, das Material nach Adressaten und Empfängergruppen zu ordnen. Die so sortierten unterschiedlichen Konvolute sind in ihrer stilistischen und thematischen Eigenart stark auf den jeweiligen Adressaten oder die Adressatin bezogen. Solche adressatenbezogenen Eigenarten hat die Forschung zumindest für die Briefe an die Eltern (vgl. Mayer, L 3: 1983) und für die Briefe an die Braut (vgl. Fortmann, L 3: 2007) feststellen können, wobei entsprechende Untersuchungen zu anderen Adressaten oder Adressatengruppen noch ausstehen. Es ist erstaunlich und paradox, dass die Briefe Büchners zwar »zu den meistzitierten Texten des Autors« zählen, diese aber nur »ungenügend erforscht« (Knapp, L 3: 2000, 49) sind. Beide genannten Briefkonvolute sind nur durch die *Nachgelassenen Schriften* von 1850 überliefert und bieten lediglich Ausschnitte aus den heute verlorenen Briefen. Zumindest teilweise dürften die adressatenbezogenen Eigenheiten in den brieflichen Zeugnissen an diese Empfänger, die Eltern in Darmstadt und die Geliebte in Straßburg, auf die fragmentarische Überlieferung zurückzuführen sein, auf die im 19. Jahrhundert erfolgte Auswahl an Passagen, deren ursprüngliche Kontexte, verlorener Brieftext, nicht seriös zu rekonstruieren sind.

Der Adressatenbezug als Anordnungskriterium ermöglicht einen neuen Blick gerade auf die besonders oft zitierten und kontrovers diskutierten Briefpassagen. So liest man beispielsweise den in der Forschung hinsichtlich der politischen Implikationen umstrittenen ›Fatalismusbrief‹ wohl anders, wenn man ihn nicht in einem ohnehin hypothetischen chronologischen Zusammenhang rezipiert, sondern wenn er nun wieder das Briefkonvolut an die Geliebte eröffnet wie im Erstdruck, der den berühmten Brief einzig überliefert. Er ist dann als Liebesbrief wahrzunehmen, als poetischer Text im Kontext der ›Brautbriefe‹ mit ihren besonderen Stil- und Aussagemustern.

Die Edition realisiert in der Anordnung der Briefe nach Adressaten einen vor Jahren von Gerhard Schaub – mit Blick auf die ausgefeilte Rhetorik und poetische Qualität der brieflichen Texte Büchners – unterbreiteten Vorschlag, der auch angesichts der gegebenen Überlieferungssituation besondere Plausibilität hat und die besondere Poetik der Briefe stärker sichtbar macht. Gerade Briefe von Schriftstellern sind keine bloßen Lebenszeugnisse. Briefe sind eine literarische Gattung mit jahrhundertealter Gattungstradition und daher auch als literarische Texte ernst zu nehmen. Bei Büchners Briefen, so Schaub, sei aufgrund der verschiedenen Stilregister, Rollen und »Töne« dieser Texte eine »neue Einteilung« vorzunehmen, »die nicht [...] chronologisch [...] erfolgen dürfte, sondern adressatenbezogen nach den verschiedenen Briefempfängern bzw. Empfängergruppen vorgenommen werden müßte: Briefe an die Familie, die Braut, die Straßburger Freunde August und Adolph Stoeber und Eugen Boeckel, an Karl Gutzkow sowie an den Verleger Sauerländer, den Zürcher Bürgermeister Hess und an das Präsidium des Erziehungsrats von Zürich.« (Schaub, L3: 1983, 193.) Hinzu kommen die beiden 1985 entdeckten Briefe an Edouard Reuss und die beiden 1993 wiederaufgefundenen konspirativen Exilbriefe an »Kater« und »Hund«.

Üblich war in Briefausgaben bisher auch, dass Büchners Briefwechsel ediert wurde. Überblickt man die nur 25 überlieferten Gegenbriefe, dann stellt man gerade unter der Perspektive des Adressatenbezugs fest, dass von Briefwechseln kaum die Rede sein kann. Bei der Korrespondenz mit der Familie stehen 48 Briefzeugnissen Büchners nur drei Briefe von der anderen Seite entgegen. Kein einziger der Briefe von Wilhelmine Jaeglé an den Geliebten ist erhalten, Gegenbriefe von Edouard Reuss sind ebenso verschollen wie Gegenbriefe aus dem Kreis der politischen Freunde. Lediglich ein paar Briefe aus dem Straßburger Freundeskreis und von Karl Gutzkow sind überliefert, die zusammen mit Büchners Briefen aber nur unter großem Vorbehalt so etwas wie kontinuierlich aufeinander bezogene Briefwechsel im engeren Sinn darstellen. Auch hier legte die besondere Situation der Überlieferung nahe, auf eine Edition der Gegenbriefe zu verzichten, die gleichwohl bei der Kommentierung der Briefe Büchners selbstverständlich berücksichtigt und so auch in dieser Ausgabe zur Kenntnis genommen sind. Implizit sind die Korrespondenzpartner ohnehin präsent. »Wenn sich in Briefen nicht bloß der Charakter des Schreibers, sondern auch des Empfängers abspiegelt« (DHA 11, 89), dann lässt sich diese Beobachtung Heines in der Börne-Denkschrift auch an Büchners Briefen nachvollziehen und generalisieren. »Zu den Gattungseigentümlichkeiten des Briefes gehört, daß er thematisch, sprachlich und stilistisch auf den jeweiligen Partner zugespitzt ist« und seine daraus abzuleitenden »poetologischen Gesetze« (Morawe, L 3: 1988, 697 f.) auch an Büchners Briefen zu beobachten sind. Insofern sind die Briefpartner mit dem Adressatenbezug sichtbar, der diese Ausgabe in der Anordnung von Büchners Briefen strukturiert.

Die jeweiligen Überlieferungsgeschichten der Briefgruppen und die unmittelbaren historischen Kontexte, in deren Zusammenhang die nicht handschriftlich erhaltenen Texte überliefert sind, die Herausgeberbemerkungen zu Büchners Briefen in den frühen postumen Drucken, dokumentiert der Kommentar, der auch die Sacherläuterungen zu den Brieftexten bietet. In den Kommentar integriert sind auch die relevanten Passagen aus den wenigen Briefen an Büchner, den Gegenbriefen.

Zur Textkonstitution: Auf diakritische Zeichen konnte verzichtet werden. Zeichen für Textverlust: + (pro vermutetem Buchstaben). Herausgebertext ist kursiv, Hervorhebungen (Sperrung in den Drucken, Unterstreichung in den Handschriften) sind gesperrt dargestellt. Passagen in lateinischen Schrifttypen in den gedruckten Vorlagen oder lateinische Schrift sowie Streichungen, Überschreibungen und Einfügungen des Briefschreibers in den handschriftlichen Vorlagen sind nicht eigens kenntlich gemacht. Buchstabenverschleifungen und Kontrahierungen in den Handschriften sind aufgrund von Büchners Schreibgewohnheiten stillschweigend aufgelöst. Grundlage für diese Entscheidung waren Überlegungen der editionswissenschaftlichen Spezialforschung zum Autor (vgl. auch die Ausführungen in den Editionsberichten der verschiedenen Bände der *Marburger Ausgabe*), die Feststellung, dass bei Büchner »Wörter verkürzter Graphie« nicht unbedingt als »intendiert verkürzte Wortformen« (Bockelmann, L 3: 1991, 220) zu interpretieren sind, er »ein Wort etwa wie ›daß‹ geläufig ohne den Vokal schreibt, [...] im Geschriebenen mitdenkt, aber nicht schriftlich ausführt.« (Ebd. 223.) Ediert ist der intendierte Text, nicht die Buchstabenfolge, die überdies oft genug nur mehr oder weniger sicher zu entziffern ist. Für die Briefe Büchners gilt, was auch an anderen seiner Texte beobachtet worden ist, nämlich dass die »Verkürzung von Wortformen [...] als Repräsentanz der vollständigen Buchstabenfolge gelten« muss »und also editorisch aufgelöst werden in alle die Buchstaben, die zur vollen Wortform notwendig sind.« (Ebd. 234.) In markanten Fällen informiert darüber mit einem Hinweis zur Textkonstitution wie überhaupt über die wenigen Abweichungen der edierten Texte von den Vorlagen der Kommentar. Ich danke Kathrin Kascha, die mir bei der Literaturbeschaffung sehr behilflich war.

Kommentar

1. Briefe an die Familie

Georg Büchners Briefe an die Familie in Darmstadt – an die Eltern, den Vater Ernst Büchner (1786–1861) und seine Frau Caroline (geb. Reuß, 1791–1858), die Mutter, sowie an die Geschwister Wilhelm (1816–1892), Mathilde (1815–1888), Luise (1821–1877), Ludwig (1824–1899) und Alexander (1827–1904) – sind bis auf eine Ausnahme nicht handschriftlich erhalten, sondern lediglich in Auszügen durch die von Johann David Sauerländer in Frankfurt am Main verlegte Ausgabe *Nachgelassene Schriften von Georg Büchner* aus dem Jahr 1850 überliefert (D^1). Den anonymen Herausgeber dieser Ausgabe hat die Forschung als Ludwig Büchner identifiziert, der 26 Jahre alt war, als der vermutlich in relativ kurzer Frist im Erscheinungsjahr entstandene Band »in der zweiten Jahreshälfte 1850« (Hauschild, L 1: 1985, 83) erschien. Ludwig Büchner aber ist »nicht mehr im strengen Sinne als Zeitgenosse zu betrachten« (Dedner, L 1: 1990, 22). Er hatte im Alter von knapp 13 Jahren als Kind den Tod seines ältesten Bruders erlebt, dessen Briefe er dann als Erwachsener in einer Auswahl dem Band beigab. Auch wenn man nicht »von Co-Autorschaft und Mitverantwortung« (Hauschild, L 1: 1985, 88) sprechen kann, so wurde er außer von seiner Schwester Luise, die 15 Jahre alt war, als ihr ältester Bruder starb, bei der Arbeit an den *Nachgelassenen Schriften* vor allem von seinem Bruder Wilhelm unterstützt, der im Todesjahr Georg Büchners immerhin schon 20 Jahre alt war.

Die handschriftlichen Originale von Büchners Briefen an die Familie wurden »in der Nacht vom 21. auf den 22. Mai 1851« (Lehmann, L 3: 1990, 304) bei einem Brand im Haus der Büchners in der Grabenstraße in Darmstadt vernichtet. Was in den *Nachgelassenen Schriften* von diesen Briefen überliefert ist, »kann nur ein Bruchteil des tatsächlich vorliegenden Materials gewesen sein.« (Dedner, L 1: 1990, 23.) Durch die Überlieferungssituation bedingte Probleme bereiten der Forschung neben den mit Sicherheit umfangreichen Kürzungen des Materials vor allem Fragen der Datierung, lassen sich doch inmitten von »merkwürdig unsicher-unscharf« und dann wieder »präzise« datierten Briefen »mehrere Fehldatierungen nachweisen« (Hauschild, L 1: 1985, 104), wobei auch offensichtliche »Korrekturnachlässigkeiten« (Dedner, L1: 1990, 23) zu bedenken sind. Zu beachten ist auch die Tatsache, dass die Briefe an die Familie in den *Nachgelassenen Schriften* in zwei voneinander zu unterscheidenden Abteilungen präsentiert sind, einerseits als Briefedition ausgewiesen, andererseits eben nicht.

Das Inhaltsverzeichnis nennt eine Abteilung »Briefe«, deren erster Abschnitt »An die Familie« auf die Edition von Büchners Briefen an die Eltern und Geschwister in Darmstadt verweist, wobei die Adressatin möglicherweise ab »1835/36 fast immer die Mutter« gewesen sein könnte, »da der Vater vor seinem spröde einlenkenden Weihnachtsbrief vom 18. Dezember 1836« (Mayer, L3: 1983, 271) dem flüchtigen steckbrieflich gesuchten Sohn »lange [...] nicht persönlich [...] geschrieben« (BW 123) hat. An Ort und Stelle im Band lautet der Abschnitt »Aus den Briefen an die Familie« (vgl. N237–280). Bereits diese Überschrift lässt erkennen, dass es sich insgesamt um Auszüge handelt, worauf in der Einleitung gleich zweimal auch hingewiesen ist. Von »den abgedruckten Briefauszügen« (N22) und nochmals von »den Briefauszügen« (N50) ist dort ausdrücklich die Rede.

Es handelt sich bei Büchners überlieferten Briefen an die Familie um eine Auswahl an Textpassagen, deren Zusammenstellung mehr oder weniger nach bestimmten Kriterien komponiert scheint, da die gewählten Ausschnitte den Briefen einen besonderen Charakter verleihen. So präsentieren sie Büchner als Erzähler, indem sie entweder jeweils eine Geschichte als erzähltes Erlebnis (so zum Beispiel gleich der Brief zum Auftakt der Briefedition, der den Einzug des Anführers der gescheiterten polnischen Revolutionsarmee gegen den Zarismus in Straßburg schildert) oder kommentiertes Ereignis (so zum Beispiel die Stellungnahme zum Frankfurter Wachensturm) im Zusammenhang bieten. Die ausgewählten Briefpassagen zeichnen sich auch dadurch aus, dass sie Anekdoten enthalten, die Büchner als »Gegengeschichtsschreiber« (vgl. Martin, L3: 2011) ausweisen. Sie präsentieren überdies Büchners rhetorische Brillanz. Außerdem erscheinen sie darum bemüht, die radikalrepublikanische Haltung Büchners durch prägnante Stellungnahmen zur politischen Situation zu illustrieren, dies gelegentlich mit erläuternden Anmerkungen in Fußnoten versehen. Diesen letzten Aspekt nennt die Einleitung der *Nachgelassenen Schriften* als Auswahlkriterium: »In den Briefauszügen wurde beinahe nur das gegeben, was zur Kenntniß der politischen Bewegungen jener Zeit und des Antheils, den Büchner daran hatte, wichtig erschien« (N49f.). Dasjenige allerdings, was hinsichtlich des politischen Engagements des Briefschreibers mitgeteilt ist, gibt eine adressatenbezogene Eigenheit zu erkennen: »Rechtfertigung und Beruhigung ist der allgemeine Zweck der Briefe Büchners an die Eltern« (Mayer, L3: 1983, 266). Vor diesem Hintergrund erklärt sich im Zusammenhang einer differenzierten Argumentationslist des Sohnes gegenüber den besorgten Eltern in so mancher Passage eine »Klartextlücke« (ebd. 258) in politischer Hinsicht, die nicht nur der Zensur geschuldet war, denn nicht alle Briefe wurden per Post übermittelt.

Auch die Präsentation des Briefmaterials im Editionsteil der *Nachgelassenen Schriften* macht durch die zahlreichen zu Beginn und am Ende sowie gelegentlich auch inmitten eines Briefes gedruckten Auslassungspunkte deutlich, dass es sich lediglich um Ausschnitte handelt. Anstelle der Auslassungspunkte ist verlorener Brieftext aus den nicht überlieferten Originalen zu denken, über dessen Inhalt sich allenfalls spekulieren lässt. Anrede zu Beginn und Namenszug und Grußformel am Ende als Merkmale der Textsorte Brief dürften diese Briefe fast alle enthalten haben, nicht ansatzweise zu rekonstruieren sind dagegen die in den *Nachgelassenen Schriften* nicht abgedruckten Passagen, Bemerkungen, Mitteilungen und Erkundigungen, die 1850 nicht mitteilenswert erschienen.

Offenbar um die drei wesentlichen Ortswechsel Büchners zu markieren (1833 vom Studienort Straßburg nach dem Studienort Gießen, 1835 die Flucht aus Deutschland nach Frankreich, 1836 die Übersiedlung aus dem französischen Straßburg nach Zürich in die Schweiz), hat der Herausgeber im Abschnitt »Aus den Briefen an die Familie« dreimal längere Trennungsstriche zwischen die entsprechenden Briefe gesetzt.

Über die im Rahmen der im Inhaltsverzeichnis als solche ausgewiesene Briefedition (»An die Familie«) hinaus findet sich in den *Nachgelassenen Schriften* noch weiteres Briefmaterial aus Büchners Briefen an die Eltern und Geschwister. Diese Briefauszüge, die (von einer Ausnahme abgesehen) nicht in den entsprechenden Abschnitt der Briefedition aufgenommen wurden, sind verstreut zitiert in der »Georg Büchner« überschriebenen Einleitung des Bandes (vgl. N1–50; vgl. Dedner, L1: 1990, 105–134). Sie dienen der biographischen Illustration ebenso wie der Illustration von Büchners politischer Haltung.

Das Verständnis des Herausgebers der *Nachgelassenen Schriften* von der Textsorte Brief, so scheint es, war zweifach ausgerichtet: Das Briefmaterial diente einerseits in der Einleitung vor allem der Illustration biographischer Sachverhalte, ihm wird hier offenbar weniger ein poetischer Wert beigemessen, sondern mehr eine dokumentarische Funktion. Es scheint andererseits mit seiner Edition im Abschnitt »Briefe« quasi als Werk verstanden, dessen literarische Qualität die Lektüre ebenso lohne wie das Drama *Danton's Tod*, das Lustspiel *Leonce und Lena* und das Novellenfragment *Lenz*, die literarischen Texte im engeren Sinn, die vor den Briefen abgedruckt sind, und wie der im Anschluss an die Briefe als »Literarischer Nachlaß« (so im Inhaltsverzeichnis) abgedruckte Auszug aus der Züricher Probevorlesung und die Flugschrift *Der Hessische Landbote*.

Von den insgesamt 48 Briefschaften Büchners an die Familie sind 47 nur durch die *Nachgelassenen Schriften* überliefert, davon sind 39 in der ausgewiesenen Briefedition »Aus den Briefen an die Familie« präsentiert, der Rest ist in der Einleitung zitiert (darunter ein Zitat aus einem auch im Editionsteil abgedruckten Brieffragment). Auffällig ist, dass unter den insgesamt acht Briefauszügen in der Einleitung als Adressat in drei Fällen Wilhelm Büchner genannt ist. Den einzigen handschriftlich überlieferten Brief an ein Mitglied der Familie, ein Brief an den jüngeren Bruder Ludwig Büchner (hier: Brief 40), hat dieser nicht in die *Nachgelassenen Schriften* aufgenommen. – An Gegenbriefen aus Darmstadt existieren lediglich ein Brief des Bruders Wilhelm vom 13. November 1831, ein Brief der Mutter vom 30. Oktober 1836 und ein Brief des Vaters vom 18. Dezember 1836.

1.

Text nach D^1 (N 237 f., »Briefe«). Der Wortlaut des Briefauszugs folgt unmittelbar nach der Überschrift »Aus den Briefen an die Familie« und ist von dieser lediglich durch einen kürzeren zentriert gesetzten Strich getrennt. In der Einleitung ist auf diesen Brief hingewiesen: »der abgedruckte erste Briefauszug vom October 1831 beschreibt den Empfang des aus dem polnischen Befreiungskampfe zurückkehrenden Generals Romarino in Straßburg« (N 2). Markant an diesem »voll ansteckender Begeisterung« (Hauschild, L 3: 1993, 184) verfassten und als Auftakt der Briefedition präsentierten Brief ist Büchners republikanische Wir-Rede (er benutzt demonstrativ insgesamt zehnmal den Plural ›wir‹/›uns‹ im Nominativ und Akkusativ), mit der er ein politisches Gruppenbewusstsein und seine Solidarität mit Polen ausdrückt. Der Brief ist aus der Sicht der Beteiligten, der Demonstranten geschrieben. Die Schilderung ist zu vergleichen mit dem 63. Brief (vom 21. Dezember 1831) in Börnes *Briefen aus Paris* über die Begeisterung für Ramorino: »Jetzt kam ich an die Montmartrestraße. Da sah es aus wie in einem Feldlager. Dragoner, Husaren, Gendarmen, Fußvolk, zahllose Scharen von Polizeiwachen hielten die Straßen besetzt, die von den Boulevards seitwärts führen. Große Soldatentrupps zogen auf und ab. Ich fragte einige aus dem zahlreich versammelten Volke, was das bedeute. Die Studenten hatten sich vereinigt, in feierlichem Zuge dem General Ramorino, der in der Straße Montmartre wohnte, eine Ehrenfahne zu überreichen. Die bewaffnete Macht jagte sie zurück und zerstreute sie mit unerhörter Mißhandlung. [...] den Tag vorher waren die Studenten in gleich großer Zahl zu den polnischen Generalen gezogen. Die Polizei setzte sich nicht entgegen, und alles lief ruhig ab.« (Börne, L2: 1964, 414f.) Auch Büchner rückt die Konfrontation mit dem Militär in den Mittelpunkt, die in der Presse lediglich als »Nebenvorfall« Erwähnung findet – so im *Niederrheinischen Kurier* vom 5. Dezember 1831 (Beilage zur Nr. 217) in einem unter dem Datum des 4. Dezember und der Überschrift »Ankunft zu Strassburg der Generäle Ramorino, Langermann und Schneider« veröffentlichten Artikel. Die republikanische Tageszeitung *Courrier du Bas-Rhin / Niederrheinischer Kurier* (vgl. Perreux, L3: 1931, 193) war neben »der radikalen Zeitung *Der Elsässer*« (Wetzel, L3: 1981, 370) eine »der beiden großen zweisprachigen Zeitungen« Straßburgs und »die populärste lokale Zeitung« (ebd. 372f.) vor Ort. Es ist davon auszugehen, dass der gut vier Wochen vor dem Einzug Ramorinos in Straßburg eingetroffene Büchner den *Niederrheinischen Kurier* bald regelmäßig gelesen und auch den erwähnten Artikel vom 5. Dezember 1831 zur Kenntnis genommen hat, der bis in Details Übereinstimmungen mit Büchners verknappt pointierter Darstellung aufweist und mit den Worten beginnt: »Eine genaue Beschreibung des Empfangs zu geben, der diesen Abend den Generälen Ramorino, Langermann und Schneider zu Theil geworden, ist beinahe unmöglich. Nie hat sich eines Volkes Sympathie für die heilige Sache der Freiheit und für deren heldenmüthige Vertheidiger einmüthiger und glänzender ausgesprochen.« Die mit Büchners Darstellung teilweise wörtlich korrespondierenden Passagen des Artikels lauten: »Bereits Mittags war ein Theil der Bevölkerung in Bewegung; eine unermeßliche Volksmenge, der sich mehr als 2000 Nationalgarden und eine große Anzahl Militärs angeschlossen, strömte hinaus nach der großen Rheinbrücke. Ungefähr 400 Zöglinge der verschiedenen Fakultäten der Straßburger Akademie, die zum Zeichen der Trauer eine schwarze Fahne mit dem polnischen Adler trugen, erwarteten die drei Generäle am Rheinzoll. Die Musik der Artillerie und des 2ten Nationalgarde-Bataillons stand an der nämlichen Stelle, nicht weit von einander. [...] General Ramorino, [...] sprach seinen [...] Dank für den ihnen zu Theil werdenden Empfang aus. Er hatte, sprach er, für heilige Pflicht gehalten, Polen zu Hülfe zu eilen, und er giebt die Hoffnung nicht auf, bald dieses Landes Wiedererstehungstag anbrechen zu sehen. Neuer Jubel ertönte auf diese Worte. [...] Nun brach der Zug auf. Die beiden Musikcorps der Nationalgarde eröffneten ihn. Nach ihnen kamen die Studierenden mit ihrer Fahne, sodann Offiziere und Nationalgarden zu Fuß und zu Pferd, und endlich der Wagen, dem eine unermeßliche Volksmenge folgte. Auf dem ganzen Weg begrüßte der lebhafteste Jubel die Generale, und der Zug sang in Masse das Marseiller und das Pariser Lied. [...] In dieser Ordnung zog man in die Stadt ein. Hier wurde das schon so imponierende Schauspiel der Volksbegeisterung noch lebhafter. Alle Fenster waren mit Damen besetzt, die ihre Taschentücher schwenkten, und in den Jubel der Volksmenge einstimmten. Freiwillige Beleuchtung lieh dieser Scene neuen Glanz, und der Zug kam nach zweistündigem Marsch im Gasthof zum Geist an, dessen Balcon mit polnischen und französischen Fahnen geziert war. [...] Auf der Volksmenge Wunsch, nochmals General Ramorino zu sehen, erschien er auf dem Balkon, und dankte [...]. Ein leichter Nebenvorfall hätte beinahe das heutige Fest einen Augenblick gestört. Eben als die Zöglinge der Akademie mit ihrer schwarzen Fahne sich dem Austerlitzer Thor näherten, wollte sich der Chef des Postens ihrem Durchgang widersetzen; allein bald wurde die Volksmenge, die diesen Schritt der Jugend gerne sah, so zahlreich, daß jeder Widerstand unmöglich wurde.«

1 *October 1831:* Die falsche Datierung ist nach inhaltlichen Kriterien korrigiert. Der Brief kann »frühestens nach dem 4. Dezember (Durchzug der polnischen Generäle)« (Hauschild, L 1: 1985, 104) geschrieben sein. Vermutlich ist er erst nach der wahrscheinlichen Lektüre des Artikels im *Niederrheinischen Kurier* vom 5. Dezember 1831 (siehe oben) abgefasst worden.

3 *Romarino:* Der in Genua geborene französische Offizier Girola-

mo Ramorino (1792–1849), ein verwegener Condottiere, der als junger Mann bereits unter Napoleon gedient hatte, war als Anführer der polnischen Aufstandsarmee in ganz Europa zum Symbol des polnischen Freiheitskampfes geworden. Auf der Flucht vor den zaristischen Truppen, die ihn über Preußen und das südliche Deutschland nach Frankreich führte, schlug ihm Begeisterung entgegen. Der *Niederrheinische Kurier* hatte am 3. Dezember 1831 mitgeteilt, »daß General Ramorino Sonntags den 4ten [...], zwischen 3 und 4 Uhr Nachmittags, zu Straßburg ankömmt.« Zwei Tage später hat die Zeitung in ihrer Sonderbeilage vom 5. Dezember 1831 (siehe oben) ausführlich über die »Ankunft zu Straßburg der Generäle Ramorino, Langermann und Schneider« (so die Schlagzeile) berichtet.

5 *Subscription:* hier: Spendensammlung. Am 1. Dezember 1831 hatte der *Niederrheinische Kurier* einen Spendenaufruf des Straßburger Polen-Komitees abgedruckt.

8 *Schneider und Langermann:* Der Pole François Sznayde (1792–?) und der in Mecklenburg geborene Daniel Langermann (1791–1861) hatten unter Ramorino die polnische Aufstandsarmee angeführt.

9 *Academie:* die Straßburger Universität, an der Büchner gerade sein Studium aufgenommen und sich am 9. November 1831 als Medizinstudent eingeschrieben hatte.

16 *Nationalgarde:* die nach der Julirevolution geschaffene Bürgerwehr, die als Stütze der Julimonarchie diente und der nur die wahlberechtigten Bürger, eine kleine privilegierte Minderheit, angehören konnten.

17 f. *Student hält eine Anrede [...] ebenso ein Nationalgardist:* Die Reden sind im *Niederrheinischen Kurier* vom 5. Dezember 1831 abgedruckt.

23 *Marseillaise:* Der von Rouget de Lisle in Straßburg gedichtete *Chant de guerre pour l'armée du Rhin*, den die aus Marseille stammenden Revolutionstruppen im Juli 1792 bei ihrem Einzug in Paris gesungen hatten und der deshalb den Namen ›Marseillaise‹ erhielt, wurde am 14. Juli 1795 zur Nationalhymne erklärt. Während der Restauration verboten, kam das kämpferische Freiheitslied (»Aux armes, citoyens«) nach der Julirevolution von 1830 wieder zu Ehren, war aber nicht die offizielle Nationalhymne und wurde vor allem von der republikanischen Opposition gesungen.

Carmagnole: Das Tanzlied der Sansculotten, das den König und die Königin, Ludwig XVI. und Marie Antoinette, verspottet, war eines der bekanntesten und radikalsten Lieder der Französischen Revolution.

24f. *Vive la liberté! vive Romarino! à bas les ministres! à bas le juste milieu!:* Es lebe die Freiheit! Es lebe Ramorino! Nieder mit den Ministern! Nieder mit dem Juste-milieu!

25 *le juste milieu:* Das ›Juste-milieu‹ (›gerechte Mitte‹) war die Selbstbezeichnung, mit der sich die Julimonarchie sowohl von den entthronten Bourbonen, den Legitimisten, als auch von der antidynastischen Opposition, den Republikanern, abgrenzen wollte. Als kritisches Schlagwort der Opposition stand es zugleich für die neue Herrschaft der Geldbourgeoisie, die unter Louis Philippe mit dem Programm ›enrichissez vous‹ (›bereichert euch‹) angetreten war.

illuminirt: beleuchtet.

31 *Comödie:* Komödie hier im Sinne von Schauspiel – auch der *Niederrheinische Kurier* vom 5. Dezember 1831 (siehe oben) hat das Geschehen als das »so imponierende Schauspiel der Volksbegeisterung« charakterisiert. »Kein amtlicher Empfang« sei mit diesem »rührenden lebhaften Schauspiel zu vergleichen«, mit dem sich die »Volksbegeisterung [...] nachdrücklich und wahr für die Vertheidiger der Sache Polens ausspricht [...].«

2.

Text nach D[1] (N 238, »Briefe«).

2 *verzweifelt kriegerisch:* Büchner befürchtete, dass Russland nach seiner Niederschlagung des Aufstands in Polen im Einverständnis mit den deutschen Regierungen seine Truppen nach Frankreich marschieren lassen könnte, um die europäischen Unruhen infolge der Julirevolution einzudämmen.

3f. *babylonische Verwirrung:* Die Redewendung – eigentlich ›babylonische Sprachverwirrung‹ als Bezeichnung für ein unverständliches Sprachdurcheinander – geht zurück auf die biblische Geschichte im AT 1. Mose 11,1–9 über den Turmbau zu Babel, den Gott als Anmaßung der Menschen ihm gegenüber wertete und als Selbstüberhebung bestrafte, indem er ihnen die gemeinsame Sprache nahm, sie sich nicht mehr verständigen konnten und sich in die Welt zerstreuten.

6f. *die Russen über die Oder gehn:* Da die Oder durch Preußen floss, hätten die Russen die Grenze des auf den Rang einer russischen Provinz degradierten Polen bereits überschritten, bevor sie die Oder erreichten, und wären mit preußischer Billigung auf dem Marsch Richtung Frankreich.

7 *Schießprügel:* »verächtliche bezeichnung eines schieszgewehrs, besonders in niederer und mundartlicher redeweise« (Grimm 15, 51).

8f. *allerdurchlauchtigsten und gesalbten Schafsköpfen:* die monarchischen Staatsoberhäupter Russlands und Preußens sowie der anderen deutschen Länder. Die Steigerung des Superlativs ›Durchlauchtigst‹ (als Adelsprädikat eingeführt, nachdem im 18. Jahrhundert der Titel ›Durchlaucht‹ immer allgemeiner geworden war) zu ›Allerdurchlauchtigst‹ bezeichnete nur gekrönte Häupter, das Adjektiv ›allerdurchlauchtigst‹ ist »einer von den Titeln [...], welche heut zu Tage nur Kaisern und Königen in der Anrede gegeben werden« (Adelung 1, 212). Außer Priestern sind Könige ›gesalbt‹ – die Salbung in biblischer Tradition war ein christliches Ritual der Königskrönung und symbolisierte noch im 19. Jahrhundert Vorstellungen vom Gottesgnadentum der Könige.

9 *Schafsköpfen:* ›Schafskopf‹ ist ein »scheltwort für einen einfältigen menschen« (Grimm 14, 2046).

3.

Text nach D[1] (N 238, »Briefe«). Die Anmerkung des Herausgebers lautet: »*) Périer, der damalige Minister des Innern, der das aufgestandene Polen im Interesse des Louis Philipp'schen Friedenssystems fallen ließ.«

1 *im Februar 1832:* Die falsche Datierung ist nach inhaltlichen Kriterien korrigiert. Der Satz ist »vermutlich erst eine gewisse Frist nach dem 5./6. April 1832, dem Zeitpunkt von Périers Cholera-Erkrankung, geschrieben« (Hauschild, L 1: 1985, 104) – und vor dessen Tod am 16. Mai 1832.

3 *Das einzige Interessante in politischer Beziehung:* Auch Heine hat im Frühjahr 1832 die politische Lähmung in Frankreich betont, im Brief an Cotta vom 1. März 1832: »Hier ist es still. Zwiespalt zwischen den Kammern, woran das Volk keinen Antheil nimmt.« (HSA 21, 31.)

4 *Zierbengel:* ein »stutzerhaft gekleideter und im benehmen sich

zierender Mensch« – der im späten 18. Jahrhundert als »verdeutschung« von »incroyable« oder »élégant« geprägte Begriff »fand beifall und rasche aufnahme in das zeitgenössische schrifttum« (Grimm 31, 1158) und war zur Zeit Büchners noch weithin gebräuchlich.

4f. *mit rothen Hüten:* Der ›bonnet rouge‹ (›rote Mütze‹) oder die Jakobinermütze war eine rote Kopfbedeckung mit blau-weißer Kokarde, die der phrygischen Mütze der Antike nachempfunden war. Im Zuge der Renaissance des Jakobinismus nach der Julirevolution wurde sie gelegentlich bewusst provozierend als Ausdruck einer radikalrepublikanischen Gesinnung getragen – so der Erinnerung seines Bruders Wilhelm zufolge von Georg Büchner: »Geziert mit roter Jakobiner-Mütze« (MA 381) sei er durch die Straßen Darmstadts gegangen. Vgl. auch Gutzkows Kommentar zu *Danton's Tod*: »Es tobte eine wilde Sanscülottenlust in der Dichtung [...]. Die Idee, die das Ganze zusammenhielt, war die rothe Mütze.« (Gu 1837, 337f.)

5 *Périer die Cholera:* Wie der *Moniteur* am 7. April 1832 gemeldet hatte, war der konservative Ministerpräsident Casimir Périer (1777–1832), der als Inbegriff des Juste-milieu galt und ein scharfer Gegner der republikanischen Opposition war, an der Cholera erkrankt. Entsprechend hatte Heine im berühmten Cholera-Artikel der *Französischen Zustände*, der am 29. April 1832 in der Augsburger *Allgemeinen Zeitung* erschienen war, berichtet, Périer sei »von der Cholera ergriffen worden. Er ist ihr jedoch nicht unterlegen, denn er selber ist eine schlimmere Krankheit.« (DHA 12, 139.) Anders als Büchner (wie Heine) annahm, starb Périer dann schließlich doch an der Cholera – am 16. Mai 1832.

4.

Text nach D^1 (N 239, »Briefe«).

3f. *wegen der holländischen Wirren:* Hintergrund der militärischen Mobilmachung waren folgende Verhältnisse: Nach der Julirevolution von 1830 war es in Brüssel mit Blick auf Frankreich zum Aufstand gegen die 1815 erfolgte Vereinigung Belgiens mit Holland gekommen. Obwohl 1831 auf der Londoner Konferenz die Trennung Belgiens und Hollands sowie die dauernde Neutralität Belgiens festgelegt worden war, wollte Holland, unterstützt von Preußen, Russland und Österreich, eine Unabhängigkeit Belgiens nicht anerkennen. Es flammten immer wieder kriegerische Auseinandersetzungen auf, gerade gegen Ende des Jahres 1832: »England und Frankreich schlossen am 22. Oct. 1832 eine Convention«, wonach Frankreich »mit einer Landarmee die Räumung der Citadelle von Antwerpen erzwingen sollte.« Die französische Armee »rückte am 15. Nov.« in Belgien ein »und die Citadelle capitulirte am 23. Dec. 1832.« (Brockhaus 1, 755.)

4 *Unter meinem Fenster:* Büchner wohnte zur Untermiete in einem kleinen Zimmer im ersten Stock im Haus des Pfarrers Johann Jacob Jaeglé in der Rue St. Guillaume Nr. 66.

9f. *König und die Kammern regieren:* der ›Bürgerkönig‹ Louis Philippe (1773–1850) und die beiden Kammern (mit der Restauration war das Zwei-Kammern-System wiederhergestellt und auch nach der Julirevolution beibehalten worden), die Pairskammer und die Deputiertenkammer, welche das Juste-milieu repräsentierte. Das Protokoll der ›Eugenia‹ vom 5. Juli 1832 hält fest: »Freund« Büchner, der »so streng republicanisch gesinnte deutsche Patriot, schleudert einmal wieder, alle mögliche Blitze u Donnerke[i]le, gegen alles was sich Fürst u König nennt; u selbst die *constitutionelle* Verfassung unseres Vaterlands bleibt v ihm nicht unangetastet; weil sie seiner Meinung nach, nie das Wohl u das Glück Frankreichs beförder[n] wird, so lange noch eine *aristocratische* Macht, wie die Pairs Cammer, ein[e] 3.te mächtige Hand an das Staatsruder zu legen berechtigt ist.« (Mayer, L 2: 1990, 368 f.)

5.

Text nach D[1] (N 239, »Briefe«).

10 *buntscheckigen Pfaffen:* ›buntscheckig‹ ist in der Literatur ein Attribut für Narren oder Närrisches, was auch in der Verbindung von »Narr« und »bunte Jacke« (LL 7) im Shakespeare-Motto von *Leonce und Lena* anklingt – eine solche Kleidung mit »Flecken von mancherley Farben« (Adelung 1, 1258) ist daher zur Charakterisierung eines ›Pfaffen‹ so respektlos wie dieser Begriff, denn er »wird nur noch im verächtlichen und harten Verstande« für einen »Priester und Geistlichen« (Adelung 3, 699) benutzt und seit Luther insbesondere »für die katholischen priester gebraucht« (Grimm 13, 1584).

6.

Text nach D^1 (N240f., »Briefe«). Die Anmerkung des Herausgebers lautet: »*) Das Frankfurter Attentat betreffend.« In der Einleitung ist auf diesen Brief über das »Frankfurter Attentat (April 1833)« und Büchners Wissen darüber hingewiesen: »er erfuhr den Vorfall erst durch Briefe von Hause, und spricht sich in dem mitgetheilten Briefauszuge vom 5. April 1833 darüber aus.« (N3.)

1 *5. April 1833:* Die falsche Datierung ist nach inhaltlichen Kriterien korrigiert; die Antwort auf den (verschollenen) Brief der Eltern über den Frankfurter Wachensturm »wird kaum vor dem 6. April geschrieben worden sein.« (Hauschild, L1: 1985, 104.) Datierung: »Frühestens am 6. April 1833.« (Mayer/Papst, L3: 1993, 148.)

3f. *Brief mit den Erzählungen aus Frankfurt:* Die Eltern in Darmstadt hatten ihrem Sohn offenbar berichtet, was sie vom Frankfurter Wachensturm gehört hatten, jenem Putschversuch durch Erstürmung der Frankfurter Hauptwache und Konstablerwache am späten Abend des 3. April 1833, den hauptsächlich Studenten unternommen hatten. Den Untersuchungsakten zufolge bezweckte der gescheiterte Aufstand, der »binnen einer Stunde vom Linienmilitär unterdrückt« (Mayer, L3: 1982b, 368) wurde und mindestens neun Tote und zahlreiche Verletzte forderte, den »Anfang einer Revolution, welche sich über ganz Deutschland verbreiten« und ein »Reich mit republikanischer Verfassung bewirken sollte.« (Görisch/Mayer, L2: 1982, 41.)

8f. *das Bewilligte wurde uns hingeworfen, wie eine erbettelte Gnade:* vgl. die ähnliche Formulierung »warfen sie einige Brocken hin und sprachen von ihrer Gnade« (HL 24) über das Handeln der Fürsten im *Hessischen Landboten.*

9f. *Kinderspielzeug:* Der gesellschaftskritisch intendierte oder zur Distanzierung benutzte Vergleich Erwachsener mit spielenden Kindern zur Verbildlichung von politischer Unmündigkeit oder politischem Unverstand findet sich bei Büchner häufiger (siehe die Briefe 10, 16, 77).

10 *Maulaffen:* Ein »Maulaffe« ist, »in der niedrigen Sprechart und verächtlichem Verstande, ein Mensch, welcher etwas mit aufgesperrtem Munde, mit dummer Bewunderung angaffet, in weiterer Bedeutung ein dummer Mensch.« (Adelung 3, 118.)

11 *Wickelschnur:* ein langer Stoffstreifen, in den man Säuglinge gewickelt hat, »ein breiter streifen dünnes zeuch, womit man den

körper kleiner kinder in den ersten lebenswochen zu umwickeln pflegt, um demselben dadurch einige unterstützung zu geben« (Grimm 29, 844).

14 *Landstände:* Die Landstände bildeten nach der am 17. Dezember 1820 erlassenen Verfassung in einem Zweikammersystem die Volksvertretung des Großherzogtums Hessen. Vgl. dazu die Ausführungen im *Hessischen Landboten*: Der Großherzog »beruft die Landstände, vertagt sie oder lößt sie auf. Die Stände dürfen keinen Gesetzes-Vorschlag machen, sondern sie müssen um das Gesetz bitten, und dem Gutdünken des Fürsten bleibt es unbedingt überlassen, es zu geben oder zu verweigern. Er bleibt im Besitz einer fast unumschränkten Gewalt [...]. Eine solche Verfassung ist ein elend jämmerlich Ding. Was ist von Ständen zu erwarten, die an eine solche Verfassung gebunden sind?« (HL 26.) August Becker (Verhör 1. November 1837) sagte über Büchner: »Er glaubte nicht, daß durch die constitutionelle landständische Opposition ein wahrhaft freier Zustand in Deutschland herbeigeführt werden könne.« (Schaub, L 2: 1996, 112.)

15 *Säculum:* Jahrhundert.

18–20 *römische Kaiser [...] seinem Hofpoeten für zwei gebrochene Verse 20,000 Gulden:* Augustus (63 v. Chr. – 14 n. Chr.), der erste römische Kaiser, galt als Förderer der Dichter – darunter Vergil (70 v. Chr. – 19. n. Chr.), den er gedrängt haben soll, ein Epos zum Ruhm seiner Herrschaft zu schreiben, die *Aeneis*. Augustus tritt »an zwei zentralen Stellen in Vergils Aeneis hervor«, die zwei »Verse [...] verknüpfen die beiden Motive der Rückkehr zum Goldenen Zeitalter und der römischen Weltherrschaft. Auf beides läuft in Vergils Deutung die römische Geschichte hinaus, und Augustus erscheint insofern als ihr Vollender.« (Bringmann/Schäfer, L 3: 2002, 329.)

27 *frohnenden:* »frohnen« meint einem »herrn dienen« und hat »in der heutigen sprache« eine »üble bedeutung« (Grimm 4, 224).

32 f. *angethan dem Recht und der gesunden Vernunft:* Büchner beruft sich auf die Menschenrechtsprogrammatik der Französischen Revolution. Vgl. auch die Berufung auf die »Vernunft« und das »Recht« (HL 22) im *Hessischen Landboten*.

47 f. *keiner von meinen Freunden in die Sache verwickelt:* Es waren Gießener Studenten in die Sache verwickelt, »neun Absolventen des Darmstädter Gymnasiums, darunter vier ehemalige Klassenkameraden Büchners« (Hauschild, L 3: 1993, 208) – Lud-

wig Bogen, Hermann Dittmar, Georg Gladbach, Adolph Heumann, Johann Christian Kriegk, Ludwig Rosenstiel, Ernst Schüler, Karl Stamm, Hermann Wiener.

7.

Text nach D[1] (N 3). Nachdem der Herausgeber in der Einleitung darauf hingewiesen hat, dass Büchner nicht am Frankfurter Wachensturm teilgenommen habe und im Jahr 1833 noch nicht »handelnd in der Politik aufgetreten« sei, heißt es das Briefzitat einleitend: »Er schreibt ferner einmal: [*Es folgt in An- und Abführungszeichen der Briefauszug.*]« Datierung: »April/Mai 1833« (BW 21; FA 367).

2–4 *nach Freiburg [...] im vorigen Jahre [...] Versammlung:* geplante Veranstaltung zum Jahrestag des Hambacher Fests, der oppositionellen Massenkundgebung, die im Vorjahr auf der Schlossruine von Hambach bei Neustadt an der Haardt vom 27. bis 30. Mai 1832 stattfand.

8.

Text nach D[1] (N 241–243, »Briefe«).

2 f. *in Neustadt die Soldateska:* ein Angriff des Militärs auf Oppositionelle in Neustadt an der Haardt anlässlich des Jahrestages des Hambacher Fests am 27. Mai 1833.

6 *Rheinbayern:* Das linksrheinische Gebiet (die heutige Pfalz), das nach dem Sieg über Napoleon dem Königreich Bayern zugesprochen worden war, galt als aufrührerisch.

6 f. *liberale Partei:* Büchners ablehnende Haltung gegenüber dem zeitgenössischen Liberalismus ist vielfach bezeugt. Sie richtet sich gegen liberale Tendenzen der jungdeutschen Literatur (siehe die Briefe 39, 74), der hessischen Befreiungsbewegung – so ist in den Untersuchungsberichten über die Gießener ›Gesellschaft der Menschenrechte‹ überliefert, dass er in der ersten Fassung des *Hessischen Landboten* »eine gewisse Art von Liberalismus [...] gegeißelt« (Görisch/Mayer, L 2: 1982, 335) habe –, und vor allem gegen die liberale landständische Opposition. Ludwig Büchner hat 1850 angemerkt, »daß die damalige hessische Kammer-Opposition Büchner's Beifall nicht besaß und oft der Gegenstand seiner Spöttereien wurde.« (N 5.)

10 *auf das Münster:* Von Büchners »häufigen Besuchen des ›Münster‹« (N2), das er gerne bestiegen habe, erzählt sein Bruder Ludwig Büchner: »Bei einem Besuche des Münster, dessen Bauart einen Gegenstand seiner Lieblingsstudien bildete, und das er immer bis in die höchste Spitze, die sogenannte Kuppel, zu erklimmen pflegte, wäre er, indem er sich rasch nach einem ihm entfallenen Fernglase bückte, beinahe ein Opfer seiner Unvorsichtigkeit geworden.« (N3.) Siehe auch die Briefe 31, 40, 67, 72.

11 *langhaarigen:* Heine macht sich in seiner Schrift *Ueber Polen* über das »Lange-Haarthum in den deutschen Gauen« (DHA 6, 58) lustig, denn national gesinnte Studenten ließen sich lange Haare wachsen – und trugen außerdem ein Barett und einen altdeutschen Rock.

12–20 *rothes Barett […] 1400 auf dem Kopf:* Das Barett, eine flache runde Kappe, die im 15. Jahrhundert getragen wurde, war im 19. Jahrhundert »von Künstlern der deutschen Romantik wiederentdeckt« (Loschek, L2: 2005, 114) worden, außerdem von national gesinnten Studenten. Seit den Befreiungskriegen wurde die von Burschenschaftern getragene ›deutsche Nationaltracht‹ oft »durch das Barett ergänzt« (Schneider, L3: 2002, 53), allerdings bevorzugt in schwarz. Als rote Kopfbedeckung war nach der Julirevolution die Jakobinermütze aktualisiert worden (siehe zu 3,4).

13–18 *Cashmir-Shawl […] Asien um den Hals:* Schals aus der feinen weichen Wolle der Kaschmirziege aus der Bergregion Kaschmir im Himalaya waren in kräftigen Farben seit dem Ende des 18. Jahrhunderts in ganz Europa beliebt.

14 *Cadaver:* Leiche – so die wörtliche Bedeutung, die der Medizinstudent Büchner im Anklang an ›cadavre‹ mit dem Gallizismus gegenwärtig gehabt haben dürfte, auch wenn bei dem Begriff mit Blick auf die »französischen figurativen Sekundärbedeutungen die *schatten*hafte Existenz eines lebenden Körpers signalisiert ist.« (Mayer, L3: 1982a, 60.)

14–19 *deutschen Rock […] Deutschland um den Leib:* In seiner Schrift *Ueber Sitte, Mode und Kleidertracht* hatte Arndt für »e i n e t e u t s c h e K l e i d e r t r a c h t« plädiert: »der alte deutsche Leibrock, welcher, nirgends ausgeschnitten, schlicht herabfällt, so daß er die Hälfte der Schenkel über dem Knie bedeckt.« (Arndt, L2: 1814, 49–51.) Entstanden während der Befreiungskriege und als deutsche ›Nationaltracht‹ propagiert, war der ›altdeutsche Rock‹ bis in die 1830er Jahre als »Demagogentracht« (Schneider, L3: 2002, 207) ein Ausdruck politischer Gesinnung, die vom Wartburgfest über das Hambacher Fest bis zum Frankfurter Wachensturm vor allem von den Burschenschaften nach außen getragen wurde.

15 *Rousseau:* René Rousseau (1805–1857), genannt: Achille, war am 30. April 1833 in Straßburg eingetroffen, um für den Saint-Simonismus zu werben.

16–19 *enge Hosen mit Stegen […] Frankreich an den Beinen:* »Pantalons«, das sind »lange, bis auf die Füße herabgehende Beinkleider« (Brockhaus 8, 259), hatten sich nach der Französischen Revolution in der Herrenmode eingebürgert, wie das *Morgenblatt für gebildete Stände* bereits am 28. Oktober 1825 beobachtet hatte (Nr. 258, S. 1030): Es sei »der wilden Revolution gelungen«, dass die Pariser »die Hose aufgaben, weil ihnen der Pantalon besser stund.« Allerdings erst »im Jahre 1830 lagen sie […] am ganzen Bein eng an« und »Hosenstege« waren modern (Wolter, L3: 1991, 174). In einem Artikel »Pariser Herren-Moden« vom 14. Juli 1834 (*Magazin für die Litteratur des Auslandes*, Nr. 84, S. 335) ist dann nachzulesen, dass »enge anschließende Pantalons […] fast ganz allgemein geworden« sind.

16–20 *modisches Stöckchen […] 1833 in der Hand:* Auf diese Mode macht am 14. Juli 1834 der Artikel »Pariser Herren-Moden« (*Magazin für die Litteratur des Auslandes*, Nr. 84, S. 336) aufmerksam: »Die Wuth nach Stöcken scheint unheilbar zu werden.«

17 *Carricatur:* im Anklang an ›caricature‹ ein Gallizismus, der die Erscheinung Rousseaus als Schießbudenfigur verspottet.

20 f. *Kosmopolit:* im Anklang an ›cosmopolit‹ ein Gallizismus, der in der Beschreibung der international inspirierten Kleidung Rousseaus diesen als Weltbürger und weitgereisten Mann vorstellt.

21 *St. Simonist:* »Saint-Simonismus nannte man in Frankreich die Religion, in welcher die Schüler des […] Saint-Simon […] nach dessen Tode seine philosophische Weltansicht erhoben. […] Nachdem sie mehre Jahre im Stillen für Verbreitung ihrer Grundsätze […] gewirkt hatten, fingen sie […] 1830 an, Vorträge zu halten. Nach der Juliusrevolution traten sie öffentlich hervor, […] sendeten Missionare […] in die vornehmsten Städte Frankreichs […]. Der Beifall, den sie besonders in Paris, insbesondere unter der studirenden Jugend fanden, war nicht gering. Ihre

Redner waren geschickt, geistreich und voll Enthusiasmus; ihrem Werke lagen Ideen zum Grunde und diese begeistern.« (Brockhaus 9, 598.) Verfolgungen ausgesetzt, geriet der Saint-Simonismus seit 1832 zunehmend in Verruf. Die Saint-Simonisten hatten ihre Lehre außer in ihrer seit 1831 erscheinenden Zeitschrift *Le Globe* in der Broschüre *Exposition de la doctrine de Saint-Simon* (1830) und anderen Schriften popularisiert; sie hatten diese weiterentwickelt, indem sie den Begriff der ›exploitation de l'homme par l'homme‹ (›Ausbeutung des Menschen durch den Menschen‹) prägten und das Prinzip der gerechten Güterverteilung mit der Formel ›A chacun selon sa capacité, à chaque capacité selon ses œuvres‹ (›Jedem nach seiner Fähigkeit, jeder Fähigkeit nach ihren Leistungen‹) propagierten. Unter Enfantin, dem Nachfolger Saint-Simons, wurde die saint-simonistische Forderung nach der Rehabilitation der Materie auf die sinnliche Befreiung des Menschen hin zugespitzt, auf freie Sexualmoral und die Emanzipation der Frauen. Zugleich fand der Saint-Simonismus nach 1830 nicht nur weite Verbreitung, sondern hatte in seinem Auftreten als »die neueste Religion« (DHA 8, 35) die Kontur einer modischen religiösen Sekte. »Ihrer neuen gesellschaftlichen Ordnung, die ihrer Natur nach mit der Religion nicht das Geringste zu schaffen hatte, suchten die Saint-Simonisten die Weihe der Religion zu geben und sie als eine neue Religion darzustellen« (Brockhaus 9, 600), die »Pantheismus« (ebd. 601) war. »Daß der Saint-Simonismus in Frankreich vielen Beifall fand, konnte nicht befremden, da er das Idol der republikanischen Partei, die allgemeine Freiheit und Gleichheit, zur Grundlage hatte; [...] die Revolution zu vollenden verhieß« (ebd.). Büchner hat sich im Herbst 1833 mit seinem Freund Muston über den Saint-Simonismus, soziale und religiöse Erneuerung, Weltrepublik, vereinigte Staaten von Europa und andere politische Utopien unterhalten, von denen einige vielleicht Wirklichkeit werden könnten: »causé St Simonisme, rénovation sociale et religieuse, république universelle, états-unis de l'Europe, et autres utopies, dont quelques unes peut-être deviendront des réalités.« (Fischer, L 2: 1987, 284.)

22 *einem Narren:* Das durch Kleidung markierte politische Auftreten schildert Heine in der *Harzreise* bei einem »Mann aus jenen Zeiten«, »als die Läuse gute Tage hatten und die Friseure zu verhungern fürchteten. Er trug herabhängend langes Haar, ein ritterliches Barett, einen schwarzen, altdeutschen

Rock, ein schmutziges Hemd, das zugleich das Amt einer Weste versah […]. Er sah aus wie ein Narr in Lebensgröße.« (DHA 6, 123.)

24 *fatales Costüm:* im Anklang an ›costume fatale‹ ein Gallizismus, der die saint-simonistische Überzeugung Rousseaus ironisch beschreibt.

25 *femme:* Frau.

26 *Mann und Frau gleich:* Rousseau hatte soeben in Straßburg eine Broschüre *Tout pour les femmes* (1833) veröffentlicht. Nach Enfantins »Polygamie« rechtfertigender »Theorie über die Ehe« sollte »auch das Weib unabhängig sein« und »über die Vaterschaft ihrer Kinder entscheiden« (Brockhaus 9, 602), die »Abhängigkeit des Weibes von ihrem Manne und ihre Ausschließung von Ämtern und Gewerben sollte aufhören« (ebd. 600).

28 *père:* Vater. »An der Spitze […] sollte ein ›père suprême‹ stehen.« (Brockhaus 9, 600.) Seit 1831 war Prosper Enfantin (1796–1864) das Oberhaupt der Saint-Simonisten.
St. Simon: Claude-Henri de Saint-Simon (1760–1825) hatte in seinen frühsozialistischen Schriften die fortschrittlichen Möglichkeiten der beginnenden Industrialisierung mit Blick auf allgemeinen Wohlstand und eine gerechte Neuordnung der Gesellschaft ausgelotet, in der nicht das Eigentum, sondern alle produktiv an der Arbeit Beteiligten maßgeblich sein sollten.

29 *mère:* Mutter.

30 *auf den Weg gemacht:* Rousseau und sein Begleiter waren am 5. Mai 1833 von Straßburg nach Deutschland gereist, dort wurden sie von den »Behörden […] umgehend wieder nach Frankreich abgeschoben« (Hauschild, L3: 1993, 166f.).

31 *wie Saul nach seines Vaters Eseln:* Anspielung auf die im AT, 1. Samuel 9,2–20, erzählte Geschichte von Saul, »der war ein junger feiner Mann […]. Es hatte aber […] der Vater Sauls, seine Eselinnen verloren, und er sprach zu seinem Sohne Saul: Nimm der Knaben Einen mit dir, mache dich auf, gehe hin, und suche die Eselinnen.« Die Suche bleibt zunächst erfolglos, bis Saul und sein Begleiter dem Propheten Samuel begegnen, dem »der Herr« einen Tag zuvor »offenbaret« hatte, Saul sei der zukünftige Herrscher über das »Volk Israel«. Samuel lädt Saul ein und teilt ihm mit: »Und um die Eselinnen, die du vor dreyen Tagen verloren hast, bekümmere dich jetzt nicht: sie sind gefunden.«

34 *einem Gefährten:* Marie-Alexandre Massol (1805–1875).

39 *ennuyirt:* gelangweilt.

40 *bleibt jetzt in Straßburg:* Rousseau reiste am 8. Juni 1833 endgültig aus Straßburg ab.

41 f. *predigt dem Volke die Arbeit, wird für seine Capacität gut bezahlt:* ironische Anspielung auf den saint-simonistischen Leitsatz ›A chacun selon sa capacité, à chaque capacité selon ses œuvres‹ – zugleich das Motto der Zeitschrift *Le Globe.* »Jeden anzustellen nach seinen Fähigkeiten und zu belohnen nach seinen Werken« (Brockhaus 9, 601) galt als das wesentliche Anliegen des Saint-Simonismus.

42 *Capacität:* Befähigung, Fähigkeit – im Anklang an den saint-simonistischen Zentralbegriff ›capacité‹ ein Gallizismus.
marche vers les femmes: macht sich auf den Weg zu den Frauen.

45 *Faulheit:* Büchner spricht ironisch gerne von seiner Faulheit (siehe die Briefe 67, 57). In *Danton's Tod* II/1 wird Danton von Lacroix »Faulheit« (DT 34) attestiert.

9.

Text nach D[1] (N 243, »Briefe«). Dieser Briefauszug ist in der Einleitung im Zusammenhang mit einem anderen Auszug (hier: Brief 10) erwähnt, dem er vorangegangen sei. Der Hinweis in der Einleitung auf den »Anschluß« dieses Auszugs »an das Brieffragment vom Juni 1833« (N 3) wurde so interpretiert, dass beide Fragmente Teil eines Briefes gewesen sein dürften, wobei der Wortlaut des einen Fragments (hier: Brief 10) dem Wortlaut des anderen vom Juni 1833 (der vorliegende Brief 9) unmittelbar folge und sie deswegen bisher zusammenhängend ediert wurden.

10.

Text nach D[1] (N 3). Es sind hier in der Einleitung zur Illustration einer kritischen Haltung Büchners hinsichtlich unbedachter politischer Aktion drei Briefe aufgeführt oder zitiert. Nach einem ersten Briefzitat (hier: Brief 7) ist auf einen weiteren Brieftext (hier: Brief 9) verwiesen, der dem dann folgenden Briefzitat vorangegangen sei: »Und ein andermal, indem er auf seinen bevorstehenden Gießener Aufenthalt hindeutet, und im Anschluß an das Brieffragment vom Juni 1833: [*Es folgt in An- und Abführungszeichen der Briefauszug.*]« Datierung nach Brief 9 (siehe dort).

11.

Text nach D[1] (N 243–245, »Briefe«). Der Brief ist mit einer in Klammern gesetzten Überschrift versehen, die zentriert als eigener Absatz zwischen Datumszeile und Brieftext plaziert ist: »(Reise in die Vogesen.)« Sie stammt wahrscheinlich vom Herausgeber, nicht vom Briefschreiber. Bei der Textkonstitution wurde dieser in Klammern gesetzte Hinweis wie im Parallelfall von Brief 74 (siehe dort) interpretiert. In der Einleitung ist auf diesen Brief hingewiesen: Büchner »machte [...] häufige Fußreisen in die naheliegenden Gebirge: Schwarzwald, Vogesen und weiter bis zum Jura. Der Briefauszug vom 8. Juli 1833 beschreibt eine solche Tour.« (N 2.)

2 f. *zogen wir durch das liebliche Land:* Am 25. Juni 1833 war Büchner gemeinsam mit Edouard Reuss, Heinrich Wulfes, Richard Lepsius, Adolf Kreiss und Eugen Erhardt zu einer mehrtägigen Vogesenwanderung aufgebrochen (vgl. Hauschild, L 1: 1985, 322–330). Vgl. die Gebirgsschilderung im *Lenz*.

4 f. *weißen und schwarzen See:* die Gebirgsseen Lac Blanc und Lac Noir.

18 *Bölgen:* der Grand Ballon (Großer Belchen), mit 1424 Metern der höchste Berg der Vogesen.

22 *Rigi:* das Bergmassiv in der Zentralschweiz am Vierwaldstätter See.

27 *Farren:* junge Stiere.

46 *Herr Saglio:* Der einst liberale Abgeordnete Florent Saglio (1777–1841), ein Vertreter des Straßburger Großbürgertums, der zu den Parteigängern Louis Philippes gehörte, war nach dem Ende der Sitzungsperiode der Deputiertenkammer bei der Rückkehr in seinen Wahlkreis von protestierenden Studenten spöttisch empfangen worden, die, durch das massive Polizeiaufgebot herausgefordert, am 6. Juli 1833 vor seinem Haus »Es lebe die Republik!« gerufen und die Carmagnole getanzt hatten (vgl. Ponteil, L 3: 1932, 339–346). Gegen die gewaltsamen Übergriffe der Truppe, die mit »Gewehrkolben und Bajonettstichen« gegen die Demonstranten vorgegangen war, sowie gegen die »willkürlichen Verhaftungen« hat der *Niederrheinische Kurier* vom 9. Juli 1833 protestiert. Der Präfekt hat in einem öffentlichen Anschlag »einige ausländische Agitatoren« für die Vorfälle verantwortlich gemacht.

50 *Schandpfahl:* »ein pfahl [...], an dem verbrecher zu ihrer schande öffentlich ausgestellt werden, pranger« (Grimm 14, 2155).

56 *Präfect:* seit dem 30. September 1831 Augustin Choppin d'Arnouville (1776–1857).

57 *Maire:* seit 1830 Frédéric de Turckheim (1780–1850), der aufgrund von Konflikten mit der republikanischen Opposition und der Bürgerschaft Straßburgs dann im August 1835 sein Amt als Bürgermeister niederlegte.

12.

Text nach D[1] (N 245, »Briefe«). Vor diesem Brief ist durch einen längeren zentriert gesetzten Strich eine Trennung von den vorangehenden Briefen im Abschnitt »Aus den Briefen an die Familie« markiert, um den Ortswechsel Büchners von Straßburg nach Gießen zu kennzeichnen.

3 *Stamm:* Karl Stamm (1812–1902), ehemaliger Mitschüler Büchners, Medizinstudent in Gießen, wegen seiner Beteiligung am Frankfurter Wachensturm verhaftet.
Groß: August Gros (1810–1893), Jurastudent in Gießen, wegen seiner Beteiligung am Frankfurter Wachensturm verhaftet.

13.

Text nach D[1] (N 245 f., »Briefe«). Ein Satz aus diesem Briefauszug findet sich auch in der Einleitung, dort allerdings mit abweichender (ebenfalls falscher) Datierung: »Seine Aeußerung: ›die Leute gehen in's Feuer, wenn's von einer brennenden Punschbowle kommt‹ (Brief vom 1. November 1833) beweist, wie wenig Vertrauen er in die Kraft der Bewegung setzte, – aber er stürzte sich in die Politik, wie in einen Ausweg aus geistigen Nöthen und Schmerzen.« (N 5.)

1 *19. November 1833:* Die wahrscheinlich falsche Datierung ist nach inhaltlichen Kriterien auf vermutlich 12. November 1833 (vgl. Mayer/Papst, L 3: 1993, 148) korrigiert. Vgl. dagegen indifferent »12. oder 19. November 1833« (FA 375) unter Hinweis auf die »Wahrscheinlichkeit« (FA 1092) des früheren Datums sowie die unkommentiert aus D[1] übernommene Datierung »19. November 1833« (BW 31).

3 f. *Bankett zu Ehren der zurückgekehrten Deputirten:* Am 11. November 1833 fand in Gießen eine Feier zu Ehren der liberalen

Abgeordneten Karl Heß (1798–1835) und Christian Bansa (1791–1862) statt, nachdem der Landtag am 2. November 1833 aufgelöst worden war. Von der Veranstaltung berichtet im Januar 1834 Weidigs *Leuchter und Beleuchter für Hessen oder Hessens Nothwehr* (FA 1093): Es »wurden die Glieder der Opposition, Dr. *Heß* und Dr. *Bansa* in *Gießen* empfangen. Am eilften Nov. wurde ihnen eine feierliche Nachtmusik gebracht. Hierauf folgte ein Festmahl, woran etwa zweihundert Personen aus allen Ständen, der Bürgermeister, die Gemeinderäthe, die gesuchtesten Ärzte, aber nur – zwei Staatsdiener Theil nahmen. Heß und Bansa wurden durch besonders gewählte Deputationen, bestehend aus zwei Bürgern und zwei Anwälten, abgeholt und fanden nach feierlicher Begrüßung bei ihrem Eintritt in den Festsaal an ihren Tafelsitzen Lorbeer-Kränze.«

5 *Balser:* Georg Wilhelm Friedrich Balser (1780–1846), Medizinprofessor in Gießen.
Vogt: Philipp Friedrich Wilhelm Vogt (1787–1861), Professor für Pharmakologie in Gießen.
Toaste: Trinksprüche.

6 *Courage getrunken:* Alkoholgenuss als Voraussetzung für mutig beherztes Handeln wird auch durch ein Lied des Barbiers in *Woyzeck* H1,10 thematisiert: »Brantewein das ist mein Leben / Brantwein giebt Courage« (MBA 7.2, 6), das dann in H4,14 der Tambourmajor singt (vgl. MBA 7.2, 31); vgl. auch die Bemerkung »Heroismus fuselt abscheulich« (LL 21) in *Leonce und Lena* I/3.
Polenlied: Das Lied *Noch ist Polen nicht verloren*, so Titel und Anfangszeile der von Rudolf Lohbauer verfassten deutschen Fassung des 1797 von Józef Wybicki geschriebenen Dombrowski-Marsches, wurde als polnische Freiheitshymne aus Solidarität mit dem aufständischen Polen begeistert gesungen.

7 *Marseillaise:* siehe zu 1,23.
den in Friedberg Verhafteten: Bis zur Fertigstellung des neuen Darmstädter Arresthauses im Mai 1835 waren die meisten politischen Gefangenen des Großherzogtums Hessen seit Oktober 1833 in der Friedberger Klosterkaserne inhaftiert. Hier sind speziell die Gefangenen gemeint, die wegen des Verdachts der Beteiligung am Frankfurter Wachensturm verhaftet worden waren.

9 *Punschbowle:* »Punsch-Bowle« – eigentlich das Trinkgefäß für den mit Zitrone, Zucker und Wasser versetzten Branntwein, den

»Punsch, ein bekanntes Getränk« (Heyse, L2: 1835, 276). »Eine große Bowle Punsch« trinken z.B. die beiden polnischen Freiheitskämpfer in Heines satirischem Gedicht *Zwey Ritter*, wo auch das Polenlied »Polen ist noch nicht verloren« (DHA 3, 39) angestimmt wird. In Heines *Harzreise* hatte Büchner lesen können: »An unserem Tische wurde es immer lauter und traulicher, der Wein verdrängte das Bier, die Punschbowlen dampften, es wurde getrunken, smollirt und gesungen.« (DHA 6,123.)

14.

Text nach D[1] (N4). Die Einleitung skizziert den Kontext dieser Äußerung wie folgt: »Die ihm beinahe unerträglich scheinende Trennung von seiner Braut erzeugte in ihm während der ganzen Dauer seines Gießener Aufenthalts eine trübe und zerrissene Gemüthsstimmung, die sich in seinen Briefen häufig ausspricht und den sonst lebensfrohen jungen Mann sagen läßt: [*Es folgt in An- und Abführungszeichen das nicht genauer zu datierende Zitat.*]« Datierung nach dem in der Einleitung skizzierten Kontext. Ob der Satz überhaupt ein Bruchstück aus einem Brief darstellt, ist fraglich: »Einzige Überlieferung einer möglicherweise mündlichen Äußerung.« (Dedner, L1: 1990, 478.)

15.

Text nach D[1] (N246–248, »Briefe«).

5f. *weil wir durch gleiche Umstände wohl Alle gleich würden:* In der Rede St. Justs in *Danton's Tod* II/7 heißt es: »da alle unter gleichen Verhältnissen geschaffen werden, so sind alle gleich« (DT 48). Grundlage ist Buonarrotis *Verschwörung für die Gleichheit* (*Conspiration pour l'égalité dite de Babeuf*, 1828, Titelauflage: 1830), das Theorie- und Kultbuch der radikalen Pariser Republikaner.

22–24 *alte Bekannte […] halten […] mich für hochmüthig:* vgl. dazu die Erinnerungen des ehemaligen Gießener Studenten Carl Vogt: »Offen gestanden, dieser Georg Büchner war uns nicht sympathisch. […] Seine Zurückgezogenheit wurde für Hochmut ausgelegt« und »man« habe »nicht selten […] abends, von der Kneipe kommend, vor seiner Wohnung« sein politisches Engagement verhöhnt: »Er tat, als höre er das Gejohle nicht« (MA 375 f.).

43 *Aristocratismus:* Adelsherrschaft im weitesten Sinne, die für Büchner ebenso wie für Börne oder Heine in erster Linie die neue Geldaristokratie, die ›aristocratie bourgeoise‹, bezeichnet. Heine hat 1830 betont, »daß die Revoluzion alle sozialen Interessen umfaßt, und Adel und Kirche nicht ihre einzigen Feinde sind. [...] Ich selbst hasse die aristocratie bourgeoise noch weit mehr.« (HSA 20, 422.) Genauso hat Börne in den *Briefen aus Paris* (14. Brief vom 17. November 1830) die neue Aristokratie des Besitzes kritisiert: »Diese Menschen, die funfzehn Jahre lang gegen alle Aristokratie gekämpft – kaum haben sie gesiegt, noch haben sie ihren Schweiß nicht abgetrocknet und schon wollen sie für sich selbst eine neue Aristokratie bilden: eine Geldaristokratie, einen Glücksritterstand.« (Börne, L2: 1964, 67.) Als eine »neue privilegirte Kaste« hat Wirth die »Geldaristokratie« nach dem Hambacher Fest bezeichnet; die Abhängigkeit von ihr sei »noch viel drückender und gefährlicher, als die Unterjochung unter die Staatsaristokratie« (Wirth, L2: 1833, 35). Auch Büchner meint mit der Aristokratie offenbar beides, die neue Geld- und die alte Staatsaristokratie (siehe Brief 17), sowie generell die damit verbundene Haltung. Die Kritik an der Herrschaft der Geldaristokratie ist einer der zentralen Programmpunkte der französischen Republikaner gewesen, den sich Büchner uneingeschränkt zu eigen gemacht hat, wie die Aussage von August Becker (Verhör 1. November 1837) zeigt. »Sollte es diesen Leuten [der liberalen Opposition in den Landständen] gelingen, sagte er oft, die deutschen Regierungen zu stürzen und eine allgemeine Monarchie oder auch Republik einzuführen, so bekommen wir hier einen Geldaristokratismus wie in Frankreich, und lieber soll es bleiben, wie es jetzt ist.« (Noellner, L2: 1844, 425.) Das Protokoll der ›Eugenia‹ vom 5. Juli 1832 hält fest, dass der »streng republicanisch gesinnte« Büchner gegen jede »*aristocratische* Macht« (Mayer, L2: 1990, 368 f.) agitiert hat.

44 f. *des heiligen Geistes im Menschen:* Anspielung auf die Berg-Idylle in Heines *Harzreise,* in der der Reisende als »Ritter von dem heil'gen Geist« beteuert: »Jetzo, da ich ausgewachsen, / Viel gelesen, viel gereist, / Schwillt mein Herz, und ganz von Herzen / Glaub ich an den heil'gen Geist. / Dieser that die größten Wunder, / Und viel größ're thut er noch; / Er zerbrach die Zwingherrnburgen, / Und zerbrach des Knechtes Joch. / Alte

Todeswunden heilt er, / Und erneut das alte Recht: / Alle Menschen, gleichgeboren, / Sind ein adliges Geschlecht.« (DHA 6, 109.)

45 f. *gegen ihn kehre ich seine eigenen Waffen; Hochmuth gegen Hochmuth, Spott gegen Spott:* Das entspricht der Strategie der literarischen Opposition, wie sie Börne in den *Briefen aus Paris* dargelegt hat. Dort heißt es im 73. Brief (vom 2. Februar 1832): »Was andere tun für die Tyrannei, warum sollen wir es nicht für die Freiheit tun? Schwert gegen Schwert, List gegen List, Kot gegen Kot, Hundegebell gegen Hundegebell. Heine sagt: auch die Freiheit müsse ihre Jesuiten haben; ich sage das auch. [...] Lernen wir begreifen, daß die Tyrannen nur solche Waffen fürchten, die sie selbst gebrauchen; denn nur diese kennen sie. Darum der List ja keine Offenheit, dem Laster keine Tugend, der Frechheit keine Milde, der Plumpheit keinen Anstand gegenüber.« (Börne, L 2: 1964, 497.)

16.

Text nach D[1] (N 248, »Briefe«).

2 f. *Untersuchung wegen der Verbindungen:* Ermittlungen gegen Mitglieder der verbotenen Gießener Burschenschaft ›Germania‹ und der als Korps getarnten ›Palatia‹ im Zuge der verschärften Demagogenverfolgung nach dem Frankfurter Wachensturm.

3 *Relegation:* Verweisung von der Universität.

7 *schleifen:* »sich gleitend über eine fläche hinbewegen, [...] so besonders von dem gleiten über eine eisrutschbahn« (Grimm 15, 592).

Ketten schaukeln: vermutlich ›an Ketten schaukeln‹ als Kinderspiel.

7 f. *Die in Friedberg Verhafteten sind frei, mit Ausnahme von Vieren:* Wegen Beteiligung am Frankfurter Wachensturm inhaftiert, wurden vom 6. bis 8. März 1834 die meisten Verdächtigten aus der Friedberger Klosterkaserne (siehe zu 13,7) entlassen, darunter Gros (siehe zu 12,3), nicht aber Clemm (in Haft bis zum 20. März 1834), Ferber (in Haft bis zum 23. März 1834), Schütz (in Haft bis zum 11. April 1834) und Gladbach (er blieb noch lange Jahre in Untersuchungshaft und wurde dann zu Zuchthaus verurteilt).

17.

Text nach D¹ (N 8). Die Einleitung skizziert weiteren Inhalt des bis auf das Zitat zur Stimmungslage Büchners in Gießen verschollenen Briefes und informiert darüber, dass dieser Brief an die Eltern von ihm während eines kurzen Besuchs in Straßburg geschrieben wurde: »Unterbrochen wurde diese revolutionäre Thätigkeit Büchner's [die Niederschrift des *Hessischen Landboten* und die daraus folgenden Unternehmungen] durch eine plötzliche und heimliche Reise desselben nach Straßburg am Ende des Monats März, wohin ihn Sehnsucht und Angst um seine plötzlich erkrankte Braut getrieben hatten. Von Straßburg schrieb er an seine Eltern und entdeckte ihnen das bisher verheimlichte Verhältniß, wobei er seine Gemüthsstimmung in Gießen so beschreibt: [*Es folgt in An- und Abführungszeichen der Briefauszug.*]« Der Nachsatz zum Briefauszug lautet: »– Die Einwilligung der beiderseitigen Eltern in die Verbindung erfolgte, und Büchner kehrte ins elterliche Haus nach Darmstadt zurück, um die Osterferien da zuzubringen.« Es ist anzunehmen, dass Büchner um den 28. März 1834 in Straßburg eintraf und vermutlich am 12. April 1834 nach Darmstadt zurückkehrte. Datierung nach dem in der Einleitung skizzierten Kontext.

6 *Staatsdiener-Aristokratismus:* siehe zu 15,43.

18.

Text nach D¹ (N 248, »Briefe«).

2 *Treiben des »Burschen«:* Büchner hielt sich fern von solchem Treiben (siehe Brief 15) der Studenten – ›Bursche‹ war eine allgemeine Bezeichnung für ›Student‹.

3 *Philister:* hier: Bürger.

4 *Bursch heraus!:* studentischer Alarmruf (erst später das gleichnamige Burschenschaftslied) nach Verstärkung bei Konflikten mit Bürgern (oder der Staatsmacht), bei denen es gelegentlich zu gewalttätigen Tumulten kam, wobei die Staatsmacht hier nicht zuständig war. Studenten hatten eine besondere rechtliche Stellung, auch bei außeruniversitären Konflikten hatte das Universitätsgericht über sie zu befinden.

6 *Universitätsrichter:* Konrad Georgi (1799–1857), der gefürchtete,

für die Untersuchung ›politischer Umtriebe‹ zuständige und für seine Alkoholexzesse stadtbekannte Universitätsrichter.

14 *wir:* die Gießener Mitglieder der ›Gesellschaft der Menschenrechte‹.

19.

Text nach D[1] (N 249, »Briefe«). Die Anmerkung des Herausgebers lautet: »*) Dr. Wilhelm Schulz, früher hessischer Lieutenant, später Mitglied des deutschen Parlaments, wurde am 18. Juni 1834 wegen mehrerer als aufrührerisch befundenen Schriften zur Cassacion und fünfjährigen Festungsstrafe verurtheilt.«

2 *Verurtheilung von Schulz:* Der aus Darmstadt stammende politische Publizist Wilhelm Schulz (1797–1860), der als junger Offizier 1820 aufgrund der von ihm verfassten anonymen Flugschrift *Frag- und Antwortbüchlein über Allerlei, was im deutschen Vaterlande besonders Not tut* (1819) aus dem Militärdienst entlassen und in den Ruhestand versetzt, dann am 12. September 1833 wegen seines Buches *Deutschlands Einheit durch Nationalrepräsentation* (1832) und weiterer zur Volksbewaffnung aufrufender Broschüren verhaftet worden war, wurde am 18. Juni 1834 von einem Militärgericht unrechtmäßig verurteilt. »Obwohl längst Zivilist, stellte man ihn, da er noch immer seine Offizierspension bezog, vor ein Kriegsgericht und verurteilte ihn wegen ›Beteiligung am Hochverrat und wegen des fortgesetzten Versuchs des Verbrechens einer gewaltsamen Veränderung der Staatsverfassung‹ zu fünfjährigem strengem Festungsarrest.« (Grab, L 1: 1985, 14.) Schulz trat die Haft am 19. August 1834 auf der Festung Babenhausen bei Darmstadt an.

3 *Kommißbrod:* »Commiß-Brot« ist das Brot »für die Soldaten« (Adelung 1, 1342) – Anspielung auf die Verurteilung von Schulz durch ein Militärgericht.

4 f. *Geschichte vom Herrn Commissär:* Ende Juni 1834 war wegen Weidigs Flugschrift *Leuchter und Beleuchter für Hessen oder der Hessen Notwehr* in Butzbach eine vergebliche Hausdurchsuchung bei dem Schreinermeister Johannes Kraus (1807–1868) nach einer illegalen Druckerpresse durchgeführt worden – »veranlaßt durch eine absichtlich irreführende anonyme Anzeige aus dem Weidig-Kreis, nachdem die Regierung eine Belohnung [...] ausgesetzt« (Mayer, L 3: 1982b, 380) hatte. Mit der Untersu-

chung betraut war der mit Büchner verwandte Großherzogliche Regierungsrat Friedrich von Bechtold (1800–1872), ein Cousin der Mutter und Taufpate seines Bruders Ludwig. Verarbeitet ist die Geschichte auch in dem von Carl Flach und Weidig verfassten Spottlied *Herr Du-Thil mit der Eisenstirn und Schreinermeister Kraus in Butzbach* (vgl. FA 643–645), als dessen Mitbearbeiter Büchner gilt; es sollte nach der Melodie des volkstümlichen Liedes *Ich bin der Doktor Eisenbart* gesungen werden, war tatsächlich vielgesungen und wurde auch als Flugschrift verbreitet (vgl. KMa 133).

5 *Columbus:* im Sinne von ›Entdecker‹.
X....: Butzbach.

6 *Presse:* Druckerpresse.

9 *Kelter:* Weinpresse.

14 *wie Münchhausen:* Auf den Namen und die Gestalt des Karl Friedrich Hieronymus Freiherr von Münchhausen (1720–1797), der im Freundeskreis unglaubliche Abenteuer als unterhaltende Anekdoten zum besten gegeben haben soll, wurden Schwankerzählungen dieser Art vereinigt. Büchner dürfte bei dem von ihm erzählten Schlag in das Gesicht an eine ganz bestimmte Lügengeschichte aus Bürgers *Wunderbare Reisen [...] des Freiherrn von Münchhausen* gedacht haben: »Bedient sich seiner Augen statt des Flintensteines, und erlegt auf einen Schuß fünf Paar wilde Enten und verschiedenes anderes Geflügel« (Bürger, L2: 1813, 143). In jener Geschichte (ebd. 18f.) schildert Münchhausen zunächst, dass er, nachdem er beim Blick durch das Fenster die Enten entdeckt hat, sogleich sein Gewehr gegriffen habe: »ich [...] sprang zur Treppe hinab, und das so über Hals und Kopf, daß ich unvorsichtiger Weise mit dem Gesichte gegen die Thürpfoste rannte. Feuer und Funken stoben mir aus den Augen; aber das hielt mich keinen Augenblick zurück.« Als er dann schließlich schießen will und feststellt, dass der Feuerstein des Gewehrs beschädigt ist, erinnert er sich an das Funkenschlagen durch den Schmerz, den der Schlag ihm verursacht hat, und schlägt sich nun selbst mit der »Faust gegen eins von meinen Augen. Von einem derben Schlage flogen wieder Funken genug heraus, der Schuß ging los, und ich traf fünf Paar Enten [...]. Gegenwart des Geistes ist die Seele mannhafter Thaten.«

16 *Großherzog:* Ludwig II. (1777–1848), seit 1830 Großherzog von Hessen.

17 *Civilverdienstorden:* »Im Jahre 1807 stiftete der [...] Grossher-

zog von Hessen, Ludewig, diesen Orden [...]. Man nennt ihn [...] bald den Verdienst-Orden, bald den Ludewigs-Orden, [...] auch den Grossherzogl. Hessischen Hausorden. [...] Der mit der Einrichtung des Ordens verbundene Zweck ist: das Verdienst im Militair wie im Civil [...] öffentlich zu ehren und auszuzeichnen. [...]. Das Ordenszeichen [...] ist ein schwarzemaillirtes, rotheingefasstes Kreuz [...]. In der Mitte ist auf schwarzem Grunde eine grüne Krone, halb von Lorbeer, halb von Eichenlaub [...] geflochten, und von den Worten umgeben: ›Gott, Ehre und Vaterland.‹ In der Mitte der Kehrseite ist auf rothem Grunde der goldene Buchstabe *L* von einem weissen Rande umgeben, auf welchem die Worte: ›Für Verdienst‹ stehen.« (Gottschalck, L2: 1819, 500f.)
Nasenfutteral: ein unelegant aussehender Nasenschutz oder -verband.

20.

Text nach D[1] (N249f., »Briefe«).

3f. *ging ich von Gießen weg:* Nachdem Minnigerode am 1. August 1834 mit Exemplaren des *Hessischen Landboten* in Gießen verhaftet worden war, brach Büchner noch am selben Abend auf, um die an Druck und Verbreitung der Flugschrift Beteiligten zu warnen. Er übernachtete in Butzbach bei Weidig, dem Mitverfasser des *Hessischen Landboten*, und reiste von dort über Friedberg weiter nach Offenbach, das er am 2. August 1834 erreichte, um Carl Preller, den Drucker der Flugschrift, zu informieren. Den Rückweg nahm er über Frankfurt, wo er am 3. August 1834 seinen nicht eingeweihten Straßburger Studienfreund Boeckel traf, was er später als Alibi zu nutzen suchte.

8 *Postillonen:* Ein »Postillion« ist ein »Postknecht, Postkutscher, Postfahrer« (Heyse, L2: 1835, 238).

21.

Text nach D[1] (N250f., »Briefe«). – 26 *keine:* in D[1] zusätzlich zur Sperrung fett. Die Anmerkung des Herausgebers lautet: »*) Muston, ein französischer Flüchtling, der am Savoyer-Zuge Theil genommen hatte, sich in Darmstadt aufhielt und viel mit dem Briefsteller correspondirte.«

2–4 *Minnigerode [...] nach Friedberg abgeführt:* Karl Minnigerode (1814–1894), Sohn eines Hofgerichtsrats in Darmstadt, in der Schule Büchners wohl engster Freund, wobei die Freunde der Erinnerung eines Mitschülers zufolge »sich in der letzten Gymnasialzeit nur mit den Worten zu grüßen pflegten: Bon jour, citoyen« (MA 374) und so ihre republikanische Gesinnung zu erkennen gaben, Jurastudent in Gießen und Mitglied der ›Gesellschaft der Menschenrechte‹, wurde am Abend des 1. August 1834 infolge einer Denunziation mit 139 Exemplaren des *Hessischen Landboten*, die er in Rock und Stiefeln verborgen hatte, bei seiner Einfahrt am Selterstor zu Gießen auf Anordnung des Universitätsrichters festgenommen und in der Klosterkaserne in Friedberg inhaftiert (siehe zu 13,7).

3 *meiner Abreise:* siehe Brief 20.

5 f. *Universitätsrichter:* siehe zu 18,6.

13 *W...:* Wilhelmine. Die Briefe Wilhelmine Jaeglés (siehe die Briefe 51 bis 60) an Büchner sind nicht erhalten.

Muston: Die Briefe von Alexis Muston (1810–1888), Theologiestudent in Straßburg, an Büchner sind nicht erhalten.

L...: Lambossy. Die Briefe von Jean-Moyse Lambossy (1810–1872), Medizinstudent in Straßburg, an Büchner sind nicht erhalten.

B...: Boeckel (siehe Brief 64). Dessen französischsprachige Briefe an Büchner sind nicht überliefert, lediglich sieben seiner deutschsprachigen Briefe.

24 f. *Briefe von B., die jedes Wort bestätigen:* Die Briefe waren als Alibi nicht tauglich, da der ahnungslose Boeckel auf der Rückreise von Frankfurt von der Polizei abgefangen wurde und seine Befragung Büchners Angaben kaum bestätigte.

27 f. *ganz unbesorgt:* Anders als Büchner annahm, waren die Behörden den »protokollarischen Aufzeichnungen des Gießener Universitätsgerichts« (Diehl, L 1: 1920, 5) zufolge über seine Reise und ihre Zusammenhänge gut unterrichtet: »Bereits Anfang August wußte das Ministerium [...], daß Büchner der Verfasser des ›Landboten‹ sei.« (Ebd. 13.) Von seiner sofortigen Verhaftung, die am 2. August 1834 beschlossen war, wurde lediglich aus strategischen Überlegungen heraus vorerst abgesehen.

37 f. *Rechtskundigen:* Büchner wandte sich an den Hofgerichtsadvokaten Friedrich Briel (siehe zu 77,37) in Gießen, den er als Teilnehmer der Versammlung auf der Badenburg am 3. Juli 1834 kannte, auf welcher die Verbreitung des *Hessischen Landboten*

verabredet wurde. Briel gab in einem Verhör am 31. Juli 1835 an, Büchner sei »einmal oder einigemal« bei ihm gewesen und habe ihn »wegen einer Beschwerde, welche er bei dem Rector der Universität überreichen wollte, consultirt [...]. Ich hatte ihm damals eine Eingabe concipirt« (HK 29).

22.

Text nach D^1 (N 251–253, »Briefe«).

4 f. *französischen Briefe:* siehe Brief 21.

6 *Universitätsrichter:* siehe zu 18,6.

8 f. *an das Disciplinargericht gewendet:* Eine Eingabe hat der Jurist Friedrich Briel für Büchner konzipiert (siehe zu 21,37 f.).

40 *Demagogen:* Als ›Demagogen‹ wurden von der Restauration diejenigen bezeichnet, die die politischen Verhältnisse kritisiert, bekämpft oder sonst in Frage gestellt haben und deshalb seit den Karlsbader Beschlüssen vom 19. September 1819 systematisch verfolgt wurden (die sogenannte ›Demagogenverfolgung‹). Die gesetzlichen Regelungen waren nach dem Hambacher Fest nochmals verschärft worden. Verboten war jetzt jede Form der politischen Betätigung, die Bildung von Vereinen, die Organisation von Volksversammlungen oder Volksfesten, das »öffentliche Tragen von Abzeichen in Bändern, Cocarden oder dergleichen«, das »Aufstecken von Fahnen und Flaggen, das Errichten von Freiheitsbäumen und dergleichen Aufruhrzeichen« (Huber, L 2: 1978, 100–105, 132–136).

46 f. *Gerücht mit Offenbach:* Es war kein Gerücht (Büchner warnte den Drucker des *Hessischen Landboten* in Offenbach); die Behauptung gegenüber den Eltern dokumentiert deutlich Büchners Beschwichtigungstaktik.

23.

Text nach D^1 (N 253–255, »Briefe«).

2 *Haussuchung:* Sie fand am 4. August 1834 statt.

5 *Universitätsrichter:* siehe zu 18,6.

31 *Vorstellung an das Disciplinargericht:* siehe zu 22,9.

40 *Resolution:* Beschluss.

44 *Appellation:* Berufung.

Sturmglocken und Pflastersteine: sinnbildlich für Revolution – in zahlreichen zeitgenössischen Schilderungen von Volksaufständen sind die läutenden Sturmglocken und die für den Barrikadenbau verwendeten Pflastersteine erwähnt.

24.

Text nach D[1] (N255f., »Briefe«). Vor diesem Brief ist durch einen längeren zentriert gesetzten Strich eine Trennung von den vorangehenden Briefen im Abschnitt »Aus den Briefen an die Familie« markiert, um den mit Büchners Flucht aus Deutschland nach Frankreich einschneidenden Ortswechsel zu kennzeichnen. In der Einleitung heißt es zu diesem Brief: »Sein erster Brief aus Weißenburg, über der französischen Grenze, vom 9. März 1835, befindet sich unter den abgedruckten Briefauszügen.« (N22.)

2 *Reise:* Büchner dürfte »um den 6. März« (Mayer, L3: 2000, 91) 1835 aus Darmstadt abgereist sein und seine Flucht nach Frankreich angetreten haben.

9 *Inquisition:* Das Bild der mittelalterlichen Ketzerverfolgung durch die katholische Kirche illustriert die inhumane Strafverfolgungspraxis des Großherzogtums Hessen.

14f. *Kerker zu Friedberg:* siehe zu 13,7.

20f. *Studium der medicinisch-philosophischen Wissenschaften:* Büchner teilt damit seine »Abkehr von der praktischen Medizin« mit, die sein Vater als Berufsziel für ihn vorgesehen hatte, und seine »Hinwendung zur philosophisch sich begründenden Naturwissenschaft« (Roth, L3: 2004, 6).

25.

Text nach D[1] (N256f., »Briefe«). Die Anmerkung des Herausgebers lautet: »*)Diese Angaben sind unrichtig: Koseritz wurde begnadigt und nach Amerika entlassen, Frankh von den Civilgerichten zu einer Freiheitsstrafe verurtheilt.«

5 *Minnigerode:* siehe zu 21,2–4.

5f. *in flagranti crimine:* auf frischer Tat.

12 *Kosseritz:* Ernst Ludwig Koseritz (1805–1838).

14 *Frankfurter Complott:* siehe Brief 6.

15 *Frankh:* Gottlob Franckh (1801–1845).

26.

Text nach D[1] (N 257, »Briefe«).

4 f. *Gegend von Marburg [...] Personen verhaftet:* darunter am 7. April 1835 der Marburger Arzt Leopold Eichelberg (1804–1879), auf den die November-Fassung des *Hessischen Landboten* zurückgeht.

5 f. *bei einem von ihnen eine Presse gefunden:* bei dem Drucker Ludwig August Rühle die Druckerpresse in der Elwertschen Universitätsdruckerei in Marburg, mit der er die November-Ausgabe des *Hessischen Landboten* illegal und ohne Wissen des Verlagsinhabers gedruckt hatte.

7 *L. Becker:* Ludwig Becker (1808–1861), genannt »Zopf« (siehe Brief 76), Sohn eines Wirts, 1832 als Delegierter der Gießener Studenten auf dem Hambacher Fest, 1833 an den Planungen des Frankfurter Wachensturms beteiligt, verhaftet und im März 1834 freigelassen, Mitglied der ›Gesellschaft der Menschenrechte‹ und beteiligt an der Vorbereitung und Verbreitung des *Hessischen Landboten*. Verhaftet worden war allerdings nicht er, sondern August Becker.

Klemm: Gustav Clemm (1814–1866), Student der Theologie und Pharmazie in Gießen, 1833 wegen Mitwisserschaft am Frankfurter Wachensturm acht Monate in Untersuchungshaft, Mitglied der ›Gesellschaft der Menschenrechte‹ und von Anfang an beteiligt am *Hessischen Landboten*, hatte »seinen Weg zum Denunziantentum vorsondiert« (Mayer, L 3: 1982b, 396) und legte nach seiner Verhaftung im Verhör durch Georgi am 21. April 1835 ein umfassendes Geständnis ab, durch das er August Becker, Büchner, Weidig und andere schwer belastete und eine Verhaftungswelle auslöste, welche die hessische Oppositionsbewegung entscheidend schwächte.

7 f. *Rector Weidig von Butzbach wird verfolgt:* Friedrich Ludwig Weidig (1791–1837), die »zentrale Gestalt der oberhessischen Oppositionsbewegung« (Schaub, L 3: 1996, 181 f.) und Mitverfasser des *Hessischen Landboten*, mit dem Büchner durch Vermittlung August Beckers seit Anfang 1834 Kontakt hatte, war als Rektor in Butzbach schon Anfang April 1834 beurlaubt und zum September 1834 auf eine Pfarrstelle in Obergleen bei Alsfeld versetzt worden.

9 *P..... :* »P[reller]« (FA 402), »gemeint ist Carl Preller« (BW 65), der Offenbacher Drucker des *Hessischen Landboten*.

10 *Jetzt erst bin ich froh, daß ich weg bin:* möglicherweise inspiriert durch den ersten Satz der Titelfigur im *Werther* (Brief vom 4. Mai): »Wie froh bin ich, daß ich weg bin!« (Goethe, L 2: 1999, 8.)

14 f. *Kritiken über die neu erscheinenden französischen Werke in das Literaturblatt zu schicken:* Gutzkow hatte Büchner am 7. April 1835 ausdrücklich zum Schreiben ermuntert, ihn auf das von ihm seit Anfang des Jahres geleitete *Literatur-Blatt*, das wöchentlich zu Sauerländers belletristischem Tagblatt *Phönix* erschien, hingewiesen und angeboten: »Apropos! Wollen Sie mir Kritiken über neueste franz. Literatur schicken für mein Blatt, so sind mir die willkommen; aber schneller Entschluß! Eine Zusage, um mir Freude zu machen!« (BW 64.)

27.

Text nach D[1] (N 257–259, »Briefe«). Die Anmerkung des Herausgebers lautet: »*) Schulz war bekanntlich am 31. December 1834 durch die Hilfe seiner entschlossenen Frau aus der Festung entflohen und nach Straßburg gegangen.«

2 *Schulz:* siehe zu 19,2.
seine Frau: Caroline Schulz (geb. Sartorius, 1801–1847).

5 *Kanzleibürste:* Büchners Wortschöpfung verbindet die Bürste, das alltägliche Werkzeug zur Schmutzbeseitigung, mit der Kanzlei, dem Ort, an dem »die schriftlichen Ausfertigungen geschehen« (Adelung 2, 1495), und charakterisiert damit den oppositionellen Publizisten Schulz als einen Mann des radikalen Worts.

13 *Tollheiten:* möglicherweise eine Anspielung auf den Savoyerzug (siehe zu 43,16 f.).

16 *Böckel:* siehe Brief 64.
Baum: Boeckels aus Hessen stammender Freund Johann Wilhelm Baum (1809–1878), Theologiestudent in Straßburg. Büchner hat ihm ein Widmungsexemplar von *Danton's Tod* überreicht: »Meinem lieben Freund Baum.« (BW 72.)

17 f. *Abhandlung über die Methodisten:* vgl. Johann Wilhelm Baum, *Der Methodismus. Eine gekrönte Preisschrift*, Zürich 1838.

20 *Gutzkow:* siehe die Briefe 66 bis 75.

22 *im Augenblick in Berlin:* Gutzkow schrieb am 7. April 1835 an Büchner: »in 14 Tagen reis' ich auf kurze Zeit nach Berlin« (BW 63).

24 *sein Literaturblatt:* siehe zu 26,14 f.

25 f. *Im Juni wird er hierherkommen, wie er mir schreibt:* Gutzkow an Büchner, 7. April 1835: »daß ich Sie sehe, könnte sich im Juny ereignen. Ich freue mich sehr darauf« (BW 63).

26 f. *im Phönix erschienen: Danton's Tod* war gekürzt als Vorabdruck in Fortsetzungen vom 26. März bis 7. April 1835 im *Literatur-Blatt* des *Phönix. Frühlingszeitung für Deutschland* erschienen (vgl. GW 3).

26–28 *im Phönix [...] durch ihn erfahren [...] viel Ehre damit eingelegt:* Gutzkow schrieb Büchner am 7. April 1835: »Vom Danton hat der Phönix sein Theil schon abgedruckt, u damit viel Ehre eingelegt.« (BW 63.)

29 *Das Ganze muß bald erscheinen:* Die Buchausgabe von *Danton's Tod.*

34 f. *Drama [...] geschichtliches Gemälde, das seinem Original gleichen muß:* vgl. zum Dramatiker als Geschichtsschreiber Brief 31, zu *Danton's Tod* als Geschichtsdrama die Briefe 65 und 66, zur historischen Quellenlektüre Brief 51.

35 f. *Gutzkow hat mich um Kritiken [...] gebeten:* siehe zu 26,14 f.

41 f. *Geburtstag des Königs:* Büchner verwechselt den Namenstag Louis Philippes am 1. Mai mit dessen Geburtstag (der war am 6. Oktober).

44 *Emeuten:* Aufruhr.

48 *Sartorius ist verhaftet:* Theodor Sartorius (1812–1890), Medizinstudent in Gießen und Mitglied der ›Gesellschaft der Menschenrechte‹, wurde am 12. April 1835 verhaftet.
Becker: August Becker (1814–1871), in Gießen Büchners engster Freund, Theologiestudent, Mitglied der ›Gesellschaft der Menschenrechte‹ und maßgeblich am *Hessischen Landboten* beteiligt – er hatte »das Büchnerische Manuscript ins Reine geschrieben« (Noellner, L2: 1844, 99), wurde am 6. April 1835 »sistiert und auf dem Gießener Polizeibüro verhört.« (Mayer, L3: 1982b, 396.) Mit Becker als »seinem Vertrauten« hat Büchner, der aus »Straßburg [...] sehr revolutionäre Ansichten« mitgebracht habe, Sartorius zufolge (Verhör 1. Juni 1835) »in philosophischen Gesprächen« politische Grundsatzthemen erörtert, beide »huldigten den republikanischen Grundsätzen.« (KMa 156.)

49 *Verhaftung des Herrn Weidig:* Weidig (siehe zu 26,7 f.) wurde am 22. April 1835 frühmorgens »zwischen 4 und 5 Uhr [...] in Ober-Gleen verhaftet.« (Mayer, L3: 1982b, 396.)

49 f. *Verhaftung […] des Pfarrers Flick zu Petterweil:* Heinrich Christian Flick (1790–1869), Freund und Mitstreiter Weidigs, wurde am 26. April 1835 verhaftet.

28.

Text nach D[1] (N 259–261, »Briefe«).

1 *Mittwoch nach Pfingsten 1835:* der 10. Juni 1835.

21 *Präfecten:* siehe zu 11,56.

25 *Protection:* siehe zur Förderung Büchners durch die Professoren Lauth und Duvernoy Brief 29.

38 *Heumann:* Adolph Heumann (1811–1852), Arzt aus Darmstadt, musste schon 1833 fliehen und lebte seitdem in Straßburg.

41 *Rosenstiel:* Ludwig Rosenstiel (1806–1863), ehemaliger Mitschüler Büchners, Jurastudent in Gießen, in den Frankfurter Wachensturm verwickelt, deswegen 1833 verhaftet, im März 1834 freigelassen, Freund Clemms.
Wiener: Hermann Wiener (1813–1897), ehemaliger Mitschüler Büchners, Student der Theologie und Philologie in Gießen, in den Frankfurter Wachensturm verwickelt, deswegen 1833 verhaftet, 1834 freigelassen, Mitglied der ›Gesellschaft der Menschenrechte‹, entging im Mai 1835 einer erneuten Verhaftung durch die Flucht nach Frankreich.
Stamm: siehe zu 12,3.

29.

Text nach D[1] (N 261–263, »Briefe«). Die Anmerkung des Herausgebers bezieht sich auf Clemm und lautet: »*) Stud. Gustav Kl… aus Lich, schon in das Frankfurter Attentat verwickelt und deßwegen längere Zeit in Haft, aber am 20. Mai 1834 wieder freigegeben, nahm an der nun folgenden Thätigkeit der geheimen Gesellschaften zur Verbreitung revolutionärer Flugschriften lebhaften Antheil und legte bei seiner am 8. Mai 1835 erfolgten zweiten Verhaftung so umfassende und absichtliche Geständnisse über seine Mitschuldigen vor dem Untersuchungsrichter ab, daß er in Berücksichtigung dieser Verdienste sowohl, als einer geschwächten Gesundheit, schon am 23. August desselben Jahres wieder freigelassen wurde (was damals bei keinem der sonstigen Angeschuldigten geschah) und von da an in fortwährender Relation mit seinem Untersuchungsrichter blieb. – Er lebte später, überall zurückgestoßen, an verschiedenen Orten.«

3 *Koch:* Jakob Koch (1814–?), Medizinstudent in Gießen, dann Bäcker, Gründungsmitglied der ›Gesellschaft der Menschenrechte‹ in Darmstadt.
Walloth: Friedrich Walloth (1810–1877), Jurastudent aus Gießen.
Geilfuß: Georg Geilfus (siehe Brief 77) hatte im Frühjahr 1835 eine Stelle im Ministerium des Innern und der Justiz in Darmstadt angetreten, wo er einen vertraulichen Erlass zur Errichtung neuer Einzelhaftzellen in den Untersuchungsgefängnissen von Gießen, Friedberg und Darmstadt ausfertigen sollte, informierte seine Freunde darüber und floh im Sommer 1835 nach Straßburg.

4 *Becker:* Ludwig Becker (siehe zu 26,7).

5 *Stamm:* siehe zu 12,3.

11 *Darmstädter Arresthaus:* siehe zu 13,7.

15f. *A. Becker:* August Becker (siehe zu 27,48).

16f. *seine Mutter starb:* »Durch den Tod meiner Mutter und den traurigen Zusammenhang desselben mit meinem Schicksale bin ich den düstersten Gedanken preisgegeben« (Noellner L2: 1844, 247), äußerte sich August Becker (Verhör 30. Juni 1835) über den Tod seiner verwitweten Mutter Eleonore Becker (geb. Waumann), mit der er in Gießen vor seiner Verhaftung zusammengelebt hatte.

18 *Kl…:* Clemm (siehe zu 26,7).

21–23 *seine Schwester […] verhaftet […] auf seine eigne Aussage hin:* Im Bericht im *Temps* vom 24. Oktober 1835 (siehe zu 38,23f.) ist davon die Rede, eine Schwester des Verräters finde sich unter den Denunzierten – »la sœur du traître […] se trouvent dans le nombre de dénoncés.« (Fischer, L2: 1972, 87.)

25 *Heirath mit Fräulein v. ….. in Gießen:* Emilie von Grolman (1819–1890), Tochter eines Staatsministers und Gutsbesitzers in Gießen, hatte ein Liebesverhältnis mit Clemm, den sie später heiratete. Sie soll dem Bericht im *Temps* vom 24. Oktober 1835 zufolge (siehe zu 38,23f.) mit der Polizei zusammengearbeitet und Clemm zum Verrat gedrängt haben (vgl. Fischer, L2: 1972, 87).

32f. *der junge v. Biegeleben:* Maximilian von Biegeleben (1813–1899), bis 1833 Student der Kameralistik in Gießen.

33 *Weidenbusch:* Carl Weidenbusch (1811–1893), bis 1833 Jurastudent in Gießen.

Floret: Theodor Floret (1811–1845), bis 1833 Jurastudent in Gießen.

35 *Flick:* siehe zu 27,49f.

Weidig: siehe zu 26,7f.

35f. *Thudichum:* Johann Ludwig Thudichum (1798–1863), Pfarrer in Rödelheim, war schon 1819 als Burschenschafter in gerichtliche Untersuchungen geraten und wurde, am Rande in das Verfahren um den *Hessischen Landboten* verwickelt, 1835 verhaftet.

38 *Lauth:* Ernest-Alexandre Lauth (1803–1837), Professor für Anatomie in Straßburg, lehrte Physiologie in der naturphilosophischen Tradition Geoffroy de Saint-Hilaires und der deutschen idealistisch-spekulativen Schule.

Duvernoy: Georges-Louis Duvernoy (1777–1855) hatte den Lehrstuhl für Naturgeschichte inne, war Mitbegründer der Straßburger ›Société du Muséum d'histoire naturelle‹ und lehrte als Schüler Georges Cuviers in der empirischen Richtung der Biologie vergleichende Anatomie und Zoologie.

39 *Doctor Boeckel's:* Théodore Boeckel (1802–1869), Arzt, Bruder von Eugen Boeckel.

40 *Präfecten:* siehe zu 11,56.

40f. *Uebersetzung […] längst fertig:* Büchner hat Hugos Dramen *Lucrèce Borgia* und *Marie Tudor* für den Verlag Sauerländer übersetzt (siehe Brief 68). Vermittelt hat dies Gutzkow, der in seinem Brief an Büchner vom 12. Mai 1835 auf seine »Besorgung einer Uebersetzung V. Hugos« zu sprechen kommt, »eine Gefälligkeit für einen Buchhändler, der auf mein Anrathen auch Sie ins Interesse gezogen hat.« (BW 67.)

43 *Gutzkow schrieb, es werde daran gedruckt:* Büchner bezieht sich auf Gutzkows Brief vom 7. April 1835, der von der Drucklegung von *Danton's Tod* schrieb und eine Rezension ankündigte: »Ich warte nur den Druck u die Ausgabe Ihres Buches ab, um Sie beim Publikum einzuführen. […] Sauerländers Pressen schwitzen Tag u Nacht und für Danton könnte sich der Termin noch etwas hinausschieben« (BW 63). Gutzkows Brief vom 12. Mai 1835 hatte er offenbar noch nicht erhalten. Dort heißt es: »Danton wird nun gedruckt.« (BW 67.) Und am 23. Juli 1835, nachdem das Buch erschienen war: »Sauerländer trödelte lange mit dem Druck Ihres Danton.« (BW 73.)

44f. *muß erschienen sein: Danton's Tod* war Anfang Juli 1835 erschienen.

45f. *Recensionen:* vgl. Gutzkows angekündigte Rezension von

Danton's Tod (siehe zu 31,15f.). Am 28. September 1835 charakterisierte Gutzkow seine Rezension des Buchs: »Ein Enthusiast hat es unbedingt gelobt.« (BW 82.)

48 *Gutzkow [...] ist ein Preuße:* Der in Berlin geborene und aufgewachsene Gutzkow hatte Büchner am 7. April 1835 die strengen Zensurbedingungen »in meiner Heimath, in Preußen« (BW 63), angedeutet.

49f. *Vorrede zu einem in Berlin erschienenen Werke:* vgl. Karl Gutzkow, »Vorrede«, in: *Schleiermachers Vertraute Briefe über die Lucinde*, mit einer Vorrede von Karl Gutzkow, Hamburg 1835, S. V–XXXVIII. Der Band war bei Hoffmann und Campe in Hamburg erschienen, nicht in einem Berliner Verlag, wie Büchner annahm. Gutzkow hatte in seiner Vorrede zur Neuauflage von Friedrich Schleiermachers zuerst 1800 publizierter Verteidigungsschrift von Friedrich Schlegels *Lucinde* dafür plädiert, voreheliche sexuelle Enthaltsamkeit aufzugeben, was großes Aufsehen erregte und als Skandal galt. Das Buch war am 21. April 1835 in Preußen verboten worden. Gutzkow hatte Büchner am 12. Mai 1835 geschrieben: »Die Berliner Reise ist mit Gefahren verknüpft. Durch eine Vorrede zu Schleiermachers Briefen über Schlegels Luzinde hab' ich die Geistlichkeit u den Hof gegen mich empört: ich fürchte ein Autodafé« (BW 67).

30.

Text nach D[1] (N 263f., »Briefe«).

3 *Rescript:* amtlicher Bescheid, Verfügung, Erlass.

7 *Arresthaus:* siehe zu 13,7.

8 *wie in Frankfurt:* Der Frankfurter Wachensturm (siehe Brief 6) hatte zu zahlreichen Inhaftierungen geführt.

10–12 *Ein Todesurtheil, ein Schaffot [...]. Aber so im Gefängniß auf eine langsame Weise aufgerieben zu werden [...] ist entsetzlich:* siehe zu diesem Gedanken Brief 47.

15 *Kl...:* Clemm (siehe zu 26,7). Siehe auch Brief 29 mit der Anmerkung des Herausgebers.

20 *den verstocktesten Aristokraten:* siehe zu 15,43. Für die Opposition haben sich im Vormärz grundsätzlich zwei ›Parteien‹ gegenübergestanden: die aristokratische und die demokratische. So hat Heine erklärt, dass es »überhaupt in Europa keine Nazionen mehr giebt sondern nur zwey Partheyen, wovon die eine, Aris-

tokrazie genannt, sich durch Geburt bevorrechtet dünkt und alle Herrlichkeiten der bürgerlichen Gesellschaft usurpirt, während die andre, Demokrazie genannt, ihre unveräußerlichen Menschenrechte vindizirt und jedes Geburtsprivilegium abgeschafft haben will, im Namen der Vernunft.« (DHA 12, 451.) Die Unterscheidung geht auf Buonarrotis *Verschwörung für die Gleichheit* zurück.

31.

Text nach D[1] (N 264–267, »Briefe«).

2 *mein Drama:* die Anfang Juli 1835 erschienene Buchausgabe von *Danton's Tod.*

3 f. *Erlaubniß, einige Aenderungen machen zu dürfen, allzusehr benutzt:* Am 3. März 1835 hatte Gutzkow dem Autor erklärt, auf Wunsch des Verlegers Sauerländer seien Sexualität thematisierende Textstellen zu streichen. Büchner müsse »bereitwillig« sein, »die Quecksilberblumen« (eine Anspielung auf die Behandlung der Syphilis) »halb u halb zu kassiren.« Gutzkow schlug vor, dass er und Büchner es »gemeinschaftlich« unternehmen sollten, aus *Danton's Tod* »die Veneria herauszutreiben« (BW 56), was nicht zustande kam. Büchner allerdings muss Gutzkow die Erlaubnis erteilt haben, in seinen Text einzugreifen. Gutzkow charakterisierte diese Eingriffe im Nachruf auf Büchner 1837 wie folgt: »Die dichterische Flora des Buches bestand aus ächten Feld- und Quecksilberblumen. Jene streute seine Phantasie, diese seine übermüthige Satyre. Als ich nun, um dem Censor nicht die Lust des Streichens zu gönnen, selbst den Rothstift ergriff, und die wuchernde Demokratie der Dichtung mit der Scheere der Vorcensur beschnitt, fühlt' ich wohl, wie grade der Abfall des Buches, der unsern Sitten und unsern Verhältnissen geopfert werden mußte, der beste, nämlich der individuellste, der eigenthümlichste Theil des Ganzen war. Lange zweideutige Dialoge in den Volksscenen, die von Witz und Gedankenfülle sprudelten, mußten zurückbleiben. Die Spitzen der Wortspiele mußten abgestumpft werden oder durch aushelfende dumme Redensarten, die ich hinzusetzte, krumm gebogen. Der ächte Danton von Büchner ist nicht erschienen. Was davon herauskam ist ein nothdürftiger Rest, die Ruine einer Verwüstung, die mich Ueberwindung genug gekostet hat.« (GW 9, 338.)

10f. *Der Titel ist abgeschmackt:* der Untertitel der Buchausgabe, den der Verlagsredakteur Eduard Duller zu verantworten hatte: *Dramatische Bilder aus Frankreichs Schreckensherrschaft* (vgl. GW 4). Gutzkow erklärte Büchner dazu am 23. Juli 1835: »Für den Schreckenstitel kann ich nicht: das ist eine der buchhändlerischen Dreistigkeiten, die man sich bei seinem zweiten Buche nicht mehr gefallen läßt.« (BW 73.) »An dem merkantilischen Titel jedoch: ›dramatische Bilder aus Frankreichs Schreckensherrschaft‹ bin ich unschuldig. Diesen setzte« Duller, erklärte Gutzkow 1837 im Nachruf auf Büchner postum dem Dramatiker nochmals, »hier wasch' ich meine Hände in Unschuld!« (GW 9, 338.)

13 *der Corrector:* Der deutschkatholisch orientierte Schriftsteller und Journalist Eduard Duller (1809–1853) redigierte ab 1835 im Verlag von Sauerländer zeitweise gemeinsam mit Gutzkow die Zeitschrift *Phönix* und besorgte die Buchausgabe von *Danton's Tod*.

13f. *einige Gemeinheiten in den Mund gelegt:* »gemein!« notierte Büchner bei etlichen Eingriffen in seinen Text – siehe seine Bemerkungen in den Widmungsexemplaren von Stoeber und Baum (vgl. MBA 3.1, 497–504).

15f. *Gutzkow's glänzende Kritiken:* Gutzkows bereits erwartete (siehe Brief 29) Rezension »Danton's Tod, von Georg Büchner«, die erste öffentliche Äußerung zu dem Drama, erschien am 11. Juli 1835 im *Literatur-Blatt* des *Phönix*. Die Schlusspassage lautet (Funk, L3: 2002, 182): »Wer so sehr an der Fähigkeit der Deutschen, sich mit Geist, Grazie, kurz mit Styl auszudrücken, verzweifeln muß, wie der Herausgeber einer kritischen Revüe der täglich aufwuchernden literarischen Erscheinungen, muß bei der Beurtheilung eines Buches, wie Danton's Tod von Büchner ist, eine Freude empfinden, die viel zu nüancirt und zusammengesetzt ist, als daß ich sie hier ganz wiedergeben könnte. In Bildern und Antithesen blitzt hier alles von Witz, Geist und Eleganz. Keine verrenkten Gedanken strecken ihre lange Gestalt gen Himmel und schlottern wie gespenstische Vogelscheuchen am Winde hin und her. Keine ungebornen Embryone stehen in Spiritusgläsern um uns herum und beleidigen das Auge durch ihre Unschönheit, sie mögen auf noch so tiefe Entdeckungen zu deuten scheinen. Es ist Alles ganz, fertig, abgerundet. Staub und Schutt, das Atelier des Geistes sieht man nicht. Ich wüßte nicht, worin anders das Kennzeichen eines literarischen Genies besteht. Als ein solches muß man Georg Büchner mit seiner Ideenfülle, seiner erhabenen Auffassung, mit seinem Witz und Humor begrüßen. Was ist Immermanns monotone Jambenclassicität, was ist Grabbe's wahnwitzige Mischung des Trivialen mit dem Regellosen gegen diesen jugendlichen Genius! / Ich bin stolz darauf, der Erste gewesen zu sein, der im literarischen Verkehr und Gespräch den Namen Georg Büchner's genannt hat.«

20f. *Dichter [...] nichts, als ein Geschichtschreiber:* In der von klassizistisch orientierten Dramatikern normativ rezipierten *Poetik* des Aristoteles war dagegen postuliert, dass es »nicht Aufgabe des Dichters ist mitzuteilen, was wirklich geschehen ist, sondern vielmehr, was geschehen könnte [...]. Denn der Geschichtsschreiber und der Dichter unterscheiden sich [...] dadurch, daß der eine das wirklich Geschehene mitteilt, der andere, was geschehen könnte.« (Aristoteles, L2: 1994, 29.) Büchner orientiert sich dramentheoretisch am Sturm und Drang, an Lenz, der in seiner *Rezension des Neuen Menoza* erklärt hatte: »Ich kann dafür nicht, wenn andre« in einer der Figuren einen »Bösewicht zu finden glauben, da wir doch Dichtungen dieser Art [...] durch die Erfahrung häufig bestätigt finden. Glaubt man etwa, ich habe aus der Luft gegriffen, was bei mir halbe Authentizität eines Geschichtschreibers ist?« (Lenz, L2: 1992, 417.)

33 *Danton:* Georges Jacques Danton (1759–1794), einer der führenden Repräsentanten der Französischen Revolution, nach dem Sturz der Monarchie bis 1792 Justizminister der Revolutionsregierung, Initiator des Revolutionstribunals und dennoch Gegner der jakobinischen Terreur.

33f. *Danton und den Banditen der Revolution:* In *Danton's Tod* I/5 sagt Lacroix zu Danton: »Man nennt uns Spitzbuben und [...] es ist, unter uns gesagt, so halbwegs was Wahres dran.« (DT 24.)

54 *Zeter schreien:* Im Sinne von ›jemanden bezichtigen‹ eine Redensart, die einerseits bibelsprachlich geprägt ist (vgl. AT, Jeremia 12,6), andererseits tradierte Rechtspraxis sprachlich aufgreift, wenn sie auf einen »Übelthäter« zielt – »Zeter über ihn schreyen, welche Bedeutung nur noch in der Gerichtssprache [...] üblich ist.« (Adelung 1, 906.)

60f. *Idealdichter:* Seine Missbilligung idealistischer Kunst hat Büchner auch im Kunstgespräch von *Danton's Tod* II/3 formuliert: »ein Ideal! [...] ach die Kunst!« (DT 38), dann im Kunstgespräch des *Lenz*: »Da wolle man idealistische Gestalten, aber alles, was ich davon gesehen, sind Holzpuppen. Dieser Idealismus ist die schmählichste Verachtung der menschlichen Natur.« (Lz 14.) Büchner orientiert sich poetologisch an Lenz, der sich in seinen *Anmerkungen übers Theater* über die »idealischen« Dichter lustig macht, die »zehn Jahre an einem Ideal der Schönheit [...] zirkeln, das endlich doch nur in dem Hirn des Künstlers, der es hervorgebracht, ein solches ist.« (Lenz, L2: 1992, 381.)

61f. *Marionetten:* Im Kunstgespräch in *Danton's Tod* II/3 spricht Camille Desmoulins kritisch über die Figuren klassizistischer Dramen, diese seien jeweils »eine Marionette, wo man den Strick hereinhängen sieht, an dem sie gezerrt wird und deren Gelenke bei jedem Schritt in fünffüßigen Jamben krachen« und dies nenne man dann »ein Ideal!« (DT 37f.) Zur Puppen- und Marionettenmetaphorik siehe auch das »Puppenspiel« in Brief 51.

66 *halte viel auf Goethe:* Johann Wolfgang Goethe (1749–1832) – gemeint ist der junge Autor des Sturm und Drang, nicht der Repräsentant der Weimarer Klassik.

67 *Shakspeare:* Über den englischen Dramatiker William Shakespeare (1564–1616) als sein Vorbild hat sich Büchner immer wieder enthusiastisch geäußert. »Shakspeare war sein Ideal« (N18), erklärte Ludwig Büchner.
sehr wenig auf Schiller: Friedrich Schiller (1759–1805) – allenfalls den frühen Dramatiker mit seinen dem Sturm und Drang verpflichteten Stücken dürfte Büchner gelten gelassen haben, keinesfalls jedoch den idealistischen Dichter und Repräsentanten der Weimarer Klassik.

75f. *Blitzstrahl [...] vor einigen Tagen das Münster getroffen:* Im Turm des Münsters war im Laufe der Jahrhunderte immer wieder der Blitz eingeschlagen und hatte schwerste Schäden verursacht. Obwohl seit 1780 diskutiert wurde, einen Blitzableiter zu installieren, war die Kathedrale noch in der ersten Hälfte des 19. Jahrhunderts weitgehend ungeschützt (vgl. Schuler, L2: 1817, 20–23). Nach dem schweren Blitzeinschlag vom 14. August 1833 war ein Blitzableiter in konkreter Planung, aber noch nicht ausgeführt, als am 19. Juli 1835 erneut ein Blitz verheerend in den damals höchsten Turm Europas einschlug (Daten nach T.M. Mayer; vgl. Friedrich, L3: 1990, 337). Bald darauf war dann »der Thurm gleichsam mit einem Netz von Blitzableitern umgeben.« (Baedeker, L2: 1856, 8.)

79 *seit Wächtersgedenken:* Der sonst nicht überlieferte Ausdruck

meint entweder ›seit Menschengedenken‹ oder aber daran anklingend die Erinnerung der beiden Wächter des Münsters, Berthot und Guérin (Namen nach T.M. Mayer; vgl. Friedrich: L3: 1990, 337), an ein solches katastrophales Ereignis.

84f. *Nievergelder:* Ludwig Nievergelder (1813–?), genannt »Fasan« (siehe Brief 75), Sohn des großherzoglichen Fasaneriemeisters, Mitschüler Büchners, studierte Forstwirtschaft in Gießen, an der Befreiung von Wilhelm Schulz aus dem Gefängnis in Babenhausen beteiligt, Mitglied der ›Gesellschaft der Menschenrechte‹ in Darmstadt.

32.

Text nach D[1] (N28). Der Auszug entstammt der Einleitung zufolge einem Brief an Wilhelm Büchner. Nachdem der Herausgeber aus einem Brief Büchners an Gutzkow zu den Bedingungen einer Revolution zitiert hat (hier: Brief 71), leitet er das Zitat mit folgendem Hinweis auf den Adressaten ein: »An seinen Bruder schreibt Büchner über den nämlichen Gegenstand: [*Es folgt in An- und Abführungszeichen der Briefauszug.*]« Datierung (im Zusammenhang mit dem folgenden Brief 33): »Frühestens Juli bis September, vielleicht Ende Juli 1835.« (Mayer/Papst, L3: 1993, 149.) Vgl. dagegen die Datierungen »März (?) 1835« (BW 60) und »April/Juli 1835« (FA 402), die den Überlieferungskontext unberücksichtigt lassen. Vermutlich stammt das Fragment aus demselben Brief an Wilhelm Büchner, »vielleicht zum Geburtstag des Bruders [...] am 2. August 1835« (Mayer, L3: 1993, 43), wie das dann folgende Fragment (hier: Brief 33). Zum Adressaten: Wilhelm Büchner erinnerte sich (am 9. November 1878 im Brief an Franzos), er sei »vor der Flucht« seines »Bruders Georg« derjenige gewesen, »welcher in seine politischen Verwicklungen der damaligen Zeit wie seine Pläne zu flüchten am tiefsten eingeweiht war.« (MA 379.) Im Frühjahr 1835 hatte er sich geistesgegenwärtig und tapfer bei der drohenden Verhaftung, die dem ›jungen Büchner‹ galt, in Darmstadt vor dem Untersuchungsrichter als sein Bruder ausgegeben, so dass dieser Zeit zur Flucht gewann.

9f. *liberale Partei:* siehe zu 8,6f.

33.

Text nach D[1] (N 28). Der Auszug entstammt dem Kontext in der Einleitung zufolge einem Brief an Wilhelm Büchner. »An seinen Bruder schreibt Büchner [...]: [...].« So hatte der Herausgeber einen unmittelbar davor zitierten Brief Büchners eingeleitet (hier: Brief 32), um gleich nach diesem Briefzitat die einleitenden Worte zu setzen: »– An einer andern Stelle: [*Es folgt in An- und Abführungszeichen der Briefauszug.*]« Datierung: »Frühestens Juli bis September, vielleicht Ende Juli 1835.« (Mayer/Papst, L3: 1993, 149.) Vermutlich stammen beide Zitate aus demselben Brief. Es liegt nahe, »beide Fragmente [...] als Teil eines einzigen, an Wilhelm Büchner gerichteten Briefes zu beurteilen [...]: Ludwig Büchner hatte das erste Fragment aus einem Brief an den Bruder Wilhelm zitiert, das zweite unmittelbar im Anschluß daran mit der Überleitung ›An einer anderen Stelle:‹ [...]. Dies ist mehrdeutig, kann aber ohne weiteres heißen: an einer anderen Stelle desselben Briefes.« (Mayer, L3: 1993, 43.)

5 *babylonische Verwirrung:* siehe zu 2,3 f.

34.

Text nach D[1] (N 267–269, »Briefe«). Textkonstitution: 32 *Gefangenenkost:* in der Vorlage: »Gefangenkost«.

1 *Anfangs August 1835:* Vermutlich »um den 5.–10. August 1835.« (Mayer/Papst, L3: 1993, 149.)

11 f. *seit längerer Zeit keine Briefe [...] durch die Post erhalten:* Der vorliegende Brief ist daher in Umgehung der Zensur nicht per Post, sondern auf anderen Wegen übermittelt worden.

16 *Sohn des Professor Vogt:* Carl Vogt (1817–1895), der in Gießen zunächst Medizin, dann Chemie studierte, war der Sohn des Gießener Professors Philipp Friedrich Wilhelm Vogt (siehe zu 13,5).

17 *Verhaftungen dreier Familienväter:* vermutlich der Rödelheimer Pfarrer Thudichum (siehe zu 29,35 f.), über dessen Verhaftung Büchner bereits früher informiert war, außerdem der Lithograph und Buchdrucker Friedrich Schneider, verhaftet am 29. Juli 1835, und der Frankfurter Buchhändler Johann Valentin Meidinger (1797–1851), verhaftet am 8. Juli 1835.

19 *eine Schwester:* Wilhelmine Neuhof, eine Schwester von Georg Neuhof, verhaftet am 3. August 1835.

20 *Neuhof:* Georg Neuhof, Gastwirtssohn aus Bonames, einer der Anführer des Frankfurter Wachensturms.

21–23 *Frauenzimmer aus Gießen […] die ....:* Da der Herausgeber den Namen getilgt hat, ist diese Frau nicht zu ermitteln.

22 *Darmstädter Arresthaus:* siehe zu 13,7.

37 *Höllenmaschine:* »maschine, bestimmt um eine furchtbare explosion zu bewirken und dazu mit sprenggeschossen angefüllt.« (Grimm 10, 1753.)

Höllenmaschine in Paris: Am 28. Juli 1835, dem Jahrestag der Julirevolution, als Louis Philippe nach Abnahme einer Truppenparade mit seiner Eskorte über den Boulevard du Temple kam, detonierte in seiner unmittelbaren Nähe eine aus mehreren Gewehren gebastelte Höllenmaschine; die Explosion forderte 19 Tote und 30 Verletzte, darunter den schwer verletzten Täter, der die Höllenmaschine mit Hilfe von zwei Komplizen hergestellt hatte (vgl. Giesselmann, L3: 1993, 362). Der König wurde nicht verletzt. Der Anschlag erregte großes Aufsehen.

38 *Gesetz-Entwürfe über die Presse:* Laut dem am 9. September 1835 verabschiedeten Gesetz »sollen Zeichnungen, Kupferstiche, Lithographien, Medaillen oder Emblemen von welcher Art und Gattung sie auch seien, ohne vorhergegangene Genehmigung des Ministers des Innern in Paris oder des Präfecten in den Departements nicht erscheinen, ausgestellt oder verkauft werden können.« (*Bibliopolisches Jahrbuch für 1836*, Leipzig [1836], S. XLI.)

40 *der Thäter:* Giuseppe Fieschi (1790–1836), »ledig, geboren in Korsika, ohne festen Beruf.« (Giesselmann, L3: 1993, 362.) Er wurde mit seinen beiden Komplizen am 19. Februar 1836 hingerichtet.

44 *Carlisten:* Anhänger des durch die Julirevolution vertriebenen letzten Bourbonen-Königs Karl X.

53 *Revue:* »Heerschau, […] die Musterung oder feyerliche Besichtigung eines Kriegesheeres; Franz. die Revue.« (Adelung 2, 1054.)

Revue in Kalisch: Offenbar war das geplante bombastische Spektakel, ein mit rund 60000 Männern, mehr als 7000 Pferden und etwa 136 Kanonen Unsummen kostendes Manöver mit repräsentativem Militärkonzert und großem Feuerwerk am Schluss, welches Russland und Preußen in »Kalisch oder Kalisz«, der »Hauptstadt der poln. Wojewodschaft gleiches Namens« und »denkwürdig wegen des dasigen Allianztractats zwischen Preußen und Russland vom 28. Febr. 1813« (Brockhaus 6, 16), dann zur Besiegelung ihrer Allianz vom 12. bis 22. September 1835 veranstalteten, bereits in der öffentlichen Diskussion.

55 *Höllenmaschine unter Bonaparte:* Am 24. Dezember 1800 hatten Royalisten einen Bombenanschlag auf Napoleon Bonaparte (1769–1821), damals Erster Konsul der Republik Frankreich, verübt, dem er unverletzt entkam.

55f. *Rastadter Gesandtenmord:* Nach den ergebnislosen Verhandlungen des Rastatter Kongresses vom 9. Dezember 1797 bis zum 23. April 1799 über eine Entschädigung der deutschen Fürsten für die Abtretung des linken Rheinufers an Frankreich begaben sich die französischen Gesandten »am Abend des 28. Aprils 1799« auf die Rückreise nach Straßburg, wurden aber kurz hinter »Rastadt [...] meuterisch überfallen, ermordet und aller ihrer Papiere beraubt. [...] In Frankreich war man sehr geneigt, diesen Gesandtenmord dem Wiener Hofe zur Last zu legen [...]; die schreckliche That ist [...] nicht aufgeklärt worden.« (Ersch/Gruber, L2: 1823, 410.)

57 *die absoluten Mächte:* Russland, Österreich, Preußen.

69 *Legitimisten:* Anhänger der entthronten Bourbonen.

35.

Text nach D[1] (N269f., »Briefe«).

14 *Prinzen Emil:* Prinz Emil Maximilian von Hessen (1790–1856), seit 1832 Präsident der Ersten hessischen Kammer, jüngster Bruder des Großherzogs Ludwig II. mit großem Einfluss auf diesen.

15f. *Präfecten:* siehe zu 11,56.

36.

Text nach D[1] (N270, »Briefe«).

3 *deutsche Revue:* Gutzkow hatte Büchner am 28. August 1835 darüber informiert, dass er sein »Literaturblatt am Phönix preisgegeben habe« (und damit die Zusammenarbeit mit Sauerländer), es »ennuyirte mich, der Dullerschen Sozietät wegen«, dass er aber »gesonnen« sei, »noch vor dem neuen Jahre selbst ein Journal mit meinem Freunde L. Wienbarg zu ediren. Der Titel wird seyn: Deutsche Revüe: die Form, wöchentlich ein

Heft.« (BW 78.) Siehe zu der geplanten Zeitschrift im Verlag von Zacharias Löwenthal in Mannheim auch die Briefe 37, 38 und 39.

5 *Wienbarg:* Ludolf Wienbarg (1802–1872).

6f. *zu monatlichen Beiträgen aufgefordert:* Gutzkow hatte Büchner am 28. August 1835 mit Blick auf die *Deutsche Revue* zu verstehen gegeben: »Ich gestehe aufrichtig, daß ich mich bei diesem Unternehmen ernstlich auf Sie verlassen möchte. Schreiben Sie mir so bald Sie können [...], ob ich, monatlich wenigstens 1 Artikel (spekulativ, poetisch, kritisch, quidquid fert animus) von Ihnen erwarten darf? Mit den buchhändlerischen Bedingungen werden Sie zufrieden seyn.« (BW 78.)

10f. *Ende des Jahres noch etwas von mir erscheint:* Wahrscheinlich denkt Büchner an sein *Lenz*-Projekt, zu dem Gutzkow ihn wiederholt ermutigt hat. Zuerst am 12. Mai 1835: »Ihre Novelle Lenz soll jedenfalls, weil Straßburg dazu anregt, den gestrandeten Poeten zum Vorwurf haben? Ich freue mich, wenn Sie schaffen. Einen Verleger geb' ich Ihnen sogleich.« (BW 68.) Dann nochmals am 23. Juli 1835 in deutlicherer Anspielung auf den neuen Verleger Löwenthal: »Geben Sie bald ein zweites Buch: Ihren Lenz, (für den ich schon einen bessern Verleger habe)« (BW 73).

11 *Kl... also frei?:* siehe zu Clemm die Briefe 26, 29 und 30. »Am 23. August 1835 wurde [...] Clemm seiner Haft entlassen.« (Noellner, L 2: 1844, 235.)

20 *Gladbach:* Georg Gladbach (1811–1883), Absolvent des Darmstädter Gymnasiums, der wegen Beteiligung am Frankfurter Wachensturm noch immer in Untersuchungshaft saß (siehe zu 16,7f.).

37.

Text nach D^1 (N 271, »Briefe«).

2 *interessante Notizen:* Büchner hatte von August Stoeber, dessen Vater Ehrenfried Stoeber den Nachlass des 1826 verstorbenen Pfarrers Johann Friedrich Oberlin verwaltete, Oberlins Bericht *Herr L......* über den Aufenthalt des Dichters J. M. R. Lenz vom 20. Januar bis zum 8. Februar 1778 im Steintal erhalten, die Hauptquelle des *Lenz*. Durch Stoeber hatte er noch weitere Lenziana zur Verfügung, etwa die von Stoeber mit einem einleitenden Artikel »Der Dichter Lenz« im *Morgenblatt für gebildete*

Stände vom 19. Oktober bis zum 10. Dezember 1831 in Fortsetzungen publizierten Briefe von Lenz an Salzmann.

3–5 *Freund Goethe's […] sich gleichzeitig mit Goethe hier aufhielt:* Lenz lebte von 1771 bis 1776 in Straßburg, das Goethe im August 1771 verließ. Über die Freundschaft zwischen Goethe und Lenz und überhaupt über den Sturm und Drang in Straßburg war Büchner durch den an lokaler Literaturgeschichte interessierten Stoeber unterrichtet, außerdem durch die distanzierende Darstellung Goethes in *Dichtung und Wahrheit*. Dort war Goethe auch auf seine frühere Freundschaft zu Lenz zu sprechen gekommen: »Ich lernte ihn erst gegen das Ende meines Straßburger Aufenthalts kennen. Wir sahen uns selten […], aber wir suchten doch Gelegenheit uns zu treffen, und teilten uns einander gern mit, weil wir, als gleichzeitige Jünglinge, ähnliche Gesinnungen hegten.« (Goethe, L2: 1998, 531.)

3 *unglücklichen Poeten:* »Den unglücklichen, fast bis auf den Namen verschollenen Dichter Lenz« – so beginnt August Stoebers Artikel »Der Dichter Lenz« im *Morgenblatt für gebildete Stände* vom 19. Oktober 1831 (Nr. 250, S. 997). »L'infortuné Lenz« (Stoeber, L2: 1831, 215) – so hatte auch Ehrenfried Stoeber den Dichter in seiner Oberlin-Biographie charakterisiert.

4 *Lenz:* Jacob Michael Reinhold Lenz (1751–1792), eines der jungen Genies der 1770er Jahre, war weitgehend in Vergessenheit geraten. Allerdings hatte Tieck 1828 eine dreibändige Ausgabe veröffentlicht, die Büchner kannte. Vgl. Ludwig Tieck (Hrsg.), *Gesammelte Schriften, von J. M. R. Lenz*, 3 Bde., Berlin 1828.

5 *halb verrückt:* vgl. die entsprechende Einschätzung »halb wahnsinnig« (Lz 22) im *Lenz*.

6 *Aufsatz in der deutschen Revue:* Büchner hatte zunächst Beiträge für die *Deutsche Revue* (siehe zu 36,3) abgesagt, es sich nach Gutzkows Brief vom 28. September 1835 aber anders überlegt. Gutzkow schrieb: »Sie erbauen weder mich, noch meinen Plan durch Ihren jüngsten, doch so willkommnen Brief. Ich hatte sicher auf Sie gerechnet, ich spekulirte auf lauter Jungfernerzeugnisse, Gedankenblitze aus erster Hand, Lenziana, subjektiv & objektiv: Sie können auch Ihre abschlägige Antwort nicht so rund gemeint haben […]. Die Deutsche Revüe wird großartig verbreitet, sie zahlt für den 8°Bogen 2 Friedr. d'ors. Sie hat einige glänzende Aushängeschilde von Namen, welche sogar das alte u besorgliche Publikum anlocken. In der That, lieber Büchner, häuten Sie sich zum 2ten Male: geben Sie uns, wenn weiter nichts

im Anfang, Erinnerungen an Lenz: da scheinen Sie Thatsachen zu haben, die leicht aufgezeichnet sind. Ihr Name ist einmal heraus, jetzt fangen Sie an, geniale Beweise für denselben zu führen.« (BW 82.)

7–9 *Stoff zu einer Abhandlung über einen philosophischen oder naturhistorischen Gegenstand:* Büchners Dissertation (siehe die Briefe 64, 74, 77, 79) über das Nervensystem der Barbe hatte dann eine ›partie descriptive‹ und eine ›partie philosophique‹ (vgl. GW 6).

10f. *Leute, die mir eine glänzende Zukunft prophezeien:* vermutlich Lauth und Duvernoy (siehe Brief 29).

38.

Text nach D[1] (N 271 f., »Briefe«).

9–12 *Schweiz [...] nächste Ostern:* Büchner blieb dann doch bis zum Herbst in Straßburg und reiste erst am 18. Oktober 1836 nach Zürich ab (siehe Brief 46).

10f. *noch vor Neujahr von der Züricher Facultät den Doctorhut erhielte:* dies war dann erst am 3. September 1836 der Fall (siehe Brief 78).

15–21 *mein Name in der Allgemeinen Zeitung [...] Heine, Börne, Mundt, Schulz, Büchner:* Büchner verweist auf die von Gutzkow und Wienbarg unterzeichnete »Erklärung« in der *Außerordentlichen Beilage zur Allgemeinen Zeitung* vom 26. Oktober 1835 (Nr. 430, S 1720): »Die Unterzeichneten können nicht so grausam seyn, von Hrn. Menzel in Stuttgart, einem Manne, der sich nur noch durch verzweifelte Konsequenz erhalt, die plözliche Zurüknahme seiner ästhetischen, politischen, historischen und religiösen Irrthümer zu verlangen. Noch einige Frist gestatten sie ihm, um seine früher gegen sie vorgebrachten Motive zu paraphrasiren. Lächelnd sehen sie zu, wie Hr. Menzel sich selbst als ›dem alten bewährten Kämpfer‹ vertraulich auf die Schultern klopft, wie er durch Erwähnung des Dr. Kühne Zwiespalt in unsere Reihen bringen will, und sich auf Schriften beruft, welche nur in unserm Interesse geschrieben sind. Worauf wir allein antworten, ist die Verunglimpfung eines unter dem Namen: deutsche Revue demnächst erscheinenden Journals, welches, wenn man Menzels Rodomontaden glauben dürfte, ohne anderweitige litterarische Beihülfe bleiben würde, weil es von den Unterzeichneten ausginge. Wenn wir die empfangene Zusage der Herren Börne, Heine, Laube, Mundt, Veit, Varnhagen von Ense, Grabbe, Spazier, König, Kottenkamp, Lewald, Kolloff, Zimmermann, Beurmann, G. Büchner und W. Schulz erwähnen, wenn auch Universitätsprofessoren, wie Gans, Hotho, Schwenck, Ulrici, Rosenkranz, Fortlage, Bobrit, Trendelenburg Theil zu nehmen versprochen haben, so wird sich Hr. Menzel eine Vorstellung von dem Erfolge machen können, den wir troz seiner Angriffe in der öffentlichen Meynung gewinnen werden.« Vor allem die ersten drei von Büchner genannten Namen, Heinrich Heine (1797–1856), Ludwig Börne (1786–1837) und Theodor Mundt (1808–1861), waren prominent und einschlägig für die literarische Kritik an den politischen Zuständen in Deutschland.

17 *deutsche Revue:* siehe zu 36,3. Der in 4000 Exemplaren im November 1835 hergestellte Prospekt für die *Deutsche Revue*, eines »großartigen Unternehmens«, wie es dort heißt, das »die ausgezeichnetsten literarischen Phänomene Deutschlands für sich zu gewinnen« trachte, um damit »alle geistigen Bestrebungen der Nation dem Auslande repräsentieren, und dadurch eine europäische Stellung einnehmen« zu können, erwähnt unter den Beiträgern des Blattes neben Börne, Heine, Grabbe, Mundt, Laube und anderen Autoren auch »Georg Büchner, der Verfasser von Dantons Tod« (Estermann, L 2: 1971, 92).

17 f. *Artikel zu liefern versprochen:* siehe zu 37,6.

18 f. *schon vor seinem Erscheinen angegriffen:* der Angriff von Wolfgang Menzel (1798–1873), einflussreicher Redakteur des Cotta'schen *Literatur-Blatts* (der Beilage zum *Morgenblatt für gebildete Stände*), der sich als Gegner Goethes einen Namen gemacht hatte, zunächst eine liberale Position vertreten hatte und sich um 1834/35 zum konservativen Verfechter einer christlich verbrämten Deutschtümelei wandelte. Menzel, ehedem Gutzkows Förderer, hatte in seiner groß angelegten Polemik gegen Gutzkows Roman *Wally, die Zweiflerin* (am 12. August 1835 als erste Veröffentlichung von Löwenthals Verlag in Mannheim erschienen) im *Literatur-Blatt* vom 11. und 14. September 1835 den Autor persönlich diffamiert, den Verriss des Romans mit einer Fülle von Bibelzitaten abgeschlossen und mitten im Text auch die geplante *Deutsche Revue* angegriffen, indem er schrieb, dass »die Frechheit sich immer wieder ein neues Organ zu schaffen bemüht ist. Kaum ist das Gift an einem Orte ausgeschwitzt,

so legt es sich an dem andern wieder an. Unstet und flüchtig, ein böser Geist überall, wo es hinkommt, und immer bald ausgetrieben, ist es gleichwohl vorhanden und täuscht die Unerfahrenen. Der ›Phönix‹ hat seine tausendjährige Periode nicht abgewartet, um sich zu verjüngen, schon in wenigen Monaten vertrug er das Gift seines Literatur-Blatts nicht mehr. Nichtsdestoweniger droht uns Gutzkow mit einer neuen literarischen Revue im großen Stil, mit einem mächtigen Organ des sogenannten jungen Deutschland, das große Wunder wirken und alles umgestalten soll im alten Deutschland. / Aber ich will meinen Fuß hineinsetzen in euern Schlamm, wohl wissend, daß ich mich besudle. Ich will den Kopf der Schlange zertreten, die im Miste der Wollust sich wärmt.« (Gutzkow, L2, 1998, 283.) Gutzkow hatte Büchner am 28. September 1835 zu dieser Polemik geschrieben: »Von Menzels elendem Angriffe auf meine Person werden Sie gehört haben. [...] Ich kann nichts Besseres thun, als aus seiner Infamie eine literarische Streitfrage machen. Zeit ist's, endlich einmal die Menzelsche Stellung zu revidiren [...]. Am 1 Dez. erscheint das 1ste Heft der Revüe. Benimmt sich Menzel nicht, als woll' er sagen: ›O Herr Zebaoth, siehe, sie wollen herausgeben ein Blatt, das da heißet: Deutsche Revue u soll es erscheinen wöchentlich einmal! spricht der Herr: Sela.‹« (BW 82f.)

23f. *Minnigerode [...] im Temps ein Artikel:* In der Pariser Tageszeitung *Le Temps*, die zur Regierungspresse gehörte, war am 24. Oktober 1835 (Nr. 2197, Sp. 34103f.) ein auf den »14 Octobre« datierter Artikel »Découverte d'une conspiration dans la Hesse ducale« (›Aufdeckung einer Verschwörung im Großherzogtum Hessen‹) erschienen, in dem in der damals üblichen Form eines Korrespondentenberichts (»Correspondance Privée«) und mit der in diesem Fall vielleicht fiktiven Angabe über den Ort des Berichterstatters, »Mayence« (Mainz), ungewöhnlich detailliert über die Verfolgung und Inhaftierung der politischen Freunde Büchners berichtet worden ist (vgl. Fischer, L2: 1972, 86–88). Den Gefangenen habe man weder Beleidigungen noch Misshandlungen (»ni les insultes, ni les mauvais traitements«) erspart. Über den namentlich nicht genannten Minnigerode (siehe zu 21,2–4) wird gesagt, dass er, noch nicht einmal 20 Jahre alt, dem grausamen Stumpfsinn seiner sogenannten Richter die Stirn bietet, die die Niedertracht so weit getrieben haben, ihn in seinem Gefängnis mit Stöcken zusammenschlagen zu lassen. (»L'un d'eux, jeune homme qui n'a pas encore atteint sa vingtième année, brave la stupidité féroce de ses soi-disant juges, qui ont poussé l'infamie jusqu'à le faire bâtonner dans sa prison.«) Die Angaben über den Denunzianten, den gleichfalls namentlich nicht genannten Clemm (siehe die Briefe 26, 29, 30) und seine adelige Geliebte, Emilie von Grolman (siehe Brief 29), gehen so sehr ins persönliche Detail, dass die Information nur aus dem engsten Büchner-Kreis stammen kann, wenn nicht gar von Büchner selbst.

39.

Text nach D[1] (N 272–274, »Briefe«).

2 *Verbot der deutschen Revue:* Das Erscheinen der Zeitschrift (siehe zu 36,3 sowie die Briefe 37 und 38) war nach dem generellen Verbot aller jungdeutschen Schriften in Preußen vom 14. November 1835 unmöglich geworden.

3 f. *Artikel, die für sie bereit lagen, kann ich an den Phönix schicken:* Dies hat Büchner nicht getan. Der für die *Deutsche Revue* bestimmte Prosatext lag erst in »Bruchstücken« (Andler, L 1: 1897, 193) vor, die Fragment blieben, von Wilhelmine Jaeglé nach Büchners Tod abgeschrieben und an Gutzkow geschickt wurden, der sie 1839 unter dem Titel *Lenz. Eine Reliquie von Georg Büchner* postum publizierte (vgl. GW 8).

5–7 *König von X..... […] unsittliche […] Biographie:* Ludwig I. (1786–1868), König von Bayern, seit 1825 auf dem Thron, ist im *Hessischen Landboten* beschrieben: »Sehet an das von Gott gezeichnete Scheusal, den König Ludwig von Baiern, […] das Schwein, das sich in allen Lasterpfützen von Italien wälzte« (HL 30). Während seiner häufigen Kunstreisen nach Italien traf der bayrische König sich mit seiner Freundin, der Marchesa Marianna Florenzi; darin »sah die Volksstimmung ein ›ausschweifendes Leben […]‹. In Schmähschriften wurde Ludwig I. wegen seiner ›Weibergeschichten‹ gelegentlich als ›[…] Hurenbock‹ bezeichnet.« (Schaub, L 2: 1996, 70.)

6 *läßt unsittliche Bücher verbieten:* Gutzkows Roman *Wally, die Zweiflerin*, dem Menzel in seiner polemischen Besprechung vom 11. und 14. September 1835 (siehe zu 38,18 f.), die einen heftigen Literaturstreit auslöste und zum Verbot aller Schriften des Jungen Deutschland führte, vorgeworfen hatte, er sei »unsittlich« (Gutzkow, L 2: 1998, 283), war am 17. Oktober 1835 in München konfisziert worden.

7f. *das Schmutzigste, was je geschrieben:* Bereits in seiner polemischen Rezension (siehe zu 38,18f.), mit der er seine Diffamierungskampagne gegen Gutzkow einleitete, hatte Menzel *Wally, die Zweiflerin* mehrfach als »Schmutzroman« (Gutzkow, L2: 1998, 282, 288) bezeichnet und von »Schmutz« (ebd. 278) gesprochen.

8f. *Großherzog von Y….:* Leopold von Baden (1790–1852), Großherzog von Baden seit 1830.

9 *M……:* Mopsorden. Der »Mopsorden«, benannt nach der Hunderasse, zusammengesetzt aus Männern und Frauen und charakterisiert durch erotische Libertinage des Adels in komischer Verkleidung, war ein »Ding zum Scherz, welches« der »Herzog von Bayern […] ums Jahr 1740 errichtete. […] Er wünschte […] eine geheime Gesellschaft zu haben, und als ein großer Verehrer des schönen Geschlechts, wollte er dasselbe unverzüglich mit in Verbindung setzen. So entstand der lächerliche Mopsorden, und breitete sich dadurch in Deutschland und Frankreich aus.« (Donndorff, L2: 1818, 289.)

10 *Ritter vom heiligen Geist:* Der Orden vom Heiligen Geist (Ordre du Saint-Esprit) war bis zur Französischen Revolution der bedeutendste Ritterorden Frankreichs, dessen Mitglieder katholisch und adelig sein mussten. Während der Restauration wieder zugelassen, wurde er seit der Julirevolution von 1830 nicht mehr verliehen.

10f. *läßt Gutzkow arretiren:* Am 27. November 1835 wurde die Untersuchung gegen Gutzkow und Löwenthal eingeleitet, am 30. November wurde Gutzkow verhaftet und vor dem Mannheimer Stadtgericht verhört. Die Anklage nach knapp 6 Wochen Untersuchungshaft lautete dann am 8. Januar 1836 auf Gotteslästerung, Verächtlichmachung des christlichen Glaubens und der Kirche, Darstellung unzüchtiger Gegenstände.

11 *der liebe deutsche Michel:* Die nationale Allegorie ›deutscher Michel‹ – »bezeichnung eines biedern, gutmütigen, aber unbeholfenen, unwissenden, geistig beschrankten menschen« (Grimm 12, 2168) – hatte als Kollektivsymbol für das unpolitische deutsche Volk im Vormärz größte Verbreitung.

11f. *es geschähe Alles aus Religion und Christenthum:* Vordergründig hatte Menzel in seiner Rezension vom 11. und 14. September 1835 (siehe zu 38,18f.), deren Argumentation zahlreiche weitere Stellungnahmen innerhalb des Literaturstreits um *Wally, die Zweiflerin* folgten, vor allem »Unzucht und Gotteslästerung«

(Gutzkow, L 2: 1998, 281) gegeißelt, damit aber die politische Tendenz gemeint: »jetzt, da [...] Herr Gutzkow es unternommen hat, an der Spitze eines sogenannten jungen Deutschland unsere bisherige Sitte und Denkart zu reformieren«, wolle er zusehen, dass »Schändlichkeiten dieser Art nicht ungestraft die deutsche Literatur entweihen« (ebd. 276) und gegen den »frechen Gotteslästerer« (ebd. 278) angehen, denn der Roman sei »eine potenzierte Nachahmung der neufranzösischen Frechheit« (ebd. 282). Was Menzel darunter verstand, hatte er in seinem Artikel »Unmoralische Literatur« am 23. Oktober 1835 nachgeschoben: »Unter der Maske des französischen Republikanismus schwärzt diese neue Frankfurter Läster- und Lasterschule eine furchtbare Unzucht ein. Das Fleisch, die freie Sinnlichkeit, die Aufhebung der Ehe sind ihre Schlagwörter« (ebd. 346), und diese solle an »die Stelle des Christentums« (ebd. 344) treten.

12 *Religion und Christenthum:* möglicherweise ironische Anspielung auf den Abschnitt »Geständnisse über Religion und Christentum« gegen Ende des Romans *Wally, die Zweiflerin* (vgl. Gutzkow, L 2: 1998, 106–124).

13 *Ich kenne die Bücher nicht:* Das dürfte kaum stimmen.

14 f. *zu theuer: Wally, die Zweiflerin* kostete einem Brief des Verlegers Löwenthal vom 4. November 1835 zufolge »1 Thaler 18 Gr.« (Gutzkow, L 2: 1998, 448). Einem Konfidentenbericht vom 9. Dezember 1835 zufolge war der Roman »total [...] vergriffen, denn es waren die Buchhändler nicht imstande, die im geheimen von Privaten begehrten Exemplare für den zwei- und dreifachen Preis – sie kostet drei Gulden – zu liefern.« (Gutzkow, L 2: 268.)

17 *Sophismen:* Trugschlüsse oder Spitzfindigkeiten.

22 *von einem deutschen Gefängniß aus:* Am 4. Dezember 1835 schrieb Gutzkow aus Mannheim an Büchner: »Ich sitz' im Gefängniß – wie u wodurch das kam, ein Andermal – wenn ich mich in mein Schicksal zu finden weiß. Zunächst dieß, daß ich des Angriffes auf die Religion beschuldigt bin. Erst wollt' ich fliehen u schrieb an Mr. Boulet in Paris, für mich zu sorgen. [...] Wie glücklich sind Sie in der Freiheit! Ich sehe voraus, daß ich lange werde geplagt werden. Menzel hat mich so weit gebracht. Ich bin zusammenhängender Ideen nicht fähig. Ein andermal mehr, wenn es sich aus den Eisenstäben schmuggeln läßt.« (BW 85.)

27 f. *der heiligen Dreifaltigkeit:* die christliche Lehre von der Wesenseinheit von Vater (Gott), Sohn (Jesus Christus) und Heiligem Geist (Gott).

32–34 *sogenannten Jungen Deutschland, der literarischen Partei Gutzkow's und Heine's:* Das von Wienbarg mit seiner programmatischen Schrift *Aesthetische Feldzüge. Dem jungen Deutschland gewidmet* (1834) eingeführte und im Literaturstreit um Gutzkow populär gewordene politische Etikett hatte dem Frankfurter Bundestag dazu gedient, in seinem Verbotsbeschluss vom 10. Dezember 1835 eine Gruppe von Autoren zusammenzuführen und als Bezeichnung für die oppositionelle Literatur festzuschreiben. Im Protokoll des Bundesbeschlusses vom 10. Dezember 1835 zum Verbot »der Schriften aus der unter der Bezeichnung ›das junge Deutschland‹ [...] bekannten literarischen Schule, zu welcher namentlich Heinr. Heine, Carl Gutzkow, Heinr. Laube, Ludolph Wienbarg und Theodor Mundt gehören« (Huber, L2: 1978, 151), waren neben dem Begriff für die Autorengruppe auch die beiden von Büchner genannten Autoren Gutzkow und Heine an erster Stelle als Vertreter dieser Gruppe aufgeführt.

44 *bleibe auf dem Felde des Drama's:* Büchner nimmt sich hier offenbar vor, sein Erzählprojekt *Lenz* abzubrechen. Am 6. Februar 1836 kam Gutzkow nochmals auf das Vorhaben zu sprechen: »Ich höre gern von Ihren Beschäftigungen. Eine Novelle Lenz war einmal beabsichtigt. Schrieben Sie mir nicht, daß Lenz Göthes Stelle bei Friederiken vertrat. Was Göthe von ihm in Straßburg erzählt, die Art, wie er eine ihm in Commission gegebene [Geliebt]e zu schützen suchte, ist an sich schon ein sehr geeigneter Stoff.« (BW 94.)

50 *Christkindelsmarkt:* Der Straßburger Christkindelmarkt auf dem Paradeplatz und die im Anschluss daran abgehaltene Weihnachtsmesse fanden 1835/36 vom 18. Dezember bis 9. Januar statt.

40.

Text nach H, Faksimile (BW 148f.). H: Hessische Landes- und Hochschulbibliothek Darmstadt. D[1]: Lorenz, L1: 1964, 536f. Diesen einzigen handschriftlich erhaltenen Brief Büchners an ein Familienmitglied, an den jüngeren Bruder Ludwig, hat jener 1850 nicht in die *Nachgelassenen Schriften* aufgenommen. Der undatierte Neujahrsbrief für den kleinen Bruder »ist nicht durch die Post gelaufen« (Mayer/Papst, L3: 1993, 149) und dürfte eine Beilage zum Neujahrsbrief an die Familie (hier: Brief 39) gewesen sein. Datierungen: »Ende Dezember 1835« (MA 312), »1. Januar 1836« (BW 88; FA 421), »Um den Jahreswechsel 1835/36.« (Mayer/Papst, L3: 1993, 149.)

4 *Hammelmaus:* Das »schmeichelwort für kinder« (Grimm 10, 312) zielt nach der Bezeichnung für die langbeinige Hausgrille auf Strampeln und Springen und meint also lebhafte Kinder.

8 *Louis Jaeglé:* Louis Théodore Jaeglé (1812–1856), der Bruder Wilhelmine Jaeglés.

11 *Lottchen Cellarius:* Charlotte Cellarius (1817–1853), die Klavierlehrerin seines jüngeren Bruders, kannte Büchner noch als Nachbarskind in der Grafenstraße in Darmstadt.

16 *Nächstes Frühjahr gehe ich in die Schweiz:* siehe zu 38,9–12.

17f. *Stock und Ranzen:* Wanderausrüstung.

18f. *auf das Straßburger Münster:* Die Kathedrale hatte für Büchner besondere Bedeutung (siehe die Briefe 5, 8, 31, 67, 72) und war zugleich eine touristische Sehenswürdigkeit. »Des Reisenden erste Schritte wenden sich dem Münster […] zu« (Baedeker, L2: 1856, 6), damals »das höchste Gebäude in Europa«, von dessen Turm aus sich dem Besucher »nach allen Seiten die herrlichste Aussicht« (ebd. 8) bietet.

19f. *an den Rheinfall nach Schaffhausen:* Der »schönste in Europa genannte Wasserfall« (Baedeker, L2: 1852, 31) war ebenfalls eine berühmte touristische Sehenswürdigkeit.

20f. *Vierwaldstätter-See […] Tellenplatte […] Tellskapelle:* Diese Sehenswürdigkeiten haben einen Bezug zum freiheitlichen Nationalmythos der Schweiz (die Sage vom Jäger Wilhelm Tell, der den Tyrannen Geßler in einem Hohlweg bei Küßnacht erschießt und damit das Zeichen zum Aufstand gibt), den Schiller im *Wilhelm Tell* zum Drama verarbeitet hatte. »Der Vierwaldstätter-See […] wird von keinem See in der Schweiz, ja in Europa, an erhabener grossartiger Naturschönheit erreicht. Nicht weniger anziehend sind seine Ufer durch die geschichtlichen Erinnerungen, die Schiller in seinem *Tell* so ergreifend darstellt, obgleich er nie hier war.« (Baedeker, L2: 1852, 77.) Während ein Fußweg über die »Tellsplatte« nicht »anzurathen« war, da dieser Berg »besonders bei schlechtem Wetter gefährlich ist, und einen schwindelfreien Kopf erfordert« (ebd. 79), war der Besuch der nach dem Nationalhelden benannten Kapelle empfohlen, die sich an jenem »Hohlwege« findet, wo Tells »Geschoss die Brust des Vogts« traf. »Am Ende […] steht links am Wege eine alte 1834 erneuerte

Capelle, Tells Capelle genannt, mit Frescogemälden, Gesslers Tod u.a. darstellend« und einer revolutionären »Inschrift« (ebd. 60).

24 *grauen Bieberrock:* Es ist bei diesem Kleidungsstück (wohl aus dem warmen angerauhten Baumwollflanell ›Biber‹) möglicherweise von einer von dem jüngeren Bruder »aufzutragenden, unverwüstlich-veralteten Kluft« (Mayer, L3: 1983, 279) die Rede, die bereits der ältere Bruder getragen haben könnte.

41.

Text nach D^1 (N274f., »Briefe«). – 12 *unschuldig:* in D^1 zusätzlich zur Sperrung fett.

2 *K.....r:* Heinrich Küchler (1811–1873), praktizierender Arzt in Darmstadt, war am 1. März 1836 verhaftet worden.

13 *Groß:* siehe zu 12,3.

16 *Max v. Biegeleben:* siehe zu 29,32f.

18 *Gladbach:* siehe zu 36,20.

24 *Herr J.:* möglicherweise Louis Jaeglé (siehe zu 40,8), vermutlich aber eher Johann Jacob Jaeglé (1763–1837), protestantischer Pfarrer und Vater von Wilhelmine Jaeglé, der in jungen Jahren bei einer englischen Familie Hauslehrer war und englische Lyrik übersetzt hatte, eine umfangreiche Gelehrten- und Dichterbibliothek besaß und die internationale Presse zur Kenntnis genommen haben dürfte.

englischen Blättern: In der Londoner Tageszeitung *The Times* war am 29. Februar 1836 auf Seite 3 ein Korrespondentenbericht mit folgender Vorbemerkung erschienen: »Brunswick, Feb., 1836. – We have been entertained here with a tragedy by our Royal Duke, that will prove to the world the cause of continual disagreement between the Prince and the people. The late acts of this family are convincing proofs of madness, and yet we are compelled to term it only ›passion.‹ The one is discarded for neglecting the nobility – the other will be protected for murdering his subjects! Here are the simple facts of the case –« Es folgt der Bericht: »The present reigning Duke paid court to Mrs. Methfessel (*née* Demoiselle Lehmann), and which was much countenanced by her husband. The Duke found the most convenient spot for ›making love‹ was behind the scenes, when Mrs. Methfessel was in her theatrical costume. This is a known fact. A Mr. Cornet, a celebrated singer, having quarreled with Methfessel, fell of course into disgrace with the Duke; and, to be revenged, persuades the machinery master to exhibit the lovers to the public. As a matter of joke the pour fellow agrees, and raises the curtain just at the instant when the Royal Duke and Madame Methfessel are tenderly embracing each other! Thus the actors appear upon the stage: the lady faints, the Duke cries revenge, unsheaths his sword, and passes it through the body of the machinery master, who breathes his last upon the stage – a tragic end! Unless Cornet flies, you may hear of another murder in a post or two.« In einer umfangreichen biographischen Darstellung über den Herzog von Braunschweig wird der Realitätsgehalt des Presseberichts in Zweifel gezogen (vgl. Kiekenap, L 3: 2000, 503 f.); fragwürdig ist allerdings, dass sie sich ohne jeden Vorbehalt auf die Tagebücher des Herzogs und weiteres Material aus dem Herrscherhaus beruft, widersprüchliche und unpräzise Angaben macht und auch den Artikel in der *Times* nicht kennt (vgl. Martin, L 3: 2011).

26 *Director des Theaters:* Intendant war August von Münchhausen (1789–1858).

26 f. *Theaters zu X……:* das Theater zu Braunschweig, dessen Spielplan wie üblich bei Hof- und Nationaltheatern zum großen Teil aus Opern und Singspielen bestand.

27 *Methfessel:* Albert Gottlieb Methfessel (1786–1869) war 1832 von Hamburg nach Braunschweig gegangen, um dort die Stelle als Hofkapellmeister anzutreten. Er war Musikdirektor am Braunschweiger Theater, nicht der Direktor.

30 *Herzog:* Wilhelm von Braunschweig (1806–1884), seit 1830 Herzog von Braunschweig.

30 f. *Madame Methfessel:* Emilie Louise Methfessel (geb. Lehmann, 1818–1854), Sopranistin, begann ihre Karriere als Sängerin am Hoftheater zu Braunschweig, wo sie die Schülerin Methfessels war und den Dirigenten und Musikdirektor 1834 heiratete.

34 *Schauspieler:* Der bekannte österreichische Tenor Julius Cornet (1792–1860) war seit 1832 (wieder) als Opernsänger und als Regisseur in Braunschweig engagiert.

35 f. *Maschinisten:* Der Name des ermordeten Maschinisten (Bediener der Bühnenmaschinerie, der Bühnentechnik) ist in der *Times* nicht genannt.

40 *der Schauspieler hat sich geflüchtet:* Dies hatte die *Times* berichtet.

51 *in ……:* in Darmstadt.

42.

Text nach D[1] (N 276 f., »Briefe«).

1 *im Mai 1836:* Die wahrscheinlich falsche Datierung ist nach inhaltlichen Kriterien korrigiert. Der Brief ist auf »sicher nicht vor frühestens 4./5. Juni zu datieren« und dürfte »eher in der zweiten als in der ersten Junihälfte geschrieben worden sein.« (Mayer, L 3: 1993, 90.)

3–6 *Vorfälle in Zürich [...] Verhaftungen:* Die politischen Flüchtlinge in Zürich, organisiert in den »dortigen Klubs des ›Jungen Deutschlands‹« (siehe zu 77,28 f.), verstiegen sich zu »Phantasien über einen bewaffneten Einfall nach Deutschland«, und nach einer Versammlung dieser Züricher Klubs am 15. Mai 1836 verhaftete die Kantonspolizei eine Reihe von Personen, darunter den »Mitbegründer und -anstifter, Zacharias Aldinger [...]. Ende Mai folgten weitere 27 Verhaftungen in Zürich [...] und schließlich der Zugriff der Behörden in der gesamten Schweiz.« (Mayer, L 3: 1993, 88–90.)

23 *ein gewisser Herr v. Eib:* Der angebliche Baron Carl August von Eyb war Zacharias Aldinger (1806–?), ein »agent provocateur und Hochstapler mit falschem Paß«, der »in Spitzeldiensten stand.« (Mayer, L 3: 1993, 90.)

29–31 *Schuster [...] ungarische Gräfin:* In der Beilage zur *Allgemeinen Zeitung* vom 6. Juni 1836 heißt es: »Ein keker junger Mann, der sich Baron v. Eib nannte, viel Geld zeigte, und mit einem ungarischen Frauenzimmer, die er für seine Frau ausgab, lebte, soll lediglich ein Schustergeselle seyn« (Mayer, L 3: 1993, 90). Die vorgebliche Gattin des angeblichen Barons »nannte sich Ida Szent-Györgyi« (ebd. 91).

36 *Refugiés:* Flüchtlinge (aus Frankreich).

43.

Text nach D[1] (N 277 f., »Briefe«). 17 *früher waren ausgewiesen:* in D[1] zusätzlich zur Sperrung fett.

1 *im Juni 1836:* Die falsche Datierung ist nach inhaltlichen Kriterien korrigiert. Es wäre zu präzisieren: »Um den 15. August 1836.« (Mayer/Papst, L 3: 1993, 150.) Der Brief knüpft inhaltlich an den vorangehenden an (siehe Brief 42).

14 *Tagsatzung:* Versammlung der Abgeordneten der Kantone der Schweiz.

14f. *Tagsatzung […] ihren Beschluß erlassen:* Der Tagsatzungsbeschluss vom 11. August 1836 sah im ersten von insgesamt sechs Artikeln vor: »Diejenigen Flüchtlinge oder anderen Fremden, welche die ihnen […] zugestandene Zuflucht mißbraucht, und die innere Sicherheit und Ruhe, oder die Neutralität der Schweiz und ihre völkerrechtlichen Verhältnisse durch Handlungen, die gehörig erhoben [d.h. nachgewiesen] worden sind, gefährdet haben, sollen aus dem schweizerischen Gebiet […] weggewiesen werden.« (Mayer, L3: 1993, 94.) Der Erlass war seit dem 15. August 1836 durch Pressenachrichten zugänglich.
15f. *Flüchtlinge ausgewiesen:* Ab dem 9. Juli 1836 »wies die Schweiz die Flüchtlinge systematisch und in größerer Anzahl aus, ab dem 18. auch Frankreich« (Mayer, L3: 1993, 92). Siehe auch Brief 77.
16f. *Savoyer Zuge:* Ein von Ramorino (siehe Brief 1) angeführter Trupp, dem etwa 250 italienische, deutsche und polnische Emigranten angehört hatten und der Anfang Februar 1834 das Signal zur Befreiung Italiens geben sollte, war bereits an der piemontesischen Grenze zurückgeschlagen worden, so dass die Beteiligten nach Frankreich und in die Schweiz fliehen mussten.
27 *Narren in der Schweiz:* siehe zu 42,3–6.
28 *Präfect:* siehe zu 11,56.
29 *Polizeikommissär:* Jonathan Pfister (siehe die Anlage zu Brief 78).
29f. *mein Diplom als Mitglied der Société d'histoire naturelle:* ausgestellt am 18. Mai 1836 (siehe Brief 64).
30 *Société d'histoire naturelle:* Naturhistorische Gesellschaft.
31 *Professoren:* Lauth und Duvernoy (siehe Brief 29).

44.

Text nach D[1] (N 278f., »Briefe«).
4–6 *einer von denjenigen […] sich an ihre Stubenthür zu hängen:* Siehe zur ironischen Rede über den Selbstmord auch die Briefe 64 und 67 sowie in *Leonce und Lena* II/4 die komisch verworfene Selbstmordabsicht von Leonce gegenüber Valerio: »Du hast mich um den schönsten Selbstmord gebracht.« (LL 32.)
10 *in Kurzem nach Zürich gehen:* Büchner reiste am 18. Oktober 1836 von Straßburg ab (siehe Brief 46).
12 *Vorlesungen:* Büchner hatte sich zunächst auf einen philosophiegeschichtlichen Kurs vorbereitet (siehe die Briefe 64, 74, 77),

dann aber im Wintersemester 1836/37 in Zürich eine Lehrveranstaltung zur vergleichenden Anatomie durchgeführt, ein Kolleg »Zootomische Demonstrationen«.

14 *Cartesius und Spinoza:* vgl. Büchners Vorlesungsskripte »Cartesius« (MBA 9.1, 5–185) über René Descartes (1596–1650) und »Spinoza« (MBA 9.1, 191–366) über Baruch de Spinoza (1632–1677).

15 f. *sich einige Menschen auf dem Papier todtschlagen oder verheirathen zu lassen:* Anspielung auf die gleichzeitige Arbeit an den Dramenprojekten *Woyzeck* (dort wird ›totgeschlagen‹) und *Leonce und Lena* (dort wird ›geheiratet‹).

20 *Privatdocent der Philosophie:* Büchner, der den Tag darauf, am 3. September 1836, zum Dr. phil. promoviert wurde (siehe Brief 78), plante nun, sich in Zürich auch zu habilitieren. Er beantragte die Zulassung zur Habilitation am 26. September 1836 (siehe Brief 79).

45.

Text nach D^1 (N 37). Nachdem in der Einleitung von der Niederschrift von *Leonce und Lena* die Rede war und der Herausgeber gemutmaßt hatte, dass Büchner »in derselben Zeit noch ein zweites Drama vollendet haben« müsse, datiert und kommentiert er dessen briefliche Äußerung folgendermaßen: »wenigstens schreibt er im September 1836, nachdem er von zwei fertigen Dramen schon in früheren Briefen gesprochen: [*Es folgt in An- und Abführungszeichen der Briefauszug.*]« Die Datierung »September 1836« (MA 321; BW 117; FA 454) nach D^1 ist unstrittig.

2 *zwei Dramen:* siehe die Anspielungen auf die Arbeit an *Leonce und Lena* und *Woyzeck* in den Briefen 44, 57, 64 und 75 sowie den Hinweis auf deren Abschluss in Brief 59.

4 *das erste Mal:* bei der notgedrungen hastigen Abfassung des Dramas *Danton's Tod* vor der Flucht nach Straßburg im Frühjahr 1835.

46.

Text nach D^1 (N 279, »Briefe«). Vor diesem Brief ist durch einen längeren zentriert gesetzten Strich eine Trennung von den vorangehenden Briefen im Abschnitt »Aus den Briefen an die Familie«

markiert, um den Ortswechsel Büchners von Straßburg nach Zürich zu kennzeichnen, die Übersiedlung von Frankreich in die Schweiz.

1 *Zürich, den 26. October 1836:* Am 18. Oktober 1836, einen Tag nach seinem 23. Geburtstag, war Büchner von Straßburg abgereist, traf um den 20. Oktober in Zürich ein und bezog dem Meldebogen zufolge am 24. Oktober ein Zimmer im Haus des liberalen Regierungsrates und Arztes Johann Ulrich Zehnder in der Steingasse, wo eine ganze Reihe weiterer Flüchtlinge wohnte, darunter das Ehepaar Wilhelm und Caroline Schulz, das am 7. November dort einzog. Büchners Mutter hat in ihrem Antwortbrief vom 30. Oktober 1836 den Brief ihres Sohnes möglicherweise richtig einen Tag früher datiert: »Welche Freude als Dein Brief vom 25ten Oktober das Postzeichen Zürich darauf ankam. Ich jubelte laut; denn obgleich wir uns gegenseitig nicht sagten; so hatten wir alle große Angst, und wir glaubten kaum daß Du glücklich über die Gränze kommen würdest. Die Sache hat mir vielen heimlichen Kummer gemacht, nun Gott lob auch dies ging glücklich vorüber.« (BW 118.)

2 *Streite der Schweiz mit Frankreich:* Streitpunkt war der Tagsatzungsbeschluss vom 11. August 1836 (siehe zu 43,14f.). Gegen diesen Beschluss hat die französische Regierung am 17. September 1836 »protestiert und zehn Tage später unter Androhung einer ›Grenzsperre‹ die diplomatischen Beziehungen mit der Schweiz abgebrochen« (Mayer, L 3: 1993, 95).

6 *Ich glaube, daß er Recht hat:* Dazu bemerkte Wilhelm Schulz rückblickend: »Er hatte damals Recht.« (Grab, L 1: 1985, 52.)

47.

Text nach D[1] (N 279 f., »Briefe«). Im Anschluss an den Brieftext ist durch einen längeren fett und zentriert gesetzten Strich der Abschluss der Briefedition »Aus den Briefen an die Familie« markiert.

2 f. *Was das politische Treiben anlangt, so könnt Ihr ganz ruhig sein:* Büchners Mutter hat ihrem Sohn am 30. Oktober 1836 geschrieben: »Doch hoffe ich, daß ich Dich nicht mehr zu ermahnen brauche, Dich von alle[m] politischen Treiben entfernt zu halten, Du bist nun mitten darin Du wirst Dich denke ich nicht anstecken lassen, es wird mir doch manchmal himmel Angst.« (BW 119.)

3 f. *Ammenmährchen:* »Mährchen, dergleichen die Ammen den Kindern zu erzählen pflegen, alberne Mährchen.« (Adelung 1, 249.)

14 *Accessisten:* Beamtenanwärter.

22 *Minnigerode ist todt, wie man mir schreibt:* Dies war eine Fehlinformation.

24 f. *französischen Blutmänner [...] das Urtheil und dann die Guillotine:* Dieser bereits früher geäußerte Gedanke (siehe Brief 30) bewegte Büchner noch kurz vor seinem Tod, wie Wilhelm Schulz in seinem Nachruf überliefert (GW 9, unpaginiert): »›In jener französischen Revoluzion,‹ so rief er aus, ›die wegen ihrer Grausamkeit so verrufen ist, war man milder als jetzt. Man schlug seinen Gegnern die Köpfe ab. Gut! Aber man ließ sie nicht Jahre lang hinschmachten und hinsterben.‹«

48.

Text nach D[1] (N 38). Das Zitat entstammt der Einleitung zufolge einem in Zürich verfassten Brief an Wilhelm Büchner: »Seine Vorlesung beschäftigte ihn vollauf, da es damals in Zürich beinahe völlig an vergleichend anatomischen Präparaten fehlte, und er dieselben fast alle selbst anfertigen mußte. Er schreibt an seinen Bruder: [*Es folgt in An- und Abführungszeichen der Briefauszug.*]« Datierung nach dem in der Einleitung skizzierten Kontext. Vgl. »zwischen Mitte November 1836 und Ende Januar 1837« (BW 122), »Ende 1836/Anfang 1837« (FA 460).

2. Briefe an Edouard Reuss

Zwei Briefe Georg Büchners an den Religionshistoriker Edouard Reuss (1804–1891), seinen »Straßburger Großonkel« (vgl. Hauschild, L 1: 1985, 303–343) mütterlicherseits, sind überliefert und im handschriftlichen Original erhalten. – Gegenbriefe sind nicht überliefert.

49.

Text nach H, Faksimile (BW 134 f.). H: Archives de la Ville de Strasbourg. D[1] (kommentiert): Hauschild, L 1: 1985, 309–311. Poststempel »DARMSTADT 22 AUG«, Beantwortungsnotiz »+1 Oct.« von Reuss; geringer Textverlust durch Siegelausriss. Textkonstitution: 11 *weitere:* in der Vorlage: »weite«.

7 *beyliegenden Brief:* wahrscheinlich Büchners (verschollener) »Brief vom 20. August« (BW 14) 1832 an Boeckel, den dieser am 7. September 1832 beantwortete.

8f. *krieche also unterthänigst zu Kreuz:* in unterwürfigem Gestus, zugleich Anspielung auf das zentrale christliche Symbol des Kreuzes.

9f. *Delinquenten:* hier scherzhaft »ein Missethäter« (Adelung 1, 1443).

10 *Oelzweig:* christliches Friedenssymbol.

11f. *Friedens-Präliminarien:* diplomatische Vorverhandlungen zu einem Friedensvertrag.

15f. *meine zweite Vaterstadt:* Straßburg.

17 *gefürsteter:* ›fürstlich‹ im Sinne von ›aristokratisch‹.
Zweifüßler: »der mensch« (Grimm 32, 1036).
longimanus: ›Langhänder‹; der lateinische Begriff ist als beschreibendes Versatzstück für Krebse oder Fische zeitgenössisch in der Zoologie gebräuchlich.
omnivore: Allesfresser.

18f. *durchlauchtigsten:* siehe zu 2,8f.

19 *Cadaver:* siehe zu 8,14.

22 *Kreuzträger:* scherzhaft: wie Christus, der das Kreuz getragen hat.

26 *patriarchalisch:* ›altväterlich‹ im Sinne von idyllisch einfach und schlicht im Gedanken an den biblischen Patriarchen Abraham, einen der Stammväter des Volkes Israel, der als Familien- und Stammesoberhaupt fürsorglich regiert habe – so auch im *Werther,* Brief vom 12. Mai: »so lebt die patriarchalische Idee so lebhaft um mich« (Goethe, L2: 1999, 14), Brief vom 21. Juni: »Es ist nichts, das mich so mit einer stillen wahren Empfindung ausfüllte, als die Züge patriarchalischen Lebens« (ebd. 56f.).

27 *Abrahamsschooß:* Inbegriff für Sicherheit und Geborgenheit nach dem Gleichnis vom armen Lazarus, der nach seinem Tod von Engeln in »Abrahams Schooß« (NT, Lukas 16,22) getragen wird.

29 *Secte der Nabelbeschauer:* Die seit der Aufklärung als Omphaloskepten (= Nabelbeschauer) verspottete Bewegung des Hesychasmus, eine im byzantinischen Mönchstum im Spätmittelalter praktizierte Form mystischer Frömmigkeit, bei welcher in einer

Art Selbsthypnose mit geneigtem Kopf der Blick auf den eigenen Nabel fixiert wurde, um mit dieser Omphaloskopie (= Nabelschau) eine Gottesschau zu erreichen. Büchner bezieht sich auf jene alte »mystische Secte um die Mitte des vierzehnten Jahrhunderts in Griechenland, die in ihrer Art einzig ist [...]. Auf dem großen Berge Athos in Macedonien, der von alten Zeiten her wegen der Menge Klöster streng lebender Mönche, mit welchen er bedeckt ist, der heilige Berg genannt wird, gab es um jene Zeit mehrere solche Heilige, welche eine höhere Stufe der Vollkommenheit erreicht zu haben glaubten. Sie nannten sich die Ruhenden (Hesychasten, Quietisten) die nach und nach dadurch zu einem hohen Wachsthum im geistlichen Leben gelangten, daß sie in unbeweglicher Stille beteten bis sie eine [...] göttliche Wollust in ihrer Seele empfänden, und [...] ein sie umstrahlendes Licht sähen. Es gab hiezu eine besondere Vorschrift und Methode [...]. ›Setze dich bei verschlossenen Thüren allein in einen Winkel, und ziehe das Gemüth [...] von allen hinfälligen Dingen ab. Dein Kinn liege auf deiner Brust. Bewege dein sinnliches Auge mit dem ganzen Gemüthe in die Mitte des Bauchs gegen den Nabel hin [...] und suche inwendig in deinen Eingeweiden den Ort des Herzens, wo alle Seelenkräfte ihren Aufenthalt haben. Alsdann wirst du zuerst Finsterniß [...] antreffen. Beharrst du aber dabei, und setzest dieses Werk Tag und Nacht fort, so wirst du [...] eine unaufhörliche Freude finden. [...]‹ Daher der Name ›Nabelbeschauer‹ für jene Mönche.« (Heinroth, L2: 1830, 369f.) ›Nabelschau‹ ist vor diesem Anspielungshorizont bereits als Metapher für enge Selbstbezüglichkeit zu verstehen.

34 *konstitutionell aufgeklärter Liberalismus:* siehe zu 8,6f.

36 *Hoflivree:* Dienerkleidung bei Hofe – nach der »Farbe, d.i. Livree, eines fürstlichen Hofes« meint die »Hof-Livree tragen« so viel wie »ein Hofbedienter seyn, und in weiterer Bedeutung, eine Bedienung an einem Hofe bekleiden.« (Adelung 2, 1283.)

37 *Hessischen Haus und Zivil-Verdienstorden:* siehe zu 19,17.

42 *Kanapee:* Sofa.

43 *Françoise tanzen:* Die Française war seit den 1820er Jahren ein beliebter festlicher Tanz im 6/8-Takt, eine Quadrille, bei der Herren und Damen sich gegenüberstehen und jeweils zwei Paare eine tanzende Einheit und durch Platzwechsel und Partnertausch verschiedene Figuren bilden.

56–58 *Zimmermann's Sohn [...] Redaction der Kirchen-Zeitung [...] Bretschneider:* Nach dem Tod des Hofpredigers Ernst Zimmermann (1786–1832), der 1822 die *Allgemeine Kirchen-Zeitung* begründet hatte, das »Hauptorgan der rationalistischen Theologie« (Hauschild, L1: 1985, 311), übernahm dessen Sohn Georg Zimmermann, Hofbibliothek-Assistent in Darmstadt, gemeinsam mit dem protestantischen Theologen Karl Gottlieb Bretschneider (1776–1848) die Herausgabe des Blattes.

60 *Zimmermanns Platz hier ausfüllen:* Hofprediger in Darmstadt wurde Karl Zimmermann, der Bruder des am 24. Juni 1832 verstorbenen Hofpredigers.

62 *die Tante:* Margaretha Salome Reuss (geb. Bauer, 1771–1848), die Mutter von Reuss.
Pauline: Pauline Reuss (1811–1836), die Schwester von Reuss.

62f. *Mad. Bauer:* Friederike Bauer (1768–1848), die ledige Schwester der Mutter von Reuss.

50.

Text nach H, Faksimile (BW 140f.). H: Archives de la Ville de Strasbourg. D[1] (kommentiert): Hauschild, L1: 1985, 311–314. Poststempel »DARMSTADT 3 S[*EPT*]« und »STRASBOURG 5«, Beantwortungsnotiz »+ 17 Oct.« von Reuss; Textverlust durch Siegelausriss.

20–22 *Antritts-Gerüssel […] Abschieds-Gerüssel:* vermutlich aufwendige Begrüßungs- und Abschiedsszenen lautstarken Charakters – »ein gerüssel« ist gleich einem »gerassel« (Grimm 5, 3775); vgl. dagegen die Lesart »Antritts-Genüssel« und »Abschieds-Genüssel« (BW 26), wobei ›Genüssel‹ als »nuscheln« (Hauschild, L1: 1985, 313) zu interpretieren sei.

21f. *gegen Ende Octobers […] nach Gießen:* Das Immatrikulationsregister der Landesuniversität Gießen vermerkt am 31. Oktober 1833: »Georg Büchner Sohn des Medicinalrath Büchner zu Darmstadt, studirt Medicin.« (MBA 8, 183.)

24f. *meine Freunde sind flüchtig oder im Gefängniß:* infolge der Beteiligung am Frankfurter Wachensturm (siehe Brief 6).

26f. *konstitutionell, liberal aufgeklärt:* siehe zu 8,6f.

27–35 *das tausendjährige Reich […] O Messias!:* ironische Anspielung vor dem Hintergrund der Vision im NT, Offenbarung 20,4–6 (die auferstandenen »Seelen […] regierten mit Christo tausend Jahr«), auf den »Chiliasmus, oder die Lehre vom tausendjährigen Reiche«, der christlichen Hoffnung »besonders in den Tagen der Verfolgung, daß das Reich Israel mit aller jener Macht und Herrlichkeit, wie es von den Propheten unter dem verheißnen Messias typisch geschildert wird, hergestellt, daß Christus zu diesem Zwecke noch einmal erscheinen, und mit den seinen zu Jerusalem 1000 Jahre in aller Fülle und Glückseligkeit regieren werde.« (Ritter, L2: 1826, 58.)

28 *konstitutionellen Aera:* Das Großherzogtum Hessen hatte als letzter süddeutscher Staat 1820 eine Verfassung erhalten und seitdem den Status einer erblichen konstitutionellen Monarchie, wie in einer Quelle für den *Hessischen Landboten* nachzulesen ist: »Die Verfassung des Großherzogthums Hessen war früher ganz monarchisch, ist aber seit dem Jahre 1820 durch Landstände beschränkt. Schon unterm 18. Merz 1820 erschien das Großherzogliche Edikt über die landständische Verfassung; da sich aber dagegen, sowohl vor, als nach Eröffnung des Landtags mancherlei Wünsche und Anträge erhoben haben, so ward hierauf die Verfassungsurkunde vom 17. December 1820 erlassen, welche den Zeitumständen und den Bedürfnissen des Volks angemessen ist, und die mit zu den besten Teutschlands gehört.« (Wagner, L2: 1831, 98.)

29f. *Lebensfrage ist seit 8 Monat noch nicht entschieden:* Büchner rechnet die rund 8 Monate seit der Eröffnung des fünften Landtags des Großherzogtums am 5. Dezember 1832. Als dessen »›Lebensfrage‹ galt die Diskussion über die Verfassungsmäßigkeit der Bundesbeschlüsse vom 28. Juni 1832«, welche die Rechte des Landtags einschränkten, weshalb schon vor dessen Eröffnung »und dann nochmals in der Sitzung vom 12. Dezember 1832 mehrere Anträge zu diesem Thema eingereicht worden waren«, die scheiterten. »Der Großherzog ließ erklären, daß er ›keine Wirksamkeit der Stände dulden könne und werde‹, welche auf die [...] Anträge eingehe. ›Hiermit war klar ausgesprochen‹, schrieb der Offenbacher *Deutsche Volksbote* am 22. Februar 1833, ›daß die Ständeversammlung aufgelöst werden würde, wenn sie mit der bewußten Lebensfrage sich beschäftigen, sie erörtern und einen den Anträgen entsprechenden Beschluß fassen würde‹« (Hauschild, L1: 1985, 313). Am 2. November 1833 wurde der Landtag aufgelöst.

34 *5760:* 8 Monate (8 × 30 Tage × 24 Stunden) = 5760 Stunden seit der Eröffnung des Landtags.

41272: Ob es sich bei dieser Ziffer um eine »Phantasiezahl« (Hauschild, L1: 1985, 313) handelt, bleibt zu klären. Fraglich ist, ob der Berechnung eine »auf einem Schmierzettel aus ›5760‹ verlesene Zahl ›5160‹ zugrunde« liegt: »(8 × 5160) – 8 = 41272.« (Knapp/Wender, L 3: 2002, 444.) Dann wäre die gut lesbare Zahl 5760 rätselhaft.

35 *Physiognomie:* »die Gesichtszüge, besonders so fern sich daraus auf die moralische Beschaffenheit schließen läßt.« (Adelung 3, 767.)

36 *sintemal:* »ein Bindewort, welches einer angeführten Ursache zur Begleitung dienet, [...] zu Anfange des Satzes [...], für weil, indem« – »veraltet« (Adelung 4, 109).

37 *podex zuerst:* Dass Steißgeburten schwierig und selten sind, gehört zu den gynäkologischen Kenntnissen des Medizinstudenten. Der Vorlesungsplan der medizinischen Fakultät der Universität Straßburg hatte für das akademische Jahr 1831/32 »Accouchemens, maladies des femmes et des enfans« (Hauschild, L 1: 1985, 319) vorgesehen; nicht belegt ist, ob Büchner diesen Kurs besucht hat oder sein Spezialwissen aus gynäkologischer Fachliteratur herrührte.

39 f. *französischen Mama gleichen:* Vorbild für die gemäßigt liberale Verfassung des Großherzogtums Hessen von 1820 war die französische ›Charte constitutionelle‹ von 1814, die in der Restaurationszeit bis zur Julirevolution zwar Grundrechte garantierte, im Unterschied zu den Verfassungen der Revolutionszeit nach 1789 aber nicht auf dem Prinzip der Volkssouveränität beruhte.

44 f. *an Boeckel geschrieben:* Büchner hat zwei Briefe geschrieben. »Deine beyden Briefe erhielt ich« (BW 27), schrieb Boeckel ihm am 3. September 1833.

46 *These von Goupil:* Boeckel nennt in seinem Brief vom 3. September 1833 die Abhandlung über Muskelkontraktionen, mit der Jean-Martin-Auguste Goupil (1800–1837) sich in Konkurrenz mit Lauth (siehe zu 29,38) um den Lehrstuhl für Physiologie in Straßburg beworben hatte, und erklärt, dass er sie nicht besorgen konnte: »Die These [...] v. Goupil habe ich selbst nicht u. Lambossy konnte sie mir auch nicht beschaffen. Sein sujet ist: La contraction musculaire, étant donné à considérer les muscles en action, particulièrement dans la station, la progression, le saut etc.« (BW 28.)

47 *die andere [...] erhalten:* Lauths Abhandlung *Du mécanisme par lequel les matières alimentaires parcourent leur trajet de la bouché à l'anus* (›Über den Mechanismus, durch den die Nah-

rungsstoffe durch den Mund zum Anus befördert werden‹), hatte Büchner von Boeckel dessen Brief vom 3. September 1833 zufolge über die Buchhandlung Heyer in Darmstadt erhalten: »Die These v. Lauth wirst Du durch die Buchhandlung erhalt. haben.« (BW 28.)

48 *Stöber in Straßburg:* »Ich bin wieder in der Heimath u. athme Elsässerluft« (BW 28), schrieb der Ende August 1833 für zwei Monate in Straßburg eingetroffene Adolph Stoeber am 3. September 1833 an Büchner.

49 *Wulfes:* Den mit Reuss befreundeten Theologen Heinrich Wulfes (1803–1837) hatte Büchner wenige Wochen zuvor auf einer Wanderung durch die Vogesen kennengelernt (siehe Brief 11).

51 f. *über einen Monat:* Genau einen Monat zuvor war Büchner von Straßburg abgereist, sein Stammbucheintrag für Reuss (vgl. Papst, L 2: 2000, 3) ist auf den 31. Juli 1833 datiert.

54 f. *Mutter, Schwester und Tante:* siehe zu 49,62 und zu 49,62 f.

3. Briefe an Wilhelmine Jaeglé

Georg Büchners Briefe an seine Geliebte und Verlobte Wilhelmine Jaeglé (1810–1880) in Straßburg sind handschriftlich nicht erhalten, sondern in Auszügen wie das große Konvolut seiner Briefe an die Familie lediglich durch den Erstdruck (D^1) in den *Nachgelassenen Schriften* von 1850 überliefert. Abgedruckt sind dort insgesamt neun Briefausschnitte. Die diversen Auslassungspunkte machen auch hier deutlich, dass es sich bei dem Material nicht um die Wiedergabe vollständiger Briefe handelt, sondern um Brieffragmente. Diese sind im Band wie schon bei den Briefen an die Familie in zwei unterschiedlichen Zusammenhängen präsentiert, nämlich innerhalb der ausgewiesenen Briefedition und innerhalb der Einleitung. Es ist sicher davon auszugehen, dass auch hier nur ein Bruchteil dessen überliefert ist, was an Büchners Briefen an Jaeglé einmal existiert hat, und dieser Bruchteil lässt nur äußerst bedingt Rückschlüsse zu auf das verschollene originale Briefmaterial. Die fragmentarische Überlieferung gestaltet sich in diesem Fall auch deshalb besonders problematisch, da es sich bei diesen Briefen um einen »nicht-autorisierten Abdruck« (Dedner, L 1: 1990, 489) handelt und als Hintergrund die »Brautbriefe-Affäre« (Hauschild, L 1: 1985, 80) zu bedenken ist, Spannungen zwischen Jaeglé und der

Familie Büchner im Vorfeld der *Nachgelassenen Schriften* und endgültiger Bruch nach dem Erscheinen der Edition. Wohl um eine »große Lücke« (so Luise Büchner) in der Edition zu füllen, wurden die Briefauszüge »hinter dem Rücken und gegen den offenbaren Willen der einstigen Empfängerin veröffentlicht.« (Dedner, L 1: 1990, 24.)

Innerhalb der eigentlichen Briefedition scheinen die Briefe nach Maßgabe ihrer poetischen Qualitäten als quasi literarische Texte mitgeteilt zu sein. Im Inhaltsverzeichnis der *Nachgelassenen Schriften* unter der Abteilung »Briefe« nach denen an die Familie als zweiter Abschnitt »An die Braut« bezeichnet, lautet die Überschrift an Ort und Stelle der Briefedition im Band: »Briefe an die Braut, aus Gießen, 1833 und 1834« (vgl. N 281–287). Diese außer mit den pauschalen Jahresangaben in der Überschrift nicht weiter datierten insgesamt fünf Briefe nach Straßburg, umfangreichere Fragmente sehnsüchtiger Liebesbriefe aus Büchners Zeit in Gießen, stammen allerdings der Forschung zufolge allesamt aus dem Jahr 1834, und zwar aus den ersten Monaten des genannten Jahres. Die fünf in der Briefedition präsentierten Brieffragmente sind jeweils durch einen längeren Strich deutlich voneinander getrennt und erwecken so den Eindruck, als stammten sie aus fünf Briefen.

Zu diesen fünf Texten heißt es interpretierend unter Hinweis auf die ästhetischen Qualitäten als Auswahlkriterium in der Einleitung der *Nachgelassenen Schriften*: »Die Briefe an seine Braut, die mehr künstlerischen und poetischen Werth besitzen, konnten leider nur zum kleinsten Theile benutzt werden. Die wenigen gegebenen Auszüge rühren aus der Zeit des ersten Aufenthaltes in Gießen her, und die ihnen eigne unmotivirte Färbung der Trauer und inneren Zerfahrenheit muß aus den damaligen Lebensverhältnissen des Dichters erklärt werden.« (N 50.) Diese Erläuterung zeigt, dass »auch hier dem Herausgeber eine beträchtlich größere Textmasse zur Verfügung stand« (Dedner, L 1: 1990, 24), als in den *Nachgelassenen Schriften* abgedruckt wurde. Sie zeigt darüber hinaus mit dem Hinweis auf den ästhetischen Wert, dass die Auswahl nach inhaltlichen Kriterien erfolgte. Die Briefe, so, wie sie sich darstellen, erzählen ein »Liebesprojekt« als »Leidens- und Krankengeschichte« (Fortmann, L 3: 2007, 405). Der Adressatenbezug gestaltet sich im Falle der Geliebten damit entsprechend anders als derjenige der Briefe an die Eltern. Gerade die fünf für die Edition im engeren Sinn ausgewählten Passagen enthalten »Melancholismen« und »deren melancholisch-depressiver Ton« hat in der Wirkungsgeschichte »immer wieder als Ausdruck des ›eigentlichen‹ Büchner gegolten« (Dedner, L 1: 1990, 56). Fraglich dürfte angesichts der inhaltlich einseitig geleiteten Auswahl von nur fünf allerdings größeren Briefausschnitten sein, ob sie tatsächlich »relativ direkt Büchners persönlichen Stil repräsentieren« (Knapp, L 3: 2000, 52) oder nicht vielmehr die Neigungen des Herausgebers »zu melancholischen Stimmungen« (Dedner, L 1: 1990, 24) dokumentieren.

Der Weg der Überlieferung ist halbwegs geklärt. Es ist anzunehmen, dass zumindest diese fünf Briefe im Editionsteil der *Nachgelassenen Schriften*, vermutlich aber auch die in der Einleitung zitierten Briefe, auf diejenigen Vorlagen zurückgehen, die von Wilhelmine Jaeglé »abschriftlich an Gutzkow gegeben worden« (Hauschild, L 1: 1985, 102) sind, zumal in der Einleitung auf die dann nicht zustande gekommene Büchner-Ausgabe Gutzkows hingewiesen ist: Gutzkow habe nach Büchners Tod »die Herausgabe seines Nachlasses« (N 49) angekündigt. Produktive Kraft dieser Editionspläne war Jaeglé gewesen. Sie hatte sich nach Lektüre des Nachrufs »Ein Kind der neuen Zeit« an den Verfasser gewandt, und dieser hatte ihr am 30. August 1837 geantwortet: »Vertrauen Sie mir Alles an, was Sie von Büchner haben! […] haben Sie Briefe, die Sie einer fremden Discretion (aber der m e i n i g e n, der Discretion eines Freundes!) anvertrauen könnten, Briefe, aus denen sich Gemüthszustände und Ideen entnehmen ließen; so geben Sie mir dies Material« (Andler, L 1: 1897, 190). Jaeglé kam dieser Bitte nach, indem sie Gutzkow Abschriften von Briefen Büchners an sie zusandte, welche Gutzkow ihr gegenüber am 14. September 1837 folgendermaßen kommentierte: »Die Briefe sind mir vor allem wichtig. Sie sind so zart, so tief! Ich will davon öffentlich nur d a s benutzen, was auf s e i n e Person geht. Für sonstiges, was sie enthalten, ist die Zeit noch zu jung und frisch. Ueberaus wichtig aber ist, daß Sie mir an der Spitze der Briefexcerpte immer angeben wann und wo sie geschrieben sind, wo möglich auch, in welcher Stimmung, unter welcher Constellation von Hoffnungen, Schwierigkeiten und dergl.« (Andler, L 1: 1897, 192.) Ob Jaeglé entsprechend nachgearbeitet hat oder nicht oder eine weitere Sendung mit dann möglicherweise datierten Abschriften geliefert hat, ist unklar. Die geplante Ausgabe jedenfalls kam nicht zustande. Im Besitz Gutzkows befindliche Briefabschriften sind dann beim Auspacken von Bücherkisten im Zusammenhang seines Umzugs von Hamburg nach Frankfurt im März 1842 zufällig an die mit Gutzkows erster Frau Amalie befreundete Luise Büchner geraten, wie diese sich in ihrem Brief vom 7. April 1877 an Franzos erinnerte. Luise Büchner erwähnte »Blätter« aus diesen Kisten, »die von Minna herrührten und die [...] Auszüge aus ihren Briefen enthielten.« (Hauschild, L 1: 1985, 80.) Diese Briefabschriften dürften es gewesen sein, die gekürzt dann in den *Nachgelassenen Schriften* die Textgrundlage boten. Zu beachten ist, dass nicht nur die *Nachgelassenen Schriften* erklärtermaßen lediglich eine Auswahl aus den Abschriften druckte, sondern der Bemerkung Luise Büchners zufolge auch diese Abschriften selbst sich offenbar als Auszüge zu erkennen gaben. Jaeglé selbst scheint also bereits ausgewählt zu haben, was sie aus den an sie gerichteten Briefen exzerpierte und dann Gutzkow übersandte. Wie das handschriftliche Konvolut dieser verschollenen Briefe tatsächlich einmal ausgesehen hat, ist nicht zu rekonstruieren.

Der dezidiert melancholische Ton jedenfalls prägt lediglich die fünf Auszüge im Editionsteil der *Nachgelassenen Schriften*, nicht so sehr dagegen die in der Einleitung zitierten weiteren Briefe, die offenbar der Illustration der biographischen Umstände Büchners in Zürich und werkgeschichtlicher Information dienen. Bei den in der Einleitung abgedruckten Briefauszügen ist mit Blick auf die Präsentation zu unterscheiden zwischen einem im Argumentationsverlauf zitierten undatierten Brief, der sich also wie die verstreut über den Text der Einleitung verteilten Briefe an die Familie darstellt, und einem geschlossenen Konvolut von insgesamt drei nun sehr genau datierten Briefen aus dem Jahr 1837 (vgl. N 40–42), die einheitlich und unmittelbar nacheinander präsentiert sind. Sie sind jeweils auf einen Freitag, den »Posttag« (Mayer/Papst, L 3: 1993, 151), datiert. Vorangestellt ist diesen drei Briefauszügen folgender Absatz: »Mit Anfang des Jahres 1837 scheint Büchner's Stimmung trüber geworden zu sein, wohl nur durch das Unangenehme der längeren Trennung von seiner Braut, da mit seinen sonstigen Angelegenheiten Alles nach Wunsch ging. Aus den in den letzten Wochen vor seinem Tod an seine Braut geschriebenen Briefen heben wir die folgenden Stellen aus: [...]« (N 40). Die *Nachgelassenen Schriften* bieten insgesamt neun Briefschaften Büchners, wobei ein letzter Brief an Jaeglé, wohl Büchners letzter Brief überhaupt, fragmentarisch durch andere Quellen überliefert ist und somit zusammen zehn Briefschaften vorliegen. – Gegenbriefe sind nicht überliefert.

51.

Text nach D^1 (N281f., »Briefe«). Der Wortlaut des ersten Brieffragments folgt unmittelbar nach der Überschrift »Briefe an die Braut, aus Gießen, 1833 und 1834« und ist von dieser lediglich durch einen kürzeren zentriert gesetzten Strich getrennt. Im Anschluss an den Text ist durch einen längeren zentriert gesetzten Strich eine Trennung von dem nachfolgenden Text markiert. Die Datierung dieses Textes war lange problematisch, wobei inzwischen einvernehmlich Januar 1834 als wahrscheinlich für die Niederschrift angenommen wird (vgl. Hauschild, L3: 1989): »zwischen dem 10. und 20. Januar 1834« (BW 34), »Gegen Ende Januar 1834« (Mayer/Papst, L3: 1993, 148) oder »in der zweiten Januarhälfte« (Mayer, L3: 1993, 135), »Mitte/Ende Januar 1834« (FA 377). Unter dem Etikett ›Fatalismusbrief‹ hat dieses Fragment eine kontroverse Forschungsgeschichte (vgl. FA 1098–1103), da die Bemerkung zum »Fatalismus der Geschichte« (N281) in diesem Bruchstück aus der Korrespondenz mit der Geliebten das politische Engagement Büchners zu relativieren schien.

5 *die Stadt ist abscheulich:* Küntzel (siehe zu 61,22) schrieb am 24. Oktober 1833 an August Stoeber über Gießen: »Büchner ist nach Giesen abgereist. Wir nennen jenen Ort Tomi, denn er ist wirklich ein Verbannungsort.« (Lehmann/Mayer, L1: 1976, 179.) Diese Charakterisierung der Stadt in Anspielung auf Ovid stammt möglicherweise von Büchner (siehe 61,31f.).

Bei uns ist Frühling: in der Beziehung zwischen Büchner und Jaeglé – das seit der Antike tradierte Bild des Frühlings als metaphorische Konvention für eine dem Leben zugewandte Empfindung dürfte hier gemeint sein (nicht die Jahreszeit mit dem kalendarischen Frühlingsanfang am 21. März), ein Topos romantischer Literatur und Chiffre für die Liebe; »erst seit der Naturbeseelung des späteren 18. Jahrhunderts« war »eine vertiefte Bildlichkeit dieser Art möglich« – in »Goethes *Werther*« entspricht »zum ersten Mal« die Jahreszeit »der Seelenstimmung des Helden« (Langen, L3: 1974, 212).

6 *Veilchenstrauß:* Veilchen und andere Frühjahrsblumen gehören in metaphorischer Verklammerung mit dem Bild des Frühlings ebenfalls zum romantischen Liebesdiskurs; in diesem Sinne bleibt der Veilchenstrauß als Liebespfand durch die Liebe auf der symbolischen Ebene frisch.

6f. *unsterblich wie der Lama:* Büchner verfügte offenbar über Bildungswissen über die »geistlichen Oberherren Tibets, namentlich der Dalai und der Tischu Lama [...]: Nur ihr Körper stirbt, ihr Geist aber fährt sogleich in den Nachfolger, und so sind also die Lamas unsterblich auf Erden, indem sie nur den vorigen Körper gegen einen andern vertauschen.« (Löhr, L2: 1818, 263.) Allerdings ist in zahlreichen Quellen nur der Dalai Lama genannt, etwa in Wielands *Der Teutsche Merkur* vom Juli 1784 (S. 111): »Das Seltsamste ist die vorgegebene Unsterblichkeit des Dalay Lama [...]. Der Grund, warum er für unsterblich gehalten wird, beruht auf der Lehre von Wanderung der Seele aus einem Körper in den andern.«

9 f. *Je baisse les petites mains, en goûtant les souvenirs doux de Strasbourg:* Ich küsse die kleinen Hände und genieße die süßen Erinnerungen an Straßburg.

11 f. *»Prouves-moi que tu m'aimes encore beaucoup en me donnant bientôt des nouvelles.«:* »Beweise mir, dass du mich noch immer sehr liebst, indem du mir bald Nachricht gibst.« Es ist dies wahrscheinlich ein Zitat aus einem Brief von Jaeglé, die Büchner offenbar in französischer Sprache schrieb (siehe Brief 21).

15 f. *Ich studirte die Geschichte der Revolution:* Unter Büchners Lektüren zur Französischen Revolution, die er später in *Danton's Tod* verarbeitete (vgl. MBA 3.3), befand sich wahrscheinlich Louis Adolphe Thiers' bekanntes Standardwerk *Histoire de la Révolution française* (1823–27), möglicherweise auch François Auguste Marie Mignets *Histoire de la Révolution française, depuis 1789 justqu'en 1814* (1824); beide Historiker sind der ›école fataliste‹ zuzurechnen. »Der junge Dichter muß seinen Thiers und Mignet loswerden« (Gu 1837, 339), kommentierte Gutzkow dann Büchners Orientierung an historischen Quellen in *Danton's Tod*.

17 *Fatalismus der Geschichte:* Mit der Reflexion über eine von menschlichem Willen nicht beeinflussbare Zwangsläufigkeit in der Geschichte, eine Geschichtsohnmacht des Individuums, bezieht sich Büchner auf die auch von Heine rezipierte ›école fataliste‹, jene philosophische Schule, der die liberalen Historiker Thiers und Mignet zugerechnet werden, welche eine Notwendigkeit im historischen Ereignisablauf sahen und damit gegen idealistische Illusionen eine realistischere Perspektive menschlichen Handelns setzten (vgl. Mayer, L3: 1982a, 86–95). Im Sinne der ›école fataliste‹ war der historische Prozess auf Machtkonstellationen und materielle Faktoren zurückzuführen und nicht

das Ergebnis von Handlungen ›großer Männer‹ der Geschichte, wie dies die herkömmliche Geschichtsschreibung annahm. Fatalismus bedeutet in diesem Sinn keineswegs einen generellen Geschichtspessimismus, sondern eine realistische Einsicht in historische Determinationen jenseits idealistischer Verblendungen.

21 *Herrschaft des Genies:* In Frage gestellt wird das Autonomiepostulat der Genieästhetik des Sturm und Drang, in dessen Tradition Büchner schrieb. Vgl. ähnlich die Relativierung des Genies durch Camille Desmoulins in *Danton's Tod* IV/5: »Die Unterschiede sind so groß nicht, wir alle sind Schurken und Engel, Dummköpfe und Genies« (DT 78).

22 *ein Puppenspiel:* In *Danton's Tod* II/6 reflektiert Danton seine Verantwortung für die Septembermorde: »Puppen sind wir von unbekannten Gewalten am Draht gezogen« (DT 43). Zur Puppen- und Marionettenmetaphorik siehe zu 31,61 f.

24 f. *Paradegäulen und Eckstehern der Geschichte:* die ›großen Männer‹ der Geschichte, wie sie die Historiographie repräsentativ und für den Verlauf der Geschichte als verantwortlich präsentiert – ›große Männer‹ wie zum Beispiel Robespierre und Danton (und nicht zuletzt Napoleon) in der Geschichtsschreibung über die Französische Revolution.

25 f. *Ich gewöhnte mein Auge ans Blut:* mit der Lektüre über die Geschichte der Französischen Revolution.

26 f. *ich bin kein Guillotinenmesser:* Vom Messer der Guillotine ist auch in *Danton's Tod* I/6 die Rede; dort liest Robespierre im Brief Camille Desmoulins', seine Finger seien »Guillotinmesser« (DT 29), ein Begriff, der sonst in Büchners Revolutionsdrama nicht vorkommt.

27–30 *Das muß ist eins von den Verdammungsworten […]: es muß ja Aergerniß kommen, aber wehe dem, durch den es kommt:* vgl. NT, Matthäus 18,7: »Es muß ja Ärgerniß kommen; doch wehe dem Menschen, durch welchen Ärgerniß kommt!« NT, Lukas 17,1: »Es ist unmöglich, daß nicht Ärgernisse kommen; wehe aber dem, durch welchen sie kommen!« Die Bibel erläutert hier ›Ärgernis‹ als »Verführungen.« In *Danton's Tod* II/6 reflektiert Danton sein Trauma infolge der Septembermorde in fast wortwörtlicher Übereinstimmung mit der gesamten Briefpassage 51,28–31: »es muss ja Ärgernis kommen, doch wehe dem, durch welchen Ärgernis kommt. / Es muss, das war dies Muss. Wer will der Hand fluchen, auf die der Fluch des Muss gefallen? Wer hat das M u s s gesprochen, wer? Was ist das, was in uns hurt, lügt, stiehlt und mordet?« (DT 42 f.)

30 f. *Was ist das, was in uns lügt, mordet, stiehlt?:* vgl. neben der fast wörtlichen Übereinstimmung mit *Danton's Tod* II/6 (dort ergänzt um ›hurt‹) die Schilderung der Verderbtheit im AT, Hosea 4,2: »Gotteslästern, Lügen, Morden, Stehlen und Ehebrechen hat überhand genommen, und kommt Eine Blutschuld nach der andern.«

33 *Herz:* »Formeln mit ›Herz‹« (Langen, L 3: 1968, 372) sind besonders charakteristisch für den pietistisch geprägten empfindsamen Wortschatz, auf den Büchner in den 1834 verfassten Briefen an Jaeglé bevorzugt zurückgreift (siehe die Briefe 52, 53, 54, 55), die sich »am pietistischen Modell des Wegs der Seele zu Gott« ausrichten, allerdings in »Säkularisation von pietistischen Erlebnismustern« (Fortmann, L 3: 2007, 428).

33 f. *B. […] ich schrieb ihm:* Der Brief an Boeckel ist nicht überliefert.

35–38 *glühte […] Küssen […] Finsterniß […] Herz […] Sehnsucht, es drangen Sterne durch das Dunkel:* In dieser Passage mit der »zum kosmologischen Einheitsbild« verlängerten »Vereinigungsphantasie« einer »unio mystica« (Fortmann, L 3: 2007, 420) bedient sich Büchner forciert pietistisch geprägter Sprache: vgl. etwa »glühen« (Langen, L 3: 1968, 335), »küssen« (ebd. 59), »Finsternis« (ebd. 127). ›Herz‹ ist ohnehin charakteristisch für den pietistisch-empfindsamen Wortschatz, ebenso verbreitet ist »Sehnsucht« (ebd. 135); vgl. weiter »Stern« (ebd. 347), »durchdringen« (ebd. 99), »Dunkelheit« (ebd. 127).

35 *das Fieber:* Büchner integrierte seine psychosomatische Krankheit (siehe Brief 63) in den romantischen Liebesdiskurs, für den die Metapher des Fiebers charakteristisch ist, was diesen zugleich als Krankheitsdiskurs auf symbolischer Ebene kenntlich macht.

40 f. *Wollust des Schmerzes:* Die Formulierung »Wollust des Schmerzes« (DHA 8, 126) ist wahrscheinlich angeregt durch Heines Schrift *Zur Geschichte der neueren schönen Literatur in Deutschland* (später: *Die Romantische Schule*). In *Danton's Tod* I/6 spricht Robespierre von der »Wollust des Schmerzes« (DT 30) des Messias.

41 *über die Rheinbrücke ging:* Am 7. August 1833 musste Büchner Straßburg verlassen, um sein Studium nach den Ferien an der großherzoglich hessischen Landesuniversität Gießen fortzusetzen, wie gesetzlich vorgeschrieben.

43 f. *Ich bin ein Automat; die Seele ist mir genommen:* Dass Automaten keine Seele haben, konnte Büchner in Tennemanns Ausführungen über Descartes in der *Geschichte der Philosophie* gelesen haben: »Die Thiere sind keine beseelten Wesen, sondern bloße lebende Maschinen. [...] Es läßt sich ein Automat denken, welches einem thierischen Körper ähnlich, blos allein nach mechanischen Gesetzen durch den Bau und die Verbindung der Muskeln und Nerven in Bewegung gesetzt wird, ohne daß zu allem diesem eine Seele als inneres Princip nothwendig ist.« (Tennemann, L2: 1817, 258.) Diese Passage hat Büchner in seinem Vorlesungsskript »Cartesius« exzerpiert: »Die Thiere sind nichts als seelenlose Maschinen, Automaten, der Hauptgrund warum sich ihnen eine Seele absprechen läßt, liegt in d. Mangel d. Sprache. Die Thiere würden Zeichen für ihre Gedanken finden und sie verbinden, wenn sie eine Seele hätten.« (MBA 9.2, 86.) Vermutlich war er auch angeregt durch das romantische Motiv des seelenlosen Automaten, das Hoffmann in den *Nachtstücken* (in der Erzählung *Der Sandmann*) verarbeitet hat und das in der Literatur der Zeit häufiger thematisiert ist; in Heines Schrift *Zur Religion und Philosophie in Deutschland* wird erzählt, ein »englischer Mechanikus« habe es geschafft, »einen Menschen zu fabriziren [...]; kurz dieses Automat war ein vollendeter Gentleman, und zu einem ächten Menschen fehlte ihm gar nichts als eine Seele.« (DHA 8, 79.) In *Leonce und Lena* III/3 ist das Automaten-Motiv mit den »zwei weltberühmten Automaten [...], zwei Personen beiderlei Geschlechts« (LL 40), aufgegriffen.

43 *Seele:* pietistisch geprägter empfindsamer Zentralbegriff (siehe die Briefe 52, 53).

44 *Ostern:* Chiffre für den geplanten Besuch Büchners bei Jaeglé (siehe Brief 17), um den auch die Briefe 52, 53, 54, 55 kreisen.

52 *Charivari:* Durcheinander, insbesondere in der Musik (›Katzenmusik‹); eine der »schallnachahmungen« (Grimm 12, 202) von Larifari (siehe zu 54,24).

52.

Text nach D[1] (N 283, »Briefe«). Im Anschluss an das Brieffragment ist durch einen längeren zentriert gesetzten Strich eine Trennung von dem nachfolgenden Text markiert. Datierungen: »etwa 8. Februar 1834« (BW 36), »Mitte/Ende Februar 1834« (FA 380). Aufgrund inhaltlicher Kriterien ist eine Datierung um den 16. Februar 1834 zu erwägen.

2f. *dürste [...] wie im Grabe [...] erweckt:* Begriffe wie »durstig« (Langen, L3: 1968, 335) oder »erwecken« (ebd. 32f.) sowie »oxymorische Bildungen wie ›lebendiges Grab‹« (ebd. 412) sind charakteristisch für pietistischen Sprachgebrauch.
wie im Grabe; wann erweckt mich deine Hand: imaginiertes Wiedersehen – in den empfindsamen Liebesdiskurs transformierte säkularisierte Anspielung auf die christliche Vorstellung einer Erweckung von den Toten. Das pietistische ›Erwecken‹ findet sich in Verbindung mit einer Berührung der Hände von Lotte (die von Verstorbenen spricht) und Werther in jener ein Wiedersehen beschwörenden Abschiedsszene des *Werther*, die das erste Buch des Romans abschließt (Brief vom 10. September): »ich ward erwekt und erschüttert [...] und hielt ihre Hand. [...] Sie wollte ihre Hand zurük ziehen und ich hielt sie fester! Wir werden uns wiedersehn« (Goethe, L2: 1999, 122f.).

3 *deine Hand:* »Melle jolis pieds et jolies mains« (BW 15) – als ›Fräulein hübsche Füße und hübsche Hände‹ ist Jaeglé von Boeckel in dessen Brief an Büchner vom 7. September 1832 beschrieben worden.

8 *Augenwassersucht:* Krankheitsbild »einer widernatürlichen Ansammlung von Feuchtigkeiten im Auge« (Jüngken, L2: 1829, 586), von Tränen also. In Jean Pauls *Flegeljahren* wird »weinen« als Symptom für »Augenwassersucht« (Jean Paul, L2: 1827, Bd. 3, 146) beschrieben. Werther (Brief vom 10. September) beschreibt ähnlich, dass »mir die Augen voll Thränen wurden«, dass er Lottes »Hände nahm und mit tausend Thränen nezte« und schließlich: »ich [...] warf mich an die Erde und weinte mich aus« (Goethe, L2: 1999, 118–124).

9 *Starrsehen:* »Geneigtheit, starr nach einem Punkte hin zu sehen« (Hartlaub, L2: 1826, 71), kennzeichnet dieses Krankheitsbild.

10 *in sechs Wochen [...] auferstehen:* In sechs Wochen wollte Büchner Jaeglé in Straßburg besuchen (und tat dies auch – siehe Brief 17), metaphorisch als Auferstehung aus dem ›Grab‹ Gießen beschrieben. Ostern, das Fest der Auferstehung Christi, fiel 1834 auf den 30. März – sechs Wochen von diesem Ostersonntag zurückgerechnet wäre der 16. Februar 1834 und somit ungefähr das Datum der Abfassung dieser Zeilen.

10f. *auferstehen, zuerst aber Himmelfahrt halten:* In komischer

Verkehrung des christlichen Kalenders wird hier (eine von der Sehnsucht nach der Geliebten inspirierte und mit der Postkutsche unternommene bildliche) Himmelfahrt vor Ostern gefeiert: Christi Himmelfahrt als Vollendung der Auferstehung ist festgelegt auf den 40. Tag nach Ostern.

11 *Diligence:* Eilkutsche.

12 *Lebe wohl, liebe Seele:* empfindsame Floskel (nach dem christlichen Abschiedsgruß an Tote ›ave pia anima‹) – so etwa in einem Brief Herders an Caroline Flachsland: »Lebe wohl, liebe Seele, o wärest Du manche Stunde bei mir!« (Müller, L2: 1820, 40.) »Stark abgenutzt ist mindestens seit der Empfindsamkeit auch *lieb*«, vor allem »die *liebe Seele*.« (Langen, L3: 1974, 101.)

12–14 *liebe Seele […] armes Herz:* ›Seele‹ und ›Herz‹ sind empfindsame Zentralbegriffe pietistischer Provenienz (siehe die Briefe 51, 53, 54).

12 *Gram:* »›trauer, kummer, schmerz‹ als schleichender, andauernder gemütszustand hochgradiger betrübtheit« (Grimm 8, 1763).

53.

Text nach D[1] (N 283–285, »Briefe«). Im Anschluss an das Brieffragment ist durch einen längeren zentriert gesetzten Strich eine Trennung von dem nachfolgenden Text markiert. Datierungen: »8. März 1834« (BW 37), »8./9. März 1834« (FA 380).

3 *Kopfweh und Fieber:* siehe zu Büchners Krankheit Brief 63.

8 *Liebe, liebe Seele:* siehe zu 52,12.

13 *Frühlingsluft:* siehe zu 51,5.

13 f. *Starrkrampf:* »ein anhaltender Krampf, der den ganzen Körper einnimmt, sodaß dieser unbeweglich und steif wie eine Leiche wird« (Brockhaus 10, 625). Von einem »Starrkrampf« (Hoffmann, L2: 2000, 114) ergriffen ist im schauerromantischen Kontext auch der Ich-Erzähler in Hoffmanns *Elixieren des Teufels*. Vgl. auch den dann aufgelösten »Starrkrampf« (LZ 11) im *Lenz*.

16 *das hypokratische Gesicht:* Das hippokratische Gesicht ist das »gesicht eines sterbenden, nach dem arzt Hippokrates benannt, der diese veränderung des angesichts genau beschrieben hat« (Grimm 5, 4094). In *Danton's Tod* I/6 liest Robespierre im Brief Camille Desmoulins' über »das hippokratische Gesicht« (DT 29).

die Augen verglast: »Verglast die Augen« (Hoffmann, L2: 1814,

Bd. 2, 114) – über dieses Anzeichen von Leblosigkeit hatte Büchner in Hoffmanns *Fantasiestücken* lesen können.

17–21 *die ganze Maschinerie zu leiern anfing [...] das ewige Orgellied [...] die Wälzchen und Stiftchen im Orgelkasten hüpfen und drehen:* vermutlich angeregt durch eine Passage in Heines *Harzreise*: »Die Erde ist eine runde Walze, die Menschen sind einzelne Stiftchen darauf, scheinbar arglos zerstreut; aber die Walze dreht sich, die Stiftchen stoßen hier und da an und tönen, die einen oft, die andern selten, das giebt eine wunderbare, complizirte Musik, und diese heißt Weltgeschichte.« (DHA 6,124.)

17–22 *die ganze Maschinerie [...] den Kasten:* möglicherweise angeregt von der Klage in Brentanos *Godwi* über eine »Maschinerie«, durch die alles »in künstlichen Kisten und Kasten verschlossen.« (Brentano, L 2: 1801, 171.)

22–26 *wir armen [...] Musikanten, [...] nur da [...] durch die Wolkenritzen dringend und weiter, weiter klingend, wie ein melodischer Hauch in himmlischen Ohren stirbt?:* vgl. Danton in *Danton's Tod* IV/5: »wir sind die armen Musikanten und unsere Körper die Instrumente. Sind die hässlichen Töne [...] nur da um höher und höher dringend und endlich leise verhallend wie ein wollüstiger Hauch in himmlischen Ohren zu sterben?« (DT 79.)

26–29 *Opfer im glühenden Bauch des Perryllusstiers, dessen Todesschrei wie das Aufjauchzen des in den Flammen sich aufzehrenden Gottstiers klingt:* Antiker Überlieferung zufolge soll der Erzgießer Perillos (oder Perilaos) für den Tyrannen Phalaris »einen ehernen Stier« verfertigt haben, »in welchen man einen Menschen sperren konnte, dessen Geschrei, wenn der Stier glühend gemacht worden, wie das Brüllen eines Rindes tönte.« (Weber, L 2: 1826, 748.) Möglicherweise erinnerte Büchner sich an die Frage des verzweifelten Karl Moor in Schillers *Die Räuber* IV/5: »Warum hat mein Perillus einen Ochsen aus mir gemacht, dass die Menschheit in meinem glühenden Bauche bratet?« (Schiller, L 2: 2001, 119.)

30 *fürchte mich vor meiner Stimme:* möglicherweise angeregt durch eine Passage über den dichtenden Nathanael aus der Erzählung *Der Sandmann* in Hoffmanns *Nachtstücken*: »Als er jedoch nun endlich fertig worden, und das Gedicht für sich laut las, da faßte ihn Grausen und wildes Entsetzen und er schrie auf: ›Wessen grauenvolle Stimme ist das?‹« (Hoffmann, L 2: 1990, 27.)

30f. *fürchte mich [...] vor meinem Spiegel:* Das Identitätsproblematik gestaltende romantische Motiv des Spiegels hat Hoffmann in einigen der *Fantasiestücke* verarbeitet, so etwa in der Erzählung *Der Magnetiseur*, wo Marie (das Opfer des Magnetiseurs) mutmaßt, »so laufe ich Gefahr, mir selbst gespenstisch zu werden, und vor meinem eigenen Bilde im Spiegel zu erschrecken.« (Hoffmann, L2: 1814, Bd. 2, 265.) Auch in der Erzählung *Die Abenteuer der Sylvester-Nacht* ist Spiegelung das zentrale Motiv. Nach deren letztem Abschnitt »Die Geschichte vom verlohrnen Spiegelbilde« folgt ein »Postscript« des Erzählers der *Fantasiestücke*: »Was schaut denn dort aus jenem Spiegel heraus? – Bin ich es auch wirklich? [...] Himmelsbild – Höllengeist – Entzücken und Qual – Sehnsucht und Verzweiflung. – Du siehst, [...] daß nur zu oft eine fremde dunkle Macht sichtbarlich in mein Leben tritt und den Schlaf um die besten Träume betrügend mir gar seltsame Gestalten in den Weg schiebt.« (Hoffmann, L2: 1815, Bd. 4, 103.) – Als gängiges romantisches Motiv lässt Büchner »die Spiegel« später in *Leonce und Lena* III/3 von Valerio komisch herbeizitieren: »sehen sie mich nicht so an, daß ich mich in ihren Augen spiegeln muß, oder ich weiß wahrhaftig nicht mehr, wer ich eigentlich bin.« (LL 39.)

31f. *Herrn Callot-Hoffmann:* Die (in den ersten beiden Bänden mit einer Vorrede von Jean Paul) ohne Verfasserangabe erschienene vierbändige Sammlung *Fantasiestücke in Callot's Manier. Blätter aus dem Tagebuche eines reisenden Enthusiasten* (1814/15), deren Titel auf die humoristisch phantastischen Kupferstiche von Jacques Callot (1592–1635) anspielt, hatten E. T. A. Hoffmann (1778–1822) berühmt gemacht, der dann weitere seiner Werke ebenfalls nicht unter seinem Namen, sondern als »herausgegeben von dem Verfasser der Fantasiestücke in Callots Manier« veröffentlichte – so den Schauerroman *Die Elixiere des Teufels* (1815/16) und die *Nachtstücke* (1817).

33 *Modelliren:* »ein modell machen« (Grimm 12, 2440), als Modell dienen.

35 *Ferien fangen morgen in vierzehn Tagen an:* Die Osterferien begannen mit der Karwoche, das heißt für das Jahr 1834 Montag, den 24. März; vierzehn Tage zurückgerechnet wäre »morgen« der 10. März und damit der 9. März 1834 ungefähr das Datum der Abfassung dieser Zeilen.

36 *so gehe ich heimlich:* an Ostern nach Straßburg (siehe zu 51,44 und zu 52,10).

41–52 *verzehrt sich […] Weg für mein Inneres […] ausgießen […] lechze:* für pietistischen Sprachgebrauch charakteristische Formulierungen; vgl. »sich verzehren« (Langen, L3: 1968, 137), »nach innen« (ebd. 157), »ausgießen« (ebd. 230, 326, 392, 410) »zählt zur typischen Ausdrucksweise in Mystik und Pietismus« (ebd. 436) und gehört zu den »Klopstockianismen« (ebd. 451), »lechzen« (ebd. 136f.).

49 *Seit vierzehn Tagen:* möglicherweise Anspielung auf einen zuletzt von Jaeglé erhaltenen Brief.

50 *dein Bild:* möglicherweise ganz konkret ein Porträt Jaeglés, das diese ihrem letzten Brief beigelegt haben könnte, oder »ein Produkt der […] Einbildungskraft« (Fortmann, L3: 2007, 429f.) im Kontext der Romantik, das mit den romantischen Motiven ›Traum‹ und ›Spiegel‹ korrespondiert.

50f. *Traum […] Schatten:* romantische Topoi.

54.

Text nach D[1] (N286f., »Briefe«). Im Anschluss an das Brieffragment ist durch einen längeren fett und zentriert gesetzten Strich der Abschluss der Briefedition »Briefe an die Braut, aus Gießen, 1833 und 1834« markiert. Der Text ist aufgrund inhaltlicher Kriterien hier als wahrscheinlich vorletzter Brief des Gießener Konvoluts chronologisch vor dem vermutlich letzten (hier: Brief 55) eingeordnet. Datierungen: »um Mitte März 1834« (BW 39; FA 382).

2–30 *wüßte ich nicht, was dich heilte […] Du sprachst mir von einem Heilmittel:* die Verlobung, die Jaeglé offenbar dringlich eingefordert hatte.

4f. *Fast hätte ich Lust, statt nach Darmstadt, gleich nach Straßburg zu gehen:* Dieser Hinweis spricht dafür, dass der Wortlaut dieses Briefes vor dem in der Briefedition der *Nachgelassenen Schriften* vorangehenden Brieftext (hier: Brief 55) formuliert worden ist, da Büchner dort bereits beschlossen hat, nicht über Darmstadt zu reisen (siehe zu 55,2f.).

9 *Osterei:* komische Anspielung auf den geplanten Besuch zu Ostern (siehe zu 51,44 und zu 52,10).

13 *Frühlingsluft:* siehe zu 51,5.

18f. *ich schicke dir Küsse, Schneeglöckchen, Schlüsselblumen, Veilchen:* siehe zu 51,6.

20 *Sonnenjünglings:* »die personifizierte sonne, oder der sonnengott, nach antiker vorstellung als jüngling gedacht« (Grimm 16, 1657).

21 *mit deinem Bild:* siehe zu 53,50.

23 *Bedlam:* Den Namen des berühmten »Londoner Irrenhauses Bedlam« als »Hinweis auf Tollheit verwendet« (Fischer, L: 1972, 11) fand Büchner bei Heine in den *Englischen Fragmenten*: »In Bedlam habe ich vorigen Sommer einen Philosophen kennen gelernt, der mir, mit heimlichen Augen und flüsternder Stimme, viele wichtige Aufschlüsse über den Ursprung des Uebels gegeben hat.« (DHA 7, 231.) In eben diesem Kontext ist von »Neu-Bedlam« (DHA 7, 85) im dritten Teil der *Reisebilder* die Rede. In Heines *Zur Geschichte der Religion und Philosophie in Deutschland* ist angesichts der Diskussion um die Existenz Gottes ironisch »eine so sonderbare Angst, eine so unheimliche Beklemmung« erwähnt, »wie ich sie einst in London zu New-Bedlam empfand, als ich, umgeben von lauter Wahnsinnigen, meinen Führer aus den Augen verlor.« (DHA 8, 87.)

24 *Larifari:* »ein unbedeutendes Geschwätz, welches zur Sache nichts beyträgt.« (Adelung 2, 1908.)

24f. *Larifari in der Komödie:* Die im Personenverzeichnis als »Kasper Larifari, Zechmeister zu Waldsee« (Hensler, L2: 1892, 1) aufgeführte typenhaft komisch gezeichnete Dienerfigur aus dem noch in den 1830er Jahren oft aufgeführten Wiener Erfolgsstück von Karl Friedrich Hensler *Das Donauweibchen. Ein romantisch-komisches Volksmährchen mit Gesang in drei Aufzügen nach einer Sage der Vorzeit* (1792), Musik von Ferdinand Kauer. Seinen Namen thematisiert Larifari, in den Sprecherbezeichnungen »Käsperle« (ebd. 17), im Gespräch mit der Jungfer Salome im ersten Teil der Musikkomödie in der Szene I/12: »Sal. Wie nennt ihr euch denn, edler Herr! / Käsp. Ich heiß Kasper Larifari – / Sal. (freudig) La – La – Larifari – nennt ihr euch? / Käsp. Larifari heiß ich – / Sal. Ey du mein Gott! Lari – Larifari? (lacht verschämt) ha ha ha! / Käsp. (äft sie nach) Wie könnt ich denn darüber lachen – wenn man über alle Larifari in der Welt lachen wollt, so brächt man s'ganze Jahr das Maul nicht zusammen.« (Ebd. 17f.)

25f. *will er das Schwerdt ziehen: so ist's ein Hasenschwanz:* Anspielung an die Szene II/15 im zweiten Teil von Henslers Komödie *Das Donauweibchen*, in der Larifari in der Auseinandersetzung mit dem Junker Bodo das Schwert zieht, das ein

Fuchsschwanz ist: »Käsp. [...] Auch muß ich euch sagen, junger Herr! daß alles das, was ich vorhin gesagt habe, nicht wahr ist. / Bodo. (zieht die Klinge) Wie, du wagst es, Schurke! / Käsp. (hebt schnell sein Schwert auf) He! nehmt euch in Acht, Herr Junker! ich hab da ein Schwert, das keinen Schimpf und Spott ertragen kann. / Bodo. Ziehe, wenn du Muth hast? – (dringt ein.) / Käsp. (schreyt ängstlich) He! he! so seyd nur vernünftig! es ist mir nur für euer junges Leben leid, ihr werdet unglücklich seyn. / Bodo. (dringt noch mehr ein) Zieh – Bube! / Käsp. Meinethalben – wenns seyn muß. (statt der Klinge zieht er einen Fuchsschweif aus der Scheide. Er bleibt erstarrt stehen, zittert.) / Bodo. (schlägt ihn mit dem flachen Schwert auf den Rücken) Schalksnarr! der du bist. (ab) / Käsp. (kleine Pause) Ein Fuchsschweif! Das ist ein saubers Möbel, wenn man sein Leben vertheidigen soll. (wirft das Schwert weg, allgemeines Gelächter der Nixen) da haben wirs! das ist wieder eine Spitzbüberey von dem Donauweibel.« (Hensler, L 2: 1801, 55.)

32 *deinem Vater:* Johann Jacob Jaeglé (siehe zu 41,24).

41–43 *gewisse Aussicht auf ein stürmisches Leben [...] auf fremdem Boden:* Büchner, der um diese Zeit seine Fassung der später von Weidig mit *Der Hessische Landbote* betitelten agitatorischen Flugschrift schrieb, spricht hier andeutend von seinen revolutionären Aktivitäten mitsamt ihren realistisch eingeschätzten Folgen – drohende politische Verfolgung und Exil.

44 f. *einen alten Wiegengesang:* Chiffre Büchners für Literatur des Sturm und Drang – hier explizit für das Lenz-Gedicht *Die Liebe auf dem Lande*, implizit für Goethes *Werther* (Brief vom 13. Mai): »ich brauche Wiegengesang«, um »Ruhe« zu finden und nicht »von süsser Melancholie zur verderblichen Leidenschaft über[zu]gehn« (Goethe, L 2: 1999, 14). Vgl. dazu das intertextuell korrespondierende »Wiegenlied« (Lz 6) der Natur im *Lenz*.

46–53 *War nicht umsonst ... wieder kam:* Zitat der Verse 13 bis 20 aus der satirischen Verserzählung *Die Liebe auf dem Lande* von Lenz (dort leichte Abweichung im Wortlaut), die Büchner aus dem Erstdruck in dem von Schiller herausgegebenen *Musen-Almanach für das Jahr 1798* kannte (S. 74 f.): »War nicht umsonst so still und schwach, / Verlassne Liebe trug sie nach. / In ihrer kleinen Kammer hoch / Sie stets an der Erinnerung sog / An ihrem Brotschrank an der Wand / Er immer, immer vor ihr stand, / Und wenn ein Schlaf sie übernahm / Im Traum er immer wieder kam.« Der Text handelt von einem Theologen, später der Nachfolger des Pfarrers, um dessen Tochter er wirbt und die seine Frau wird; sie sträubt sich zunächst, da sie »ganz und gar der Erinnerung an einen flüchtigen Geliebten« lebt, »dem ihre erste und einzige Liebe gegolten hat und weiterhin gelten wird und den sie ständig und allerorten vor ihrem inneren Auge hat« (Schulz, L 3: 2001, 206) – dies der Inhalt der zunächst von Büchner zitierten Zeilen aus der ersten Strophe.

55–64 *Denn immer … machen kann.:* Zitat der Verse 90 bis 99 aus Lenz' Erzählgedicht *Die Liebe auf dem Lande* aus Schillers *Musen-Almanach für das Jahr 1798* (S. 78 f.): »Denn immer, immer, immer doch / Schwebt ihr das Bild an Wänden noch, / Von einem Menschen, welcher kam / Und ihr als Kind das Herze nahm. / Fast ausgelöscht ist sein Gesicht, / Doch seiner Worte Kraft noch nicht / Und jener Stunden Seligkeit / Ach jener Träume Würklichkeit / Die, angeboren jedermann, / Kein Mensch sich würklich machen kann.« Die von ihrem Geliebten Verlassene »erträgt in der Folge das Ehejoch und denkt fortwährend an den ehemaligen Geliebten« (Schulz, L 3: 2001, 206) – dies der Inhalt der dann von Büchner zitierten fünften und letzten Strophe.

55.

Text nach D[1] (N 285, »Briefe«). Im Anschluss an das Brieffragment ist durch einen längeren zentriert gesetzten Strich eine Trennung von dem nachfolgenden Text markiert (hier: Brief 54), der aufgrund inhaltlicher Kriterien chronologisch nach diesem einzuordnen ist. Datierungen: »um Mitte März 1834« (BW 38), »Nach Mitte März 1834« (FA 384).

2 f. *Ich werde gleich von hier nach Straßburg gehen, ohne D…. zu berühren:* Dieser Hinweis spricht dafür, dass der Wortlaut dieses Briefes nach dem in der Briefedition der *Nachgelassenen Schriften* folgenden Brieftext (hier: Brief 54) formuliert worden ist, da Büchner hier bereits beschlossen hat, nicht über Darmstadt zu reisen, dies dort aber erst in Erwägung zieht (siehe 54,4 f.).

3 *D….:* Darmstadt.

5 *Vakanzen:* Ferien.

12 f. *dem Invaliden:* dem Dienstuntauglichen, Arbeitsunfähigen.

13 *auf halbem Sold:* wohl im Sinne von ›ohne Beschäftigung sein‹. Sold ist dasjenige Geld, »welches man […] Soldaten für ihre Kriegsdienste bezahlet.« (Adelung 4, 130.) Mangels Bedarf auf

halben Sold gesetzt wurden allerdings nur Offiziere – »ein Officier auf halben Sold ist außer Dienst, weil er keine Anstellung hat.« (*Nemesis. Zeitschrift für Politik und Geschichte*, Bd. 4, 1815, S. 503.)

14–18 *Nous ferons un peu de romantique, pour nous tenir à la hauteur du siècle; et puis me faudra-t-il du fer à cheval pour faire de l'impression à un cœur de femme? Aujourd'hui on a le système nerveux un peu robuste. Adieu:* Wir werden ein bisschen Romantik treiben, um uns auf der Höhe des Jahrhunderts zu halten; und brauche ich dann noch Hufeisen, um auf ein Frauenherz Eindruck zu machen? Heutzutage hat man doch ein eher robustes Nervensystem. Lebwohl.

16 *fer à cheval:* Hufeisen, hier wohl: Epauletten, die hufeisenförmigen Schulterstücke auf Uniformen als militärische Rangabzeichen, die Büchner offenbar als Ausdruck von Renommiergehabe sieht.

17 *système nerveux:* Mit dem Nervensystem wird Büchner sich dann in seiner Dissertation *Mémoire sur le système nerveux du barbeau* befassen.

56.

Text nach D[1] (N 40 f.). Dem Wortlaut des Briefauszugs vorangestellt ist die Datierung: »Vom 13. Januar 1837: [*Es folgt in An- und Abführungszeichen der Brieftext.*]«

2 *bis zu Ostern:* geplanter Besuch Jaeglés in Zürich.

8 *Beschäftigung des Präparirens:* siehe Brief 48.

10–12 *die Geschichte von Abälard, wie sich ihm Heloise immer zwischen die Lippen und das Gebet drängt:* Hinweis auf die als literarischer Stoff berühmte Liebesgeschichte aus dem 12. Jahrhundert zwischen dem scholastischen Philosophen und zwischenzeitlichen Mönch Pierre Abélard (1079–1142) und der Nonne Heloïse (1100–1163), die mit Jean-Jacques Rousseaus Briefroman *Julie ou La Nouvelle Héloïse* (1761) zentral für den Liebesdiskurs der Empfindsamkeit wurde, nachdem der zu Beginn des 17. Jahrhunderts in lateinischer Sprache publizierte Briefwechsel des Paares die breite Rezeption ausgelöst hatte. Büchner bezieht sich unter umgekehrten Vorzeichen auf diesen Briefwechsel, indem er »die Geschlechterrollen vertauscht. Denn dort ist es Heloise, der das Bild Abälards unentwegt vor Augen tritt.« (Fortmann, L 3: 2007, 435.)

57.

Text nach D[1] (N 41 f.). Dem Wortlaut des Briefauszugs vorangestellt ist die auf 1837 bezogene Datierung: »Vom 20. Januar: [*Es folgt in An- und Abführungszeichen der Brieftext.*]« Den Abführungszeichen folgen hier anders als bei den anderen in der Einleitung zitierten Briefstellen wohl irrtümlich vier Auslassungspunkte.

4 *Faulheit:* siehe zu 8,45.

4 f. *das Mühlrad dreht sich als fort ohne Rast und Ruh:* möglicherweise Rekurs auf das alte Fingerspiellied für Kinder zu Ostern *Klein Häslein wollt spazieren gehn*, dessen zweite Strophe lautet: »Das Bächlein rauscht dem Tale zu, / da wo die Mühle steht / und wo sich ohne Rast und Ruh / das große Mühlrad dreht.« Die Formulierung »rast und ruhe« (Grimm 14, 151) findet sich häufig in der Literatur, etwa bei Tieck, Goethe und Schiller; bei Heine im *Buch der Lieder*: »Den treibt's ohne Rast und Ruh« (DHA 1, 258).

9 *Schwarzwälder Uhr:* Der Schwarzwald war bekannt für die »Verfertigung hölzerner Uhren [...]. Jährlich werden über 180,000 Stück Holzuhren, darunter auch viele Kunst- und Spieluhren, verfertigt, und der Werth derselben beträgt über eine halbe Mill. Gulden.« (Brockhaus 10, 23.)

10 f. *Schaffen meiner poetischen Produkte:* die Arbeit an *Leonce und Lena* und *Woyzeck*.

11 f. *Shakspeare war Schreiber den Tag über und mußte Nachts dichten:* zum Vergleich mit Shakespeare siehe zu 31,67.

14 *bis Ostern:* siehe zu 56,2.

14 f. *die Volkslieder:* Ludwig Büchner zufolge hatte sein Bruder »eine große Vorliebe für Volkslieder [...]; er sammelte sie, wo er konnte, und das Trauerspiel-Fragment [...] enthält deren fast auf jeder Seite.« (N 47.) Im gerade entstehenden *Woyzeck* hat Büchner zahlreiche Volkslieder als volkskulturelle Versatzstücke integriert. Im Kunstgespräch des *Lenz* war »Leben« als »das einzige Kriterium in Kunstsachen« postuliert und festgestellt, es »begegne [...] uns nur selten, in Shakespeare finden wir es und in den Volksliedern tönt es einem ganz [...] entgegen.« (Lz 14.)

18 *Soiree:* »Abendgesellschaft« (Heyse, L 2: 1835, 383).

19 f. *Ich komme dem Volk und dem Mittelalter immer näher:* Büchner denkt hier vermutlich an seine fortschreitende Arbeit am *Woyzeck*.

23 *Casino:* Gebäude mit Räumen für gesellige Zusammenkünfte.

58.

Text nach D[1] (N 42). Textkonstitution: 25 *piccola:* in der Vorlage: »piccolo«. Dem Wortlaut des Briefauszugs vorangestellt ist die auf 1837 bezogene Datierung: »Vom 27. Januar: [*Es folgt in An- und Abführungszeichen der Brieftext.*]«

5–8 *Pflege […] Straßburg […] mit dem größten Behagen in's Bett gelegt, vierzehn Tage lang, rue St. Guillaume Nro. 66:* Anspielung auf den Beginn der Liebesbeziehung im Frühjahr 1832, als Büchner, der damals kurz bettlägerig war, von Jaeglé im Haus ihres Vaters, wo Büchner zur Untermiete wohnte (siehe zu 4,4), gesund gepflegt wurde.

9 *überzwergen:* »Überzwerch« bedeutet in der elsässischen Mundart »1. Quer, verkehrt. […] 2. Quer hinter einander.« (Schmidt, L 2: 1901, 369.)

16 f. *prächtigen Hause vor der Stadt ein großes elegantes Zimmer vermiethet:* Büchner hat sich auf das Inserat »ein frohmüthiges geheiztes Zim[mer] sammt Kost, à 3 fl. 20 [Kreuzer] pr. Woche, […] ganz nahe an der Stadt in Hottingen No. 158, in der Nähe vom Kaffeehaus« (Hauschild, L 3: 1993, 585) im *Zürcherischen Wochenblatt* vom 23. Januar 1837 gemeldet und das inserierte Zimmer am Wolfbach, dessen Adresse »N. 158. Hottingen« (ebd.) er notierte, besichtigt und offenbar gleich gemietet. Zum Umzug kam es nicht mehr.

25 *Adio piccola mia!:* Lebwohl, meine Kleine!

59.

Text nach D[1] (N 39). Die Einleitung skizziert den Kontext dieses Briefzitats wie folgt: »Kurz vor Beginn der tödtlichen Krankheit schrieb er an seine Braut, er würde ›in längstens acht Tagen Leonce und Lena mit noch zwei anderen Dramen erscheinen lassen.‹ Diese Briefstelle ist räthselhaft […]. In dem Nachlasse fand sich außer Leonce und Lena und einem ziemlich weit gediehenen Fragment eines bürgerlichen Trauerspiels ohne Titel, Nichts von dramatischen Sachen vor.« Datierungen: »13. oder 20. Januar 1837« oder »allenfalls früher« (Mayer/Papst, L 3: 1993, 150), »Ende Januar 1837« (BW 130), »1837« (FA 461).

2 f. *Leonce und Lena mit noch zwei anderen Dramen:* Außer dem genannten Lustspiel *Leonce und Lena* war das eine der Dramen

mit Sicherheit *Woyzeck*, das andere gegebenenfalls das nicht überlieferte Stück über Pietro Aretino (vgl. Hauschild, L 1: 1985, 58–61).

60.

Der von Caroline Schulz stellvertretend niedergeschriebene Brief ist verschollen, überliefert sind lediglich die Abschiedsworte, die Büchner eigenhändig unter den Brief gesetzt hat. Schulz hielt in ihrem Bericht über Büchners Krankheit und Tod unter dem Datum des 10. Februar 1837 fest: »Er ergriff die Feder, erklärte aber sogleich nicht schreiben zu können; ich bot ihm abermals an in seinem Namen zu schreiben, was er jetzt geschehen ließ. Damit er seinen Geist nicht anstrengen sollte, schrieb ich den Brief nach meiner Idee u. er sagte mir alsdann was ich daran ändern solle. Endlich war das Schreiben nach seinem Wunsch ausgefallen; er nahm es mir hastig weg u. setzte die Worte ›Adieu mein Kind‹, darunter, ließ mich eine seiner Locken hinein legen u. eilte schnell zu Bett, nach welchem er sehr verlangte.« (Grab, L 1: 1985, 133.) Zu rekonstruieren ist auch, dass Büchner hinter die drei Abschiedsworte noch seinen Namen wahrscheinlich in der aus zwei Worten bestehenden Form ›Dein George‹ setzte, so dass er insgesamt fünf Worte dieses Briefes eigenhändig schrieb. Jaeglé schrieb am 5. März 1837 an Boeckel über diesen letzten Brief ihres »geliebten George« vom 10. Februar 1837: »Sonntag den 12. erhielt ich einen Brief von fremder Hand, man meldet mir, daß George ein gastrisches Fieber habe. Bloß fünf Worte von i h m selbst geschrieben sagen mir, daß er lebt, sonst hätte ich gleich das Schrecklichste geahnet. Übrigens ließ er mich beruhigen, da er wieder auf dem Wege der Besserung sei.« (Strohl, L 1: 1935, 659 f.)

4. Briefe an Straßburger Freunde

Von den Briefen Georg Büchners an Freunde ist kaum etwas erhalten. Briefzeugnisse an hessische Freunde sind ebenso verschollen wie die vermutlich einmal umfangreichen Briefkonvolute an Freunde aus Straßburg, von denen insgesamt lediglich vier Briefe überliefert und handschriftlich erhalten sind, zusammen drei Briefe an die Brüder August Stoeber (1808–1884) und Adolph Stoeber

(1810–1892), zwei Theologiestudenten, und ein Brief an Eugen Boeckel (1811–1896), der nach abgebrochenem Theologiestudium seit 1831 Medizin studierte. – Von Boeckel sind sieben Gegenbriefe überliefert (vom 7. und 23. September 1832, 3. September 1833, 16. Januar, 15. Mai, 18. Juni und 4. September 1836 sowie vom 11. Januar 1837), von Adolph Stoeber zwei (vom 23. September 1832 und 3. September 1833, ein Zusatz zu einem Brief Boeckels).

61.

Text nach H, Faksimile (BW 136f.). H: Fonds Littéraire Stoeber. D[1]: Strohl, L 1: 1936, 71f. Geringer Textverlust durch Siegelausriss. Textkonstitution: 33 *unter:* in der Vorlage: »unt«. Es handelt sich um einen Begleitbrief zu einer Einladung zum geplanten *Deutschen Musenalmanach für 1833*.

8 *das andre Papier:* die beigelegte gedruckte Einladung zum geplanten *Deutschen Musenalmanach für 1833*.

10f. *Accoucheurs:* Geburtshelfer.

13 *Cadavers:* siehe zu 8,14.

22 *Künzel:* Heinrich Küntzel (1810–1873), den Büchner von seiner Schulzeit her kannte, studierte in Gießen Theologie und legte 1832 sein erstes Examen ab.

23 *Metz:* Friedrich Metz (1804–1835) führte die Verlagsbuchhandlung Johann Wilhelm Heyer in Darmstadt.

24f. *die Zimmermänner:* Mit den Zwillingsbrüdern Georg Zimmermann (1814–1881) und Friedrich Zimmermann (1814–1884), Söhnen eines hohen Ministerialbeamten in Darmstadt, war Büchner seit seiner Schulzeit befreundet.

28f. *Antwort […] an mich zu adressiren:* Am 23. September 1832 schickte Adolph Stoeber seine »Beiträge für den Musenalmanach« (BW 16) an Büchner; es ist anzunehmen, dass auch sein Bruder August dem Freund eine entsprechende Sendung nach Darmstadt schickte. Die Brüder lieferten je sieben Gedichte.

30f. *3 Wochen, daß ich Euch verlassen:* Büchner dürfte um den 3. August 1832 von Straßburg in die Ferien nach Darmstadt abgereist sein.

31f. *epistolas ex ponto:* Die Fortsetzung von Ovids *Tristia* (›die traurigen Dinge‹), die der antike Dichter aus seinem Verbannungsort Tomis am Schwarzen Meer als poetische Briefe in elegischer Form an verschiedene Adressaten richtete, trägt den Titel *Epistulae ex Ponto* (›Briefe vom Schwarzen Meer‹).

33 f. *im Drescher [...] Eugeniden:* Die Straßburger Studentenverbindung ›Eugenia‹ tagte in der Regel »im ›Drescher‹, dem Elternhaus der Brüder Stoeber, das der reguläre und häufigste Versammlungsort gewesen war« (Mayer, L 2: 1990, 327). Im Herbst 1832 hatte die 1828 von den Brüdern Stoeber und drei weiteren Theologiestudenten gegründete Verbindung, die auch Gäste zuließ (darunter Büchner), nur noch drei Mitglieder vor Ort: August Stoeber, Peter Follenius und Eugen Boeckel.

34 *Boekel:* siehe Brief 64.
Baum: siehe zu 27,16.

61a.

Anlage nach D^2 (BW 13 f.). Original: Fonds Littéraire Stoeber. D^1 (Auszug): Lehmann/Mayer, L 1: 1976, 177 f. – 61 f. *Verschwiegenheit:* im Original »handschriftlich unterstrichen« (BW 14).

13 *Deutschen Musenalmanachs für 1833:* vgl. *Musenalmanach. Eine Neujahrsgabe für 1833*, hrsg. von Heinrich Küntzel und Friedrich Metz, Darmstadt 1833. Küntzel schickte August Stoeber am 24. Dezember 1832 fünf Belegexemplare und bat darum, »1 derselben Freund Büchner zu geben« (Lehmann/Mayer, L 1: 1976, 179).

16 *K. Baur:* Karl Christian Baur (1788–1877), Büchners ehemaliger Deutschlehrer, »ein studierter Theologe und von sich überzeugter Gelegenheitsdichter« (KMa 51).
Lud. Bechstein: der Dichter Ludwig Bechstein (1801–1860).
A. v. Chamisso: Adelbert von Chamisso (1781–1838); aus dessen Gedicht *Die Blinde* (1834) hat Büchner später vier aus dem Gedächtnis zitierte Verse dem zweiten Akt von *Leonce und Lena* als Motto vorangestellt.
W. v. Chezy: Wilhelm von Chézy (1806–1865), Schriftsteller und Journalist.

17 *Ed. Duller:* siehe zu 31,13.
Anastasius Grün: so das bekannte Pseudonym des Vormärzdichters, unter dem Anton Alexander Graf von Auersperg (1806–1876) schrieb.

17 f. *Carl Grüneisen:* Der Theologe Carl Grüneisen (1802–1878) hatte einmal das *Morgenblatt für gebildete Stände* herausgegeben.

18 *K. Immermann:* der Schriftsteller Karl Immermann (1796–1840).
K. W. Justi: Karl Wilhelm Justi (1767–1846), Theologe, Historiker und Lyriker, war mit Lyrik in zahlreichen Zeitschriften und Anthologien vertreten.
Just. Kerner: der Arzt und Lyriker Justinus Kerner (1786–1862), Anhänger des Mesmerismus, einer der prominentesten Vertreter der schwäbischen Romantik.

18f. *Nikolaus Lehnau:* Nikolaus Lenau (1802–1850), nach der Adelung seines Großvaters ab 1820 Edler von Strehlenau, hatte durch Schwabs Vermittlung Gedichte im *Morgenblatt für gebildete Stände* und 1832 im Cotta-Verlag seine erste Lyrik-Sammlung veröffentlicht.

19 *Wolfgang Menzel:* siehe zu 38,18f.

19f. *Frau Aug. Meyer:* Catharina Auguste Meyer, verheiratet mit einem Frankfurter Bankier.

20 *Ernst Münch:* der Historiker und Lyriker Ernst Münch (1798–1841).
L. Neuffer: Ludwig Neuffer (1769–1839), Lyriker.
Gustav Pfitzer: Der schwäbische Lyriker und Theologe Gustav Pfizer (1807–1890) hatte 1831 mit einem Bändchen Gedichte debütiert.

21 *Louise v. Plönnies:* Louise von Ploennies (geb. Leisler, 1803–1872), Lyrikerin, Gattin des Darmstädter Hofmedikus August von Ploennies.
J. B. Rousseau: Johann Baptist Rousseau (1802–1867), Publizist und Schriftsteller.
L. Schäfer: Ludwig Schäfer (1812–1879) studierte in Gießen Jura.

21f. *Aug. Wilh. v. Schlegel:* der Romantiker August Wilhelm Schlegel (1767–1845).

22 *Ph. Schlinck:* Philipp Schlinck, Darmstädter Dichter.
Gustav Schwab: Der umtriebige Autor, Herausgeber, Redakteur und Kritiker Gustav Schwab (1792–1850), der mit Lyrik als Schriftsteller debütiert hatte und seitdem breit auch literarisch publizierte, war neben Uhland der wichtigste Vertreter der Schwäbischen Dichterschule und Mittelpunkt des literarischen Lebens in Stuttgart, wo er als Berater des einflussreichen Verlegers Cotta wirkte, dessen überregional verbreitetes *Literatur-Blatt* (Beilage zum *Morgenblatt für gebildete Stände*) er seit 1828 redigierte; aufgrund seiner ausgedehnten Kontakte war er eine

wichtige Vermittlerfigur im literarischen Betrieb und förderte den schriftstellerischen Nachwuchs.

Ludwig Tieck: Der Romantiker Ludwig Tieck (1773–1853) hatte neben seinem dramatischen und erzählerischen Werk auch ein umfangreiches lyrisches Œuvre vorgelegt und war zur Zeit einer der bekanntesten deutschen Dichter. Im Jahr 1826 hatte er Straßburg besucht, was für die poetischen Aktivitäten der Brüder Stoeber große Bedeutung hatte. Büchner hat Tieck stark rezipiert. »Unter den deutschen Schriftstellern behauptete eine Zeitlang Tieck den ersten Platz« (N 18), überliefert Ludwig Büchner.

23 *Ludwig Uhland:* Ludwig Uhland (1787–1862), neben Schwab der wichtigste Repräsentant der Schwäbischen Dichterschule.

H. G. Zehner: Hans Guido Zehner, Novellist.

Wilhelm Zimmermann: Der schwäbische Theologe, Dichter und spätere Historiker Wilhelm Zimmermann (1807–1878) hatte 1831 einen Band *Gedichte* veröffentlicht.

49 *Wilh. Mangold:* Johann Wilhelm Mangold (1796–1875), Komponist, Sohn eines Darmstädter Hofmusikdirektors, seit 1825 Hofkapellmeister in Darmstadt.

49f. *F. Neukäufler:* Der in Darmstadt ansässige Komponist war Musikdirektor am Theater und Direktor des Mozartvereins.

50 *H Christ. Rinck:* Johann Christian Heinrich Rinck (1770–1846), Komponist, Hoforganist und Kammermusiker in Darmstadt.

Gottfried Weber: Gottfried Weber (1779–1839), Komponist und Jurist in Darmstadt.

62.

Text nach H, Faksimile (BW 138f.). H: Fonds Littéraire Stoeber. D[1]: Lehmann/Mayer, L 1: 1976, 180. Es handelt sich bei diesem Brief Büchners um den mittleren Teil eines »der im Briefwechsel der ›Eugenia‹ häufigen gemeinschaftlichen Briefe« (Lehmann/Mayer, L 1: 1976, 180), der hier von drei Verfassern stammt – der erste Teil von Eugen Boeckel enthält die Datierung, der dritte Teil ist von Peter Follenius unterschrieben.

4f. *Leichendunst [...] Schädelstätte:* Büchner hatte eine Übung in Anatomie besucht.

8–12 *die Paar Meilen [...] die dreißig Stunden:* Adolph Stoeber war am 14. Oktober 1832 nach Metz gegangen, um dort eine Stelle als Hauslehrer anzutreten.

9 *Kadaver:* siehe 8,14.

9f. *der Lindwurm von dem Du sprichst:* Der Brief Adolph Stoebers, in dem er dieses vermutlich einer Sage entstammende Bild benutzte, ist nicht überliefert.

14–16 *teutsche naßkalte Holländerathmosphäre [...] französische Gewitterluft:* Der »Gegensatz« zwischen deutschen und französischen Zuständen »ist als politische Metapher unverkennbar.« (Lehmann/Mayer, L1: 1976, 181.)

63.

Text nach H, Faksimile (BW 142f.). H: Fonds Littéraire Stoeber. D[1]: Strohl, L1: 1935, 657–659. Textkonstitution: 30 *oder:* in der Vorlage: »od«. 36 *ab[g+++++++]:* in der Vorlage Textverlust durch Siegelausriss. Vgl. die Konjekturen »abgebrochen« (D[1]) sowie »ab[gebrochen]« (MA 284), »ab[gestorben]« (BW 32), »abge[rissen]« (FA 376). Der nicht unterzeichnete Brief enthält drei Zusätze, die Büchner am oberen sowie am linken Rand der ersten Seite und am linken Rand der zweiten Seite notiert hat. Um den vermutlich zuletzt notierten Zusatz auf dem oberen Rand der ersten Seite niederzuschreiben hat er das Blatt umgedreht. Dieser Text ragt – in umgekehrter Richtung aufgrund der Drehung des Blattes – in den Wortlaut des Briefanfangs hinein (Anrede, Datum, erste Briefzeile). Vermutlich war der Brief einem verschollenen Brief an Boeckel beigelegt, der die Adresse ergänzte.

1 *Stoeber,:* von der Hand Boeckels ergänzt: »ministre du / st. évangile / à / Oberbrunn«.

8 *Deinem Vater:* Daniel Ehrenfried Stoeber (1779–1835), Dichter und Literarhistoriker.

13 *spottete über andre:* siehe Brief 15.

15 *Lazareth:* »ein Kranken- od. Siechenhaus« (Heyse, L2: 1835, 30).

16f. 2 *glückliche Jahre:* die nun zurückliegende Studienzeit in Straßburg.

21 *Euren Bergen:* die Vogesen.

24 *Ende Octobers [...] nach Gießen:* siehe zu 50,21f.

26 *Anfall von Hirnhautentzündung:* Büchner war psychosomatisch erkrankt. »Das Gehirn ist das eigentliche Werkzeug der

Empfindung und hierdurch das materielle Substrat der Seele« (Brockhaus 4, 557). Zu den »innern Ursachen […], um die Hirnhautentzündung hervorzubringen«, gehörten daher »die Gemüthsbewegungen und die Geistesanstrengungen […]. Die Hirnhautentzündung scheint, wie mehrere Entzündungen der seriösen Membranen, dem Einflusse von atmosphärischen Ursachen, die wir nicht gut würdigen können, unterworfen zu seyn« (Meissner, L 2: 1831, 192).

33 *Christ:* Büchners direkte Anrede spielt auf die christliche Nächstenliebe des Theologen August Stoeber an, dessen Spitzname überdies einem Brief Boeckels zufolge »Christ« (BW 106) war. *Reconvalescenten:* Genesender.

34 f. *Mittwoch Abend vor 5 Monaten:* Büchner ist am Mittwoch, den 31. Juli 1833 von Straßburg abgereist (siehe zu 50,51 f.). Am 30. Juli 1833 hatte Boeckel den gemeinsamen Freund Baum darüber informiert, dass »nôtre George part definitivement demain pour Darmstadt. Il partira à huit heures du soir de Kehl, Stöber et moi nous l'accompagnons« (Papst, L 2: 2000, 4). Büchner schrieb August Stoeber zum Abschied am 2. August 1833 in dessen Album *Souvenir d'amitié*: »Verse kann ich keine machen, eine Phrase fällt mir eben nicht ein, ich habe also nur die einfache Bitte, erinnere Dich zuweilen Deines / Georg Büchner« (BW 25).

38 *3 treffliche Freunde:* wohl ehemalige Darmstädter Mitschüler, die in Gießen studierten.

40 *H. Dr. H. K….:* Herr Doktor Heinrich Küntzel (siehe zu 61,22) war im Frühjahr 1833 in Gießen zum Dr. phil. promoviert worden und trat für zwei Jahre eine Stelle an der Darmstädter Hofbibliothek an.

40 f. *ästhetische Geschlapp:* Küntzel, dessen Bemühungen als Poet und Kritiker Büchner verspottet, hatte im Vorjahr das ehrgeizige Projekt eines Musenalmanachs initiiert (siehe Brief 61 mit Anlage).

42 *Accouchirstühle:* Geburtsstühle. Vgl. auch die gynäkologisch geprägte Bildsprache zur Beschreibung literarischer Unternehmungen in Brief 61.

43 *Nothtaufe:* »die Taufe, welche einem Kinde im Falle der Noth, d. i. in einer augenscheinlichen Lebensgefahr, ohne die sonst üblichen äußern Feyerlichkeiten ertheilet wird« (Adelung 3, 533).

43 f. *Abendzeitung:* Die *Abend-Zeitung*, »das Organ der auch von Tieck verspotteten Dresdner Spätromantik« (Mayer, L 3: 1981, 191), in der Küntzel später tatsächlich Kritiken veröffentlichte.

44 *appelliren:* »so viel als sich übergeben, oder erbrechen« (Adelung 1, 415).
45 *Philosophie:* Gemeint sind vermutlich Schriften des Gießener Philosophieprofessors Joseph Hillebrand, dessen Vorlesungen Büchner besuchte (vgl. MBA 9.2, 173–180).
48 *ich lache über meine Narrheit:* siehe Brief 15.
50 *taube Nüsse:* »leere, welche keinen Kern haben.« (Adelung 4, 539.)
51 f. *auf irgend einem Esel reiten und so sattle ich [...] den meinigen:* ironisch verfremdetes Bekenntnis zur Philosophie.
51–53 *Esel [...] Futter [...] Distelköpfen:* Esel sind »distelfräszig« (Grimm 2, 1195).
53 *Distelköpfen:* Ein ›Distelkopf‹ ist »ein neidischer, widerwärtiger, abstoszender, mürrischer, eigensinniger mensch« (Grimm 2, 1196).
57 *Viktor:* möglicherweise der (nicht mit Wilhelmine Jaeglé ersten Grades verwandte) Theologe Ludwig Viktor Jaegle (1806–1871) aus dem Umkreis der ›Eugenia‹ und seit 1833 Pfarrer in Ageux (Oise) – dies ist angenommen (vgl. Strohl, L 1: 1936, 96), allerdings auch bezweifelt worden (vgl. Mayer, L 2: 1990, 372).
58 *Scherb:* der Theologe Daniel Scherb (1809–1881) aus Colmar war Mitglied der ›Eugenia‹ und seit 1832 Hauslehrer in Genf.
59 f. *Adolph [...] wieder in Metz:* siehe zu 62,8–12.
63–65 *arme Volk schleppt [...] den Karren, worauf die Fürsten und Liberalen ihre Affenkomödie spielen:* siehe zur Kritik an den politischen Verhältnissen des Großherzogtums Hessen Brief 6 sowie dann die Ausführungen im *Hessischen Landboten.*
64 f. *Liberalen:* siehe zu 8,6 f.
66 *zum Hanf:* hier »bezüglich des aus hanf gedrehten zum henken dienenden stricks« (Grimm 10, 432). Siehe auch Brief 67.
zu d. Laternen: Anspielung an die bekannte Zeile ›Les aristocrats à la lanterne‹ aus dem Refrain des Revolutionsliedes *Ça ira!* von 1790, dem auch von Monsieur Le Grand in Heines *Reisebildern* getrommelten »Marsch ›*ça ira, ça ira – – – les aristocrats à la lanterne!*‹ – und ich verstand ihn.« (DHA 6, 191.) Vgl. die Bürger in der Lynchjustiz-Szene I/2 in *Danton's Tod*: »Wir haben die Aristokraten an die Laternen gehängt. [...] ein Aristokrat! An die Laterne! an die Laterne!« (DT 11.)

64.

Text nach H, Faksimile (BW 154–157). H: Zentralbibliothek Zürich. D[1]: Strohl, L 1: 1936, 74–77. Poststempel »STRASBOURG 4 JUIN«; geringer Textverlust durch Siegelausriss. Textkonstitution: 35 *wieder:* in der Vorlage: »wider«. 87/88 *Frauenzimmer:* in der Vorlage: »Frauzimmer«. Der Brief antwortet auf Boeckels Briefe vom 16. Januar und 15. Mai 1836, der Büchner zuletzt mitgeteilt hatte: »Meine Adresse: E. B. Alser-Vorstadt, Wikburg-gasse N° 18 [in] Wien« (BW 100). Boeckel antwortete Büchner wiederum am 18. Juni 1836, adressiert an »Monsieur / G. Büchner, doct. philosoph. / chez Mons. Siegfried, marchand d. vins / près des douanes / à / Strasbourg / Roy. d. France.« (BW 108.)

7 *meine Abhandlung: Mémoire sur le système nerveux du barbeau* (vgl. GW 6), Büchners Dissertation (siehe die Briefe 37, 74, 77, 79).

10 f. *société d'histoire naturelle:* siehe zu 43,29 f.

12 *in 3 verschiednen Sitzungen 3 Vorträge:* Die Protokolle zu den jeweils Mittwoch abends veranstalteten Sitzungen notieren für den 13. April 1836: »M. Büchner lit une 1ère partie d'un travail étendu sur les nerfs des poissons«, für den 20. April 1836: »M. Büchner continue la lecture de son mémoire sur les nerfs des poissons« und für den 4. Mai 1836 mit ausführlichem Referat der Lesung: »Mr. Büchner termine la lecture de son travail sur les nerfs des poissons.« (Hauschild, L 1: 1985, 364–366.)

14 *unter ihren Memoiren abdrucken:* Das *Mémoire sur le système nerveux du barbeau (Cyprinus Barbus L.),* »par George Büchner«, erschien als zweiter Band der Reihe *Mémoires de la société du muséum d'histoire naturelle de Strasbourg* mit dem unrichtigen Erscheinungsjahr 1835 auf dem Titelblatt »erst nach seinem Tod, und zwar laut der obligatorischen französischen Depotregistrierung am 8. April 1837 (Auflage: 300 Stück).« (GW 6.)

15 *correspondirenden Mitglied:* Die Ernennung erfolgte in der Sitzung vom 18. Mai 1836, in der auch der Druck der Abhandlung Büchners in der Veröffentlichungsreihe der Gesellschaft beschlossen wurde.

20 f. *meinen Doctor bezahlt:* Nach der am 8. Oktober 1836 gültig gewordenen Promotionsordnung der philosophischen Fakultät der Universität Zürich waren »die gesetzlichen Gebühren« in Höhe von insgesamt 160 Franken »zu entrichten« (Hauschild, L 1: 1985, 374), ein Betrag, der um ein Viertel höher war als das

Honorar, das Büchner jeweils für *Danton's Tod* und die Hugo-Übersetzungen bezogen hatte.

24f. *nächsten 6–8 Wochen [...] großen weißen Papierbogen [...] vollschmieren soll:* vgl. *Leonce und Lena* I/3: »ein großer weißer Bogen Papier, den ich voll schreiben soll« (LL 16). Mit *Leonce und Lena* beteiligte Büchner (der Geld benötigte) sich an dem Wettbewerb »für das beste ein- oder zweiaktige Lustspiel in Prosa oder Versen« (KMa 228), das der Cotta-Verlag um einen Preis von 300 Gulden ausgeschrieben hatte. Der von Büchner knapp verpasste Einsendetermin war auf den 1. Juli 1836 festgelegt und wurde dann nochmals um zwei weitere Wochen verlängert. Mit Hochdruck dürfte er nun an der (verschollenen) ein- oder zweiaktigen Fassung des Lustspiels gearbeitet haben, für das er allerdings nur noch vier bzw. sechs Wochen Zeit hatte.

26 *befiehl du deine Wege:* Titel und erster Vers des Liedes *Befiehl du deine Wege* von Paul Gerhardt (seit 1653 in den evangelischen Gesangbüchern), ein »Weg- und Vertrauenslied par excellence« (Bunners, L 3: 2006, 111), das mit dem jeweils ersten Wort der Strophen ein Akrostichon ergibt: »Befiehl dem Herrn deine Wege, und hoffe auf ihn; er wirds wohl machen.« (AT, Psalm 37,5.)

36f. *nächsten Wintersemester meinen Kurs:* siehe zu 44,12.

39 *Deiner Reise:* Boeckel hatte Büchner in seinen letzten Briefen vom 16. Januar und 15. Mai 1836 von seiner Studienreise durch die diversen »medizinischen Anstalten« berichtet, die ihn zunächst nach Heidelberg führte, dann über Frankfurt, Gießen, Marburg, Kassel nach Göttingen, anschließend nach Berlin, von dort über Leipzig, Dresden, Töplitz und Prag nach Wien, wo er sich seit dem 17. April 1836 aufhielt, eine Stadt, die neben Berlin für einen lernbegierigen »jungen Arzt sehr viele Vortheile« biete, nämlich Menschen als medizinische Anschauungsobjekte: »Die maternité hier ist sehr groß täglich sind 6–8 accouchemens«, die »Augenheilkunde« könne »man hier sehr gut studiren [...] wegen der großen Anzahl v. Autopsien in einem Hospital wo mehrere tausend Kranke sich befinden. Was mich hier speziell intereßirte ist die Cholera welche sich wieder hier gezeigt hat, wir hatten einen Bestand von 20 Cholera Kranke, täglich 2 Todte, jezt hat die Cholera wied. abgenommen, die Anzahl d. Kranken im Hospital ist auf zehne heruntergekommen. An Intensität hat die Krankheit nicht abgenommen ich sah mehrere in 6–8 Stunden sterben [...] 30–40 typhus Kranke – 10–15 metro peritonite, Kindbettfieb. oft mit tödlichem Ausgang« (BW 98).

41 f. *so langweilig, als wenn es noch einmal so langweilig wäre:* Der Langeweile-Diskurs im geistreich paradoxen Gestus als Aperçu präsentiert ist wohl nochmals ein Anklang an *Leonce und Lena* I/3: »ich habe Langeweile, weil ich dich liebe. Aber ich liebe meine Langeweile wie dich. [...] Komm liebe Langeweile« (LL 14); vgl. auch die Bemerkungen über die »Langeweile« (LL 8) in *Leonce und Lena* I/1.

46 f. *Tour durch die Spitäler [...] Tour durch die Hörsäle:* »Die touren durch die teutschen Hospitäler u. Hörsääle ist für mich nicht so unangenehm wie Du glaubst« (BW 106), meinte Boeckel dazu am 18. Juni 1836, um dies dann weitschweifig mit Details fachmedizinischer Art zu kommentieren. Am 4. September 1836 schrieb er dann aus Würzburg, dass er über Graz, Triest, Venedig, Verona und andere norditalienische Städte, dann über Innsbruck, Salzburg und München dorthin gereist sei und setzte nach: »Diese Reise wenigstens wirst Du nicht für langweilig u. trocken halten, wie die tournée durch die Hörsaale der teutschen Profeßoren.« (BW 112.)

47 f. *sehr melancholisch [...] halb verrückt:* möglicherweise ein Anklang an die »sehr gegründete Melancholie« (LL 8) in *Leonce und Lena* I/1 und ein Anklang im Gedanken an Lenz, der Büchner zufolge »halb verrückt« (siehe zu 37,5) wurde.

48 f. *Tour durch unsere teutschen Staaten [...] ganz wüthend:* »Was die politischen Verhältniße anbelangt so kümmere ich mich wenig darum, od. vielmehr sie geniren mich nicht« (BW 107), reagierte Boeckel am 18. Juni 1836 ignorant auf Büchners Empörung über die politischen Zustände, um mit weiteren Bemerkungen deutlich zu machen, dass er selbst alles andere als eine republikanische Haltung einnahm. In seinem Brief vom 4. September 1836 setzte er ausdrücklich nach, dass er mit den monarchischen Regierungen von Preußen, Russland und Österreich sympathisiere und schrieb in unmissverständlicher Opposition zu Büchner: »In Teutschland befinde ich mich sehr wohl, es ist nicht halb so schlimm wie Du glaubst. Ich glaube es gibt keinen besser organisirten Staat in Europa wie Preußen beynahe in aller Beziehung – Die Regierung herrscht nach den bestehenden Gesetzen kraftvoll u. energisch, u. von eigentlichem Despotismus habe ich wenig od. nichts gesehn« (BW 113).

57 *hohlen Zahn ausziehen lassen:* In einem zeitgenössischen Fachartikel »Über die Behandlung des Zahnwehes« heißt es (*Archiv für medizinische Erfahrung im Gebiete der praktischen Medizin,*

Chirurgie, Geburtshülfe und Staatsarzneikunde, Jg. 1836, Januar/Februar, S. 155 f.): »Gemeiniglich pflegt man einen hohlen Zahn, sobald er Schmerzen verursacht, auszuziehen; und man thut unrecht. [...] Nur wenn ein hohler Zahn ganz unbrauchbar ist, oder Beschwerden verursacht, die auf keine andere Art gehoben werden können, muss er ausgezogen werden.«

58–63 *todtschießen [...] selbstmörderisches [...] auf subtile Weise [...] aus der Welt schaffen:* vgl. die ironische Rede über den Selbstmord in Brief 44; zum ›subtilen Selbstmord‹ siehe zu 67,10 f.

60 *Baum:* siehe Brief 27.

63 *Schlagfluß:* Synonym zu »Apoplexie« (siehe zu 71,9), eine oft tödliche »plötzliche Gehirnlähmung«, die sich »durch Suspension des Bewusstseyns, der Empfindung und Bewegung bei fortdauernder Respiration und Blutcirculation zu erkennen« gibt. »Am meisten disponirt zum Schlagfluss sind Menschen mit Habitus apoplecticus. Dieser ist kenntlich durch einen kurzen, dicken Hals, [...] untersetzten Körperbau, aufgetriebenes, rothes Gesicht, [...] Neigung zu Fettleibigkeit, unruhige Träume, grosse Nervenreizbarkeit, [...] starken Appetit, Neigung zu geistigen Getränken, durch Trägheit, oft aber auch durch vielen Geist.« (Most, L 2: 1833, 68.) Die Ursachen dieser nicht unbedingt tödlichen, aber gefährlichen Erkrankung sind in der medizinischen Fachliteratur der 1830er Jahre stets so oder ähnlich beschrieben. »Alle stimmen überein, dass eine sanguinische Constitution, ein sehr dicker Kopf und kurzer Hals zu dieser Krankheit disponiren. [...] Eben so einstimmig ist man in Beziehung auf den Einfluss eines weichlichen und müssigen Lebens ohne alle körperliche Uebung.« (Meissner, L 2: 1830, 439.) In *Woyzeck* H 4,9 diagnostiziert der Doktor dem Hauptmann: »Hm, auf[ge]dunsen, fett, dicker Hals, apoplectische Constitution.« (MBA 7.2, 28.) Er stellt ihm dann eine Lähmung in Aussicht.

64 f. *Aerger der Gesundheit sehr zuträglich:* »Aerger ist ungesund« (MBA 7.2, 27) meint dagegen in *Woyzeck* H 4,8 der Doktor, der bereits in H 2,6 »ärgern ist ungesund« (MBA 7.2, 16) behauptet hat. Während Ärger in der medizinischen Fachliteratur der 1830er Jahre der Gesundheit schadet, findet sich diese Ansicht komisch verkehrt in der Literatur. In Tiecks Novelle *Der Jahrmarkt* ist von einem Diener die Rede, »der ganz eigen dazu gehalten wurde«, den Hausherrn »zu ärgern«, denn dieser »hatte die Einbildung gefaßt, er könne nicht [...] gesund bleiben, wenn

ihm nicht recht tüchtig die Galle erregt würde.« (Tieck, L2: 1832, 92.) Auch in Jean Pauls *Hesperus* ist ironisch davon die Rede, dass »Aerger gesund« (Jean Paul, L2: 1826, Bd. 3, 122) sei.

67 *Deines Bruders:* Charles Boeckel, Buchhändler in Straßburg.

69f. *die schönsten Dispositionen:* Die durch den Verzicht auf körperliche Betätigung wie das Fechten begünstigte Anlage zur Apoplexie zeigt sich nicht nur an Baums Bauch, sondern auch mit der Aussicht auf den geistlichen Beruf Pfarrer, der keine körperliche Bewegung erfordert, weshalb »Mönche« besonders »vom Schlagfluss betroffen« (Meissner, L2: 1830, 439) sind.

71 *beiden Stöber:* siehe die Briefe 61, 62, 63.
Oberbrunn: siehe Brief 63.

72–74 *Gerücht hinsichtlich der Frau Pfarrerin […] Ehebruchs:* August Stoeber, der in Oberbrunn als Vikar tätig war, hatte wohl eine Affäre mit Wilhelmine Schweppenhäuser (geb. Jäger), der Cousine seiner Verlobten und Gattin des Pfarrers Ludwig Schweppenhäuser; als Vikar musste Stoeber »des öfteren aushilfsweise für den erkrankten Pfarrer einspringen« (Hauschild, L2: 1981, 241) und übernahm nach dessen Tod am 17. September 1836 in Oberbrunn dessen Pfarrstelle. »Was Du mir v. Stöber schreibst, ist sehr betrübend u. für mich bis jezt unglaublich« (BW 106), antwortete Boeckel.

73 *Das arme Mädel hier:* Über die Pfarrerstochter Mina Jäger (1815–1840), August Stoebers Verlobte in Straßburg, erzählte Boeckel am 11. Januar 1837: »Stöber hat seine fiancée«, seine Verlobte, »definitif aufgegeben wie man mir sagte; das arme Mädchen dauert mich Sie wd. schwer eine andere Parthie machen können.« (BW 127.)

78f. *meinen Vetter aus Holland:* Es dürfte sich entweder um Ernst Christian Büchner (1812–1882) oder um Hermannus Philipp Polijn Büchner (1815–1887) handeln, Söhne des in Holland ansässigen Arztes Wilhelm Friedrich Büchner (1780–1855), »dem Lieblingsbruder des Vaters in Gouda« (Hauschild, L3: 1993, 23). Boeckel charakterisierte diesen Vetter folgendermaßen: »Dein cousin ist ein liebenswürdiger, artiger, vernünftiger naiver Holländer. Er hat Anatomie u. physiolog. gut los, u. dabey hat er die praktische Medizin nicht vernachläßigt. Er macht uns vielen Spaß u. es thut mir leid daß ich mich auf ewig von ihm trennen muß. Er spricht originell, naïv holländisch Teutsch.« (BW 106.)

82 *chronischen Friesel:* Über das »F r i e s e l«, eine »mit einem Fieber verbundene Krankheit, welche in erhabenen Flecken auf der Haut

bestehet, die […] einige Zeit sichtbar sind, und hernach abtrocknen und in Schuppen abfallen« (Adelung 2, 308), erläutert Hufeland unter der Überschrift *Chronischer Friesel*: »Der Frieselausschlag kann auch ohne Fieber erscheinen, und dann ist er von unbestimmter, oft sehr langwieriger Dauer, oder es bleibt eine Disposition in der Haut zurück, die ihn immer wieder erscheinen lässt.« (Hufeland, L 2: 1836, 477.) Der Hautausschlag war offenbar vor allem im Elsaß und bei Frauen verbreitet. Die zeitgenössische medizinische Fachliteratur vermerkt, es habe seit dem 18. Jahrhundert »der Friesel nicht aufgehört in Strassburg und im Elsass zu herrschen, u. sich häufig zu Epidemien zu steigern.« (*Allgemeines Repertorium der gesammten deutschen medizinisch-chirurgischen Journalistik*, Jg. 10, 1836, Heft 7, S. 172.) Außerdem ist erläutert: »Der habituelle chronische Friesel kommt am meisten bei […] Frauen vor, […] die an einer abnormen Reitzbarkeit des gesammten Nervensystems leiden.« (Ebd., Heft 11, S. 70.)

84–94 *à propos […] à propos:* wohl nochmals ein Anklang an *Leonce und Lena* I/3: »A propos« (LL 20).

84–88 *Deine beyden Briefe […] unpassend […] an ein Frauenzimmer zu adressiren:* Boeckel hatte seine beiden letzten Briefe an Büchner tatsächlich an »Mademoiselle Jägle« (BW 92, 100) adressiert. Dem Brief vom 16. Januar 1836 hatte er folgende Zeilen an Wilhelmine Jaeglé vorangestellt: »Entschuldigen Sie gütigst die Freiheit die ich mir nehme den Brief an Sie zu adressiren, ich thue es um mir das Vergnügen zu machen, mich meiner Freundin ins Gedächtniß zurückzurufen, u. um unserm George Unannehmlichkeiten zu ersparen. / Ihr Freund Eugène. / N.B. Da in dem Brief medicinische Gegenstände zur Sprache kommen muß ich Sie bitten zu thun was Ihnen gefällt.« (BW 90.) Im Brief vom 15. Mai 1836 lauteten die vorangestellten Zeilen: »Erlauben Sie daß ich noch einmal meine Zuflucht zu Ihnen nehme um einen Brief an Büchner gelangen zu laßen, ich weiß durchaus nicht ob er noch in Strasburg od. Zürich ist. Seit vier Monaten erhielt ich gestern die erste Kunde von ihm – […] Verzeihen Sie George zu Gefallen, die Freiheit die ich mir nehme an Sie zu schreiben, u. seyen Sie versichert daß ich die aufrichtigsten Wünsche hege zum Glücke von Ihnen beyden – Ich danke Ihnen wegen des Grußes den Sie durch Büchner an mich sandten, u. verbleibe Ihr Freund […] P.S. Ich erneuere meine Bemerkung daß in d. Brief zuweilen medizinische Gegenstände verhandelt werden – Sie werden thun was Ihnen beliebt.« (BW 97.) Nachdem Boeckel seinen Brief an

Büchner vom 18. Juni 1836 an den Straßburger Weinhändler Siegfried adressiert hatte, adressierte er seinen Brief vom 4. September 1836 wieder an Jaeglé, allerdings im Umschlag: »Mein lieber Büchner, wo Du bist weiß ich nicht gewiß, u. darum muß ich auf's neue mich an Deine Geliebte wenden (sous enveloppe) um Dir den Brief zukommen zu laßen – Ich ließ zwar Deine adresse bey Melle Jägle begehren, allein ich erhielt sie nicht, wie mein Bruder versichert durch die Nachläßigkeit v. Melle – Du wirst hoffentlich den Brief erhalten haben welchen ich Dir den 18ten Juni v. Wien aus schrieb, mit d. adresse bey Hr. Siegfried etc« (BW 112).

86 *Couverte:* Briefumschlag.

91 *die nächsten 4 Wochen noch hier:* Büchner blieb bis zum Herbst in Straßburg und reiste am 18. Oktober 1836 nach Zürich ab (siehe Brief 46).

93 *mit einem Brief erfreuen, ehe Du aus Wien abreisest:* Boeckel schrieb den Antwortbrief am 18. Juni 1836 und informierte Büchner darüber, dass er »bis Mitte July's« (BW 107) noch in Wien bleiben werde.

94 *Dem.:* Demoiselle.

94f. *Peche ist eine alte Bekanntin von mir:* Die seit 1830 in Wien tätige Schauspielerin Therese Peche (1806–1882) war 1828/29 in Darmstadt engagiert, wo sie in *Romeo und Julia* die Julia und im *Kaufmann von Venedig* die Porzia spielte; es ist »wahrscheinlich, daß Büchner sie in diesen Rollen gesehen hat«, da er dem im Frühjahr 1828 von Darmstädter Primanern gebildeten Freundeskreis angehörte, wo man »bewegt und hingerissen die Dramen Shakespeares« las und diese »Shakespeare-Begeisterung damals durch gleichzeitige Theaterbesuche bestärkt, vielleicht sogar entscheidend angeregt worden ist.« (Zimmermann, L 3: 1983, 145f.)

5. Briefe an Karl Gutzkow (mit einem Anschreiben an Johann David Sauerländer)

Es ist ein Anschreiben an den Verleger Johann David Sauerländer (1789–1869) in Frankfurt am Main handschriftlich erhalten (hier: Brief 65), derjenige Brief, dem als Anlage der Brief an Karl Gutzkow (1811–1878) beigefügt war (hier: Brief 66), mit dem Büchner den Kontakt zu dem nur zwei Jahre älteren Kritiker und Schriftsteller aufnahm; die wenigen überlieferten Briefe an Gutzkow dagegen sind es bis auf eine Ausnahme nicht. Sie sind bis auf einen einzigen zufällig handschriftlich erhaltenen Brief (hier: Brief 73) und bis auf ein zu erschließendes Briefzitat (hier: Brief 75) lediglich als mehr oder weniger umfangreiche Auszüge durch die beiden ersten Veröffentlichungen 1837 und 1838 von Gutzkows Nachruf über Büchner überliefert.

Dieser Nachruf war unter dem Titel »Ein Kind der neuen Zeit« mit der Verfassersigle K. G. gezeichnet zuerst im Juni 1837 in drei Fortsetzungsfolgen im *Frankfurter Telegraph* erschienen, wobei die Zensur dem Verfasser vor allem die Zitate aus Büchners Briefen zusammengestrichen hat. »Die Censur ist allerdings ein Stein des Anstoßes; in meinem Nachrufe an Büchner hat sie stark aufgeräumt und die originellsten Stellen aus seinen Briefen an mich weggestrichen« (Andler, L 1: 1897, 190 f.), klagte Gutzkow in seinem Brief an Wilhelmine Jaeglé vom 30. August 1837. Es sind dies die Erstdrucke von Büchners Briefen an Gutzkow (D^1).

Im Jahr darauf wurde der Nachruf unter dem Titel »Georg Büchner« im Textbestand beträchtlich erweitert und verändert nachgedruckt. Den Zweitdruck von Büchners Briefen an Gutzkow (D^2) bietet Gutzkows Bändchen zur damaligen Gegenwartsliteratur, *Götter, Helden, Don-Quixote. Abstimmungen zur Beurtheilung der literarischen Epoche*, 1838 in Hamburg bei Hoffmann und Campe erschienen. Büchner ist dort (nach Shelley und vor Grabbe) im ersten Abschnitt »Götter« plaziert. Über den in dieser Sammlung nachgedruckten Nachruf auf Büchner schrieb Gutzkow am 26. Juni 1838 an Jaeglé: »Ich [...] vervollständigte Einiges, was mir die Censur in Frankfurt verstümmelt hatte« (Andler, L 1: 1897, 193). Dies betraf speziell die Briefe Büchners an ihn. D^2 ist daher dann D^1 vorzuziehen, wenn dort zuvor unterdrückter Text abgedruckt ist. – Es sind dreizehn Gegenbriefe von Gutzkow überliefert (vom 25. und 28. Februar, 3., 5. und 17. März, 7. April, 12. Mai, 23. Juli, 28. August, 28. September und 4. Dezember 1835 sowie vom 6. Februar und 10. Juni 1836).

65.

Text nach H, Faksimile (BW 144 f.). H: Hessische Landes- und Hochschulbibliothek Darmstadt. D^1: Houben, L 1: 1918, 2 f.

5 f. *ein Manuscript:* Die Handschrift von *Danton's Tod* ist überliefert; vgl. das Faksimile: MBA 3.1, 5–336.

7 *Stoff der neueren Geschichte:* die Französische Revolution. *Danton's Tod* behandelt das krisenhafte Revolutionsgeschehen während der Jakobinerdiktatur um den Dantonistenprozess. Die Handlung setzt ein am 28. März 1794, einen Tag vor dem Beschluss des Wohlfahrts- und des Sicherheitsausschusses, die gemäßigten Abgeordneten um Danton verhaften zu lassen, und endet am 5. April 1794 mit der Hinrichtung der Dantonisten durch die Guillotine.

8 *Verlag desselben zu übernehmen:* Dies hat Sauerländer getan; siehe die Briefe 27, 29, 31.

11 *Heyerische Buchhandlung:* Johann Wilhelm Heyers Verlagsbuchhandlung in Darmstadt, die Büchners Bekannter Friedrich Metz führte (siehe zu 61,23).

14 *beygeschloßnen Brief:* siehe Brief 66.

16 f. *Couverte:* Briefumschlag.

17 *Frau Regierungsrath Reuss:* Büchners Großmutter Louise Reuß (geb. Hermani, 1764–1846), die im Obergeschoss des Hauses der Familie Büchner in der Grafenstraße in Darmstadt wohnte.

18 f. *Verschiedne Umstände:* Büchners konspirative Aktivitäten im Umkreis der ›Gesellschaft der Menschenrechte‹ (so die Vorbereitung zur Anschaffung einer Druckerpresse für zukünftige Flugschriften, die geplante Gefangenenbefreiung des in Friedberg inhaftierten Freundes Minnigerode) und deren Begleitumstände (Vorladungen zu Vernehmungen, wahrscheinliche Beobachtung durch die Polizei, ständig drohende Verhaftung).

66.

Text nach D[1] (Gu 1837, 331 f.). Einleitend schrieb Gutzkow zum Empfang des Briefes, der dem Manuskript von *Danton's Tod* beigelegt war: »In den letzten Tagen des Februar 1835 [...] erhielt ich aus Darmstadt ein Manuscript nebst einem Briefe, dessen wunderlicher und ängstlicher Inhalt mich reizte, in ersterem zu blättern. Der Brief lautete: [...].« Es folgt der Brief, den Büchner seinem Anschreiben an den Verleger Sauerländer vom 21. Februar 1835 zur Weitergabe an Gutzkow beigelegt hatte (siehe Brief 65).

15 *Nothanker:* der zweite Anker, der »nur im Fall der noth gebraucht wird.« (Grimm 13, 921.)

18 f. *ein Allmosen abfordere:* »10 Friedrichsd'or will Ihnen Sauerländer geben« (BW 55), teilte Gutzkow dem Autor am 3. März

1835 die Höhe des Honorars für *Danton's Tod* mit. Am 28. Februar 1835 hatte er geschrieben: »Sie hätten mir schreiben sollen, was Ihre Foderung im betreff Danton's ist. Viel, (am wenigsten aber das, was Ihre Dichtung werth ist,) kann Sauerländer nicht geben. Es ist für ihn ein harter Entschluß, das Mscr zu drucken; denn wie günstig die Kritik urtheilen mag, so ist doch mit dem Absatz dramatischer Sachen bei dem gegenwärtigen Publikum die größte Noth. Kaum, daß sich das Papier herausschlägt. Ich weiß das. Das sind keine Redensarten. / Rechnen Sie das Nothdürftigste, was Sie im Augenblick brauchen, zusammen [...]. / Ihrer Angabe seh' ich also demnächst entgegen.« (BW 55)

21 *als Kritiker:* Gutzkow, der als Redakteur für Sauerländer tätig war und seit Anfang des Jahres das *Literatur-Blatt* des *Phönix* leitete, war im Alter von 24 Jahren bereits ein renommierter Literaturkritiker. Er hatte zuvor unter anderem für das bekannte *Morgenblatt für gebildete Stände* geschrieben.

22 *S..:* Sauerländer.
zu empfehlen, und sogleich zu antworten: »Ihr Drama gefällt mir sehr, u ich werde es Sauerl. empfehlen«, antwortete Gutzkow gleich am 25. Februar 1835, und fügte hinzu: »nur sind theatralische Sachen für Verleger keine lockende Artikel. Deshalb müßten Sie bescheidene Honorarfoderungen machen. / Wenn diese vorläufige Anzeige dazu dienen könnte, Ihren Muth wieder etwas aufzurichten, so würd' es mich freuen. In einigen Tagen mehr!« (BW 54.)

24 *unglückliche Verhältnisse:* siehe zu 65,18f.

24f. *in höchstens fünf Wochen zu schreiben:* Gemeint ist die Herstellung der Reinschrift, mit der Abfassung des Dramas dürfte Büchner im Oktober 1834 begonnen haben. Vgl. zur Entstehung von *Danton's Tod* MBA 3.2, 159–255.

29 *der Geschichte gegenüber:* siehe Brief 31.

30 *Shakespeare:* siehe zu 31,67.

35 *vor nächstem Mittwoch:* Wahrscheinlich war Büchner für jenen Mittwoch, den 25. Februar 1835, zu einer Vernehmung im Darmstädter Stadtgericht im Zusammenhang mit seinem Antrag auf Ausstellung eines Geburtsscheins vorgeladen.

40 *Supplik:* Bittgesuch.

41 *la bourse ou la vie!:* Geld oder Leben!

67.

Text nach D^2 (Gu 1838, 34f.). »Büchner schrieb im Sommer 1835 an mich: [...].« Diesem in D^1 und D^2 gleich lautenden Einleitungssatz folgt in D^1 (vgl. Gu 1837, 338) lediglich die Anrede, der erste Absatz und vom zweiten Absatz die beiden ersten Sätze, davon der zweite stark gekürzt; der in D^2 überlieferte Rest und weiterer Brieftext ist in D^1 von der Zensur unterdrückt worden. Dem Einleitungssatz folgt in An- und Abführungszeichen der Brief. Gutzkows offenbar ungenaue Erinnerung ist aufgrund des Briefinhalts mit dem Hinweis auf Büchners einige Tage zurückliegende Ankunft in Straßburg auf um Mitte März 1835 zu korrigieren. Datierungen: »Um Mitte März 1835« (Mayer/Papst, L3: 1993, 149; FA 397), »etwa 14. März 1835« (BW 59).

3f. *Steckbrief im Frankfurter Journal:* Büchners Steckbrief im *Frankfurter Journal* erschien dort erst am 18. Juni 1835; vgl. das Faksimile: KMa 203.

4 *Abreise von Darmstadt:* um den 6. März 1835.

4f. *Seit einigen Tagen bin ich hier:* Der genaue Tag der Ankunft in Straßburg Mitte März 1835 ist nicht bekannt. Am 9. März 1835 war Büchner in Weißenburg über der Grenze (siehe Brief 24). Wenn man annimmt, dass er von dort zu Fuß unterwegs gewesen ist, dann wäre er in Straßburg »zwei Tage« später »etwa am 11. März« (Hauschild, L3: 1993, 475) eingetroffen, nimmt man an, er habe eine Kutsche genommen, die »ca. 8 Stunden« (Mayer, L3: 2000, 410) brauchte, entsprechend früher.

7f. *Mein Manuscript wird unter der Hand seinen Kurs durchgemacht haben:* Anfrage nach der Drucklegung von *Danton's Tod.*

10f. *subtilen Selbstmord durch Arbeit:* »Sich Gefahren auszusetzen [...] ist subtiler Selbstmord, oder ein solcher, da man die Verletzung und Abkürzung seines Lebens zwar nicht zur Absicht hat, aber es doch leichtsinnig abkürzt« (Cannabich, L2: 1811, 105f.) – so oder ähnlich ist diese Form des Suizids zeitgenössisch in Ausführungen zur christlichen Sittenlehre stets definiert, wobei diese »Art des Selbstmords [...] selbst in zu vieler Arbeit« (ebd. 106) bestehen kann. Im Entwurf H1 von *Leonce und Lena* heißt es dann: »Denn wer arbeitet ist ein subtiler Selbstmörder« (LL 50). Siehe zur ironischen Rede über den Selbstmord auch zu 44,4–6. Vgl. auch *Danton's Tod* I/2, wo vom »Mord durch Arbeit« (DT 11) die Rede ist.

12 *Faulheit:* siehe zu 8,45.

14–16 *Jesuiten für den Dienst der Maria […] St. Simonisten für die femme libre […] sterbe mit meiner Geliebten:* Mit dem Hinweis auf die katholische Ordensgemeinschaft ›Societas Jesu‹ (Gesellschaft Jesu), der auf das päpstliche Jesuitenverbot von 1773 (wieder aufgehoben 1814) anspielen mag, auf die Repression, welcher die Jesuiten ausgesetzt waren, wird ein latent politisch und deutlich erotisch sowie quasi religiös konturierter dreiteiliger Bildkomplex eröffnet, der ironisch Möglichkeiten eines ›Frauendienstes‹ imaginiert – fortgeführt mit dem Hinweis auf die St. Simonisten (siehe Brief 8) und abgeschlossen mit dem Hinweis auf den Topos vom romantischen Liebestod, bei dem Büchner möglicherweise selbstironisch an sein als Leidensgeschichte inszeniertes Liebesverhältnis mit Jaeglé dachte (siehe die Briefe 51 bis 55).

17f. *Münster eine Jacobiner-Mütze aufsetzen:* Dies war während der Französischen Revolution tatsächlich geschehen, was im 19. Jahrhundert noch bekannt war. Der *Baedeker* vermerkt über die »Thurmspitze«, »dass ihr eine grosse roth angestrichene Jacobiner-Mütze von Blech aufgesetzt wurde.« (Baedeker, L 2: 1856, 6.) Im Zuge der Dechristianisierungspolitik war das Straßburger Münster 1793 in einen ›Tempel der Vernunft‹ (›Temple de Raison‹) umbenannt und vom Stadtrat unter den Baumaßnahmen die Anbringung einer vier Meter hohen roten Mütze aus Blech auf der Turmspitze veranlasst worden. »Die Arbeiten an der Mütze dauerten vom […] 12. Mai – 13. Juni 1794 […] und kosteten die Stadt 2991 livres. Mit der Beendigung der Arbeiten an der Jakobinermütze auf dem Straßburger Münster war die äußerliche Umgestaltung der Kathedrale abgeschlossen.« (Schönpflug, L 3: 2002, 239.) Das rote Blechgestell auf der Turmspitze beherrschte das Stadtbild, bevor es nach dem Ende der Jakobinerherrschaft auf Veranlassung des Stadtbibliothekars J.-J. Oberlin ins Museum gelangte, wo die blecherne Jakobinermütze jahrzehntelang besichtigt werden konnte, bis sie 1870 unter dem Beschuss der preußischen Armee verbrannte. »Viele unserer Zeitgenossen haben sie zweifellos noch in einem Saal auf der zweiten Etage des Temple-Neuf in Augenschein genommen« (Reuss, L 3: 1888, 500). Es ist gut denkbar, dass Büchner sie noch gesehen hat.

21f. *Misjahr:* ein »verfehltes, schlechtes jahr in bezug auf den Ertrag der ernte« (Grimm 12, 2300).

22–24 *Hanf […] Boa Constriktor zusammen flechten […] seidnes*

Schnürchen: Mit dem Hanfstrick (siehe auch Brief 63) als dem zum Erhängen gebräuchlichen Tötungsinstrument wird ein dreiteiliger Bildkomplex vom Tod durch Erwürgen eröffnet, der auf den Hals zielt und somit auf die Guillotine; er wird fortgeführt mit der wie ein Strick zu flechtenden riesigen Würgeschlange und schließlich mit der Seidenschnur als einem asiatischen Tötungsmittel.

24 *Mein Danton: Danton's Tod.*

25 *Muse:* Den Begriff für die Inspirationsquelle dichterischer Einbildungskraft als übliches »zubehör der dichtersprache« (Grimm 12, 2736) nach den Musen, den Göttinnen der Künste und Wissenschaften, hat Büchner über den Bereich der Kunst hinaus auf politische Kontexte hin erweitert (siehe auch Brief 69).
Samson: Der Name der Büchner auch in dieser Schreibweise bekannten Pariser Scharfrichterfamilie Sanson (vgl. MBA 3.4, 194) – während der Französischen Revolution Charles-Henri Sanson (1739–1806), Amtsinhaber bis 1795, und sein Sohn Henri Sanson (1767–1840), der seinem Vater assistierte, ihn seit längerem bereits vertrat und das Amt 1795 übernahm – ist eine Anspielung auf die Guillotine.

68.

Text nach D[1] (Gu 1837, 345). Das Büchners Hugo-Übersetzungen (siehe zu 29,40f.) betreffende Briefzitat gab Gutzkow aus dem Gedächtnis wieder: »Einen seiner Briefe, wo er die Schwächen Victor Hugos mit seinem Auge musterte, kann ich leider nicht wiederfinden. Alfred de Musset zog ihn an, während er nicht wußte, ›wie er sich durch V. Hugo durchnagen‹ solle, Hugo gäbe nur ›aufspannende Situationen‹ A. de Musset aber doch ›Charaktere, wenn auch ausgeschnitzte.‹« Aus Gutzkows Brief an Büchner vom 12. Mai 1835 geht hervor, dass Büchner sich ihm gegenüber über Hugo (und vermutlich auch über Musset) geäußert hatte: »Ihre Äußerungen über neure Lit. vermag ich nicht aufzunehmen, weil mir jezt die Muße fehlt. Nur glauben Sie nicht, daß ich z.B. durch meine Besorgung einer Uebersetzung V. Hugos eine große Verehrung vor der romantischen Confusion in Paris an den Tag legen will« (BW 67). Datierungen: »Vor dem 12. Mai 1835« (Mayer/Papst, L 3: 1993, 149), »um Ende April 1835« (BW 65).

2f. *durch V. Hugo durchnagen:* Büchner hat die beiden Dramen *Lucrèce Borgia* und *Marie Tudor* von Victor Hugo (1802–1885) übersetzt (vgl. MBA 4), dem Wortführer der französischen Romantik. Da er sich offenbar mit der Übersetzung quälte, hatte Gutzkow ihm am 7. April 1835 geraten, diese abzubrechen: »Die Übersetzung lassen Sie unterweges, an Originale machen Sie sich.« (BW 63.) Büchner dürfte zu diesem Rat in dem verschollenen Brief Stellung genommen haben.

3f. *[Musset]:* Büchners Lektüre der Werke des französischen Romantikers Alfred de Musset (1810–1857) war produktiv. Mussets Komödie *Fantasio* (1834) war als Vorbild konzeptionell bestimmend für *Leonce und Lena*.

69.

Text nach D² (Gu 1838, 41) unter Berücksichtigung von D¹ (Gu 1837, 345). Es handelt sich um ein Briefzitat zur zügigen Entstehung von *Danton's Tod*, das Gutzkow in eine kommentierende Bemerkung integriert hat. In D¹ ist die Ortsangabe in dem Zitat unkenntlich: Büchner, so heißt es dort, »erklärte, für den Danton, der so hurtig zu Stande gekommen, wären ›die NN'schen Polizeidiener seine Musen gewesen;‹« in D² ist sie kenntlich: Büchner, so heißt es hier, »erklärte, für den Danton, der so hurtig nicht zu Stande gekommen, wären ›die Darmstädtschen Polizeidiener nicht seine Musen gewesen;‹« Ludwig Büchner rekonstruierte das Briefzitat so: »Für Danton sind die Darmstädtischen Polizeidiener meine Musen gewesen.« (N 21.) Datierung: »um Mitte September 1835« (BW 80), wobei der fragmentarische Wortlaut nicht sicher zu datieren ist.

2 *Darmstädtschen Polizeidiener:* Büchner fühlte sich bei der Niederschrift von *Danton's Tod* dem Druck polizeilicher Beobachtung und drohender Verhaftung ausgesetzt.
Musen: siehe zu 67,25.

70.

Text nach D¹ (Gu 1837, 340). Textkonstitution: 10 *habe:* korrigiert nach D² (Gu 1838, 39); in D¹ der Druckfehler: »haben«. Dem Briefauszug vorangestellt ist die Mitteilung, dass Gutzkow nach seiner enthusiastischen Besprechung von *Danton's Tod* im *Phönix* vom 11. Juli 1835 »aus der Schweiz einen anonymen Brief« erhalten habe, »der allem Anscheine nach von der dortigen jeune Allemagne herrührte und worin mir über mein Lob eines patriotischen Apostaten, wofür Büchner nun schon galt, die heftigsten Vorwürfe gemacht wurden. Es war zu gleicher Zeit der Neid eines Schulkameraden, der sich in dem Briefe aussprach. Den Verf., den ich wohl errathe, ärgerte das einem ehemaligen Freund gespendete Lob und um seine kleinliche Empfindung zu verbergen, hüllte er sich in pädagogische Vorwände. Der geärgerte Schulkamerad schrieb: ›Bei der unbedingtesten Gerechtigkeit, die ich Büchners Genie widerfahren ließ, ist es mir doch nie eingefallen, mich vor ihm in eine Ecke zu verkriechen.‹ Darauf folgte ein Erguß über die Eitelkeit, in der nun sein Kamerad bestärkt werden würde, eine Versicherung, daß er Büchners w a h r e r Freund wäre und in einem Postscript – ob ich nicht eine Antikritik abdrucken wollte! Mir schien dies anonyme Treiben so verdächtig, daß ich Büchnern einen Wink gab und von ihm Aufklärung erhielt. Ich will die betreffende Stelle hersetzen [...] weil ich darin eine Abspiegelung von Jugenderinnerungen sehe, die gewiß in vielen Lesern dieses Gedächtnisses auftauchen. Wer hätte nicht in Beziehungen gestanden, wo b r e c h e n so schwer, fast unmöglich ist und wo man durch das freundschaftliche Verhältniß doch nicht erquickt, sondern im Gegentheil nur belästigt wird, und mit Freuden jede Gelegenheit ergreift, sich mit g u t e m G r u n d die Last abzuschütteln! Büchner antwortete: [*Es folgt in An- und Abführungszeichen der Briefauszug.*]« Datierungen: »um Mitte September 1835« (BW 80), »September 1835« (FA 416).

3 f. *Ein Mensch:* Dokumentiert ist hier das Zerwürfnis mit dem ehemaligen Mitschüler Hermann Trapp (1813–1837), genannt »Mikes« (siehe Brief 76), der in Gießen Medizin studierte, Mitglied der ›Gesellschaft der Menschenrechte‹ war, wegen der Verbreitung revolutionärer Schriften verfolgt wurde und in die Schweiz floh, nach Zürich, wo Büchner ihm dann nochmals begegnen sollte, da Trapp in dem Haus bereits wohnte, das Büchner dort bezog (siehe zu 46,1). Gutzkow hatte Büchner am 28. August 1835 geschrieben: »Haben Sie Freunde in der Schweiz? nämlich Freunde, die Sie dafür halten? Man hat mir von dort anonyme Zusendungen gemacht, um Ihr Talent zu verdächtigen u namentlich mich von der Hingebung, die ich öffentlich gegen Sie gezeigt habe, zurückzubringen. Mehr mag ich nicht sagen. Es scheinen Knaben zu seyn, die mit Ihnen auf der Schulbank saßen, u sich ärgerten, wenn Sie [*Textverlust*] Antworten gaben.« (BW 79.)

71.

Text nach D² (Gu 1838, 36f.). Vorangestellt ist dem Ausschnitt ein inhaltliches Resümee: »Die zunehmende materielle Wohlfahrt der Völker schien ihm auch die Revolution zu verschieben. Je mehr jene zunimmt, desto mehr schwindet ihm eine Aussicht auf diese. Er schrieb mir unter anderm: [*Es folgt in An- und Abführungszeichen der Briefauszug.*]« Im *Frankfurter Telegraph* (D¹) fehlt der letzte, das Briefzitat einleitende Satz, da der Ausschnitt des Briefes dort fehlt. Datierung: »September oder – wahrscheinlicher – Oktober 1835« (Mayer/Papst, L3: 1993, 149) – aus sachlichen und zeitlichen Gründen jedenfalls eher »etwa im Herbst 1835« als die weniger plausible »frühere Einordnung des Fragments« (Mayer, L3: 1993, 52). Vgl. die früheren Datierungen »Ende März / Anfang April 1835« (BW 62) sowie »nach dem 19. März 1835« (FA 400) mit dem Hinweis darauf, dass die Datierung »umstritten« ist, das Fragment »inhaltlich eher« in den »Herbst 1835« passe und folglich diese Datierung »nicht auszuschließen« (FA 1151f.) sei.

2 *Liberale:* siehe zu 8,6f.

2f. *Absolutisten:* im allgemeinen Sprachgebrauch der Zeit die Protagonisten des ›ancien régime‹, die aber hier nicht gemeint sein können; ›absolut‹ bedeutet: »1) An und für sich betrachtet, ohne Beziehung auf ein anderes Ding, im Gegensatze des relativ; im philosophischen Style. 2) Ohne Bedingung, unbedingt, schlechterdings.« (Adelung 1, 109.)

2–4 *Liberale und Absolutisten […] armen Klasse:* In der die Revolution konstituierenden Trias ›Liberale – Absolutisten – Volk‹ scheinen sich die drei Figurengruppen von *Danton's Tod* zu spiegeln (Dantonisten – Jakobiner – Volk).

4f. *Verhältniß zwischen Armen und Reichen ist das einzige revolutionäre Element:* einer der Grundgedanken Babeufs, der am 6. November 1795 im *Tribun du peuple* gefragt hatte: »Was ist eine politische Revolution, allgemein gesprochen? Was ist die Französische Revolution im besonderen? Ein offener Krieg zwischen Patriziern und Plebejern, zwischen Reichen und Armen!« (Babeuf, L2: 1975, 8.) Das babouvistische Theorem hat Blanqui als Angeklagter im Prozess der Fünfzehn in seiner Verteidigungsrede vom 12. Januar 1832 aufgegriffen und popularisiert: »Ja, meine Herren! Dieß ist der Krieg zwischen Arm' und Reich'; so wollten es die Reichen, denn sie haben den ersten Angriff gethan.« (KMa 95.) Es gilt als sicher, dass Büchner die Rede gekannt hat, die sogleich ins Deutsche übersetzt und als Flugschrift in Straßburg verbreitet worden ist. Mit »außerordentlicher Lebhaftigkeit« hat er am 28. Juni 1832 auf einer Sitzung der ›Eugenia‹ »das Unnatürliche unsers gesellschaftlichen Zustandes, besonders in Beziehung auf Reich u. Arm« (Mayer, L2: 1990, 368) betont, bevor er den »Kampf der Armen gegen die Reichen«, wie Clemm erklärte (Verhör 9. Oktober 1835), im Frühjahr 1834 »dem ersten Concepte zum Landboten« (KMa 158) zugrunde gelegt hat. Dabei ist es Büchner (der Aussage August Kochs zufolge) grundsätzlich darum gegangen, mit Flugschriften »auf die niederen Volksclassen« einzuwirken, »indem er der Ansicht war, das materielle Elend des Volks sey es, wo man den revolutionären Hebel der geheimen Presse ansetzen müsse« (KMa 188). In den Untersuchungsberichten zum *Hessischen Landboten* ist mehrfach dokumentiert, dass die »Schrift, wie sie von Büchner abgefaßt war, [...] zum Kampfe der *Armen* gegen die *Reichen* auffordere« (Görisch/Mayer, L2: 1982, 335).

6 *Freiheitsgöttin:* Die »Freiheitsgöttin mit phrygischer Mütze« (Thamer, L3: 2006, 102) hat seit 1789 im Rückgriff auf die römische Göttin Libertas als Personifikation der Freiheit die Revolution symbolisiert. Büchner dürfte an Delacroix' Monumentalgemälde *La Liberté guidant le peuple* (›Die Freiheit führt das Volk‹) gedacht haben, das er durch die Beschreibung Heines kannte. Heines Artikel über Delacroix im Bericht über die Gemäldeausstellung in Paris war zuerst im *Morgenblatt für gebildete Stände* vom 31. Oktober 1831 (Nr. 260, S. 1038 f.) erschienen (das Heft enthält eine der Quellen des *Lenz*; siehe zu 37,2), dann im ersten Band des *Salon* (1834), und interpretiert die Figur der Freiheitsgöttin als mythische Symbolisierung der Julirevolution: »Eine Volksgruppe während den Juliustagen ist dargestellt, und in der Mitte, beynahe wie eine allegorische Figur, ragt hervor ein jugendliches Weib, mit einer rothen phrygischen Mütze auf dem Haupte, eine Flinte in der einen Hand und in der andern eine dreyfarbige Fahne. Sie schreitet dahin über Leichen, zum Kampfe auffordernd, [...] eine seltsame Mischung von Phryne, Poissarde und Freyheitsgöttinn [...], diese Figur scheint [...] die wilde Volkskraft, die eine fatale Bürde abwirft, darzustellen.« (DHA 12, 20.)

7 f. *ein Moses, der uns die sieben ägyptischen Plagen auf den Hals schickte:* Da Moses, von Gott auserwählt, das Volk Israel aus der ägyptischen Knechtschaft in das gelobte Land zu führen, den

Pharao vergebens um den Auszug aus Ägypten gebeten hatte, kommt der Gotteszorn in Form von zehn Plagen über das Land (AT, 2. Mose 7,17–11,6). Sieben Plagen finden sich dagegen in den apokalyptischen Visionen der Offenbarung des Johannes (NT, Offenbarung 15,1–8 und 16,1–22).

8 *ein Messias:* ein Heilsbringer, Befreier, Erlöser.

8f. *Mästen Sie die Bauern, und die Revolution bekommt die Apoplexie:* Der Aussage August Beckers zufolge (Verhör 1. September 1837) habe Büchner gesagt, an »die Bauern [...] müsse man sich vorzüglich wenden [...] so lange sie noch mit ihrer materiellen Noth beschäftigt sind [...]. Sollte es den Fürsten einfallen, den materiellen Zustand des Volkes zu verbessern [...], dann ist die Sache der Revolution [...] in Deutschland auf immer verloren.« Wer »wohlgenährt« sei, »hat allen revolutionären Geist« im »Fett erstickt.« (Schaub, L3: 1996, 105–108.)

9 *Apoplexie:* Synonym zu »Schlagfluß« (siehe zu 64,63), eine nicht unbedingt tödliche, aber gefährliche Erkrankung, die in die »Kategorie der Lähmungen« gehört und die unter anderem durch »Neigung zu Fettleibigkeit« (Most, L2: 1833, 68) prädisponiert ist. Zu ihren Ursachen zählt »Völlerei«, weswegen »mehr [...] Particuliers vom Schlagfluss betroffen« sind, »als Bauern.« (Meissner, L2: 1830, 439.)

10 *Ein Huhn im Topf jedes Bauern:* Anspielung auf die legendäre Äußerung des französischen Königs Heinrich IV. (1589–1619), jeder Bauer solle sonntags sein Huhn im Topf haben: »Je veux que le dimanche chaque paysan ait sa poule au pot.«

10f. *gallischen Hahn:* Symbol Frankreichs, hier der Revolution.

72.

Text nach D[1] (Gu 1837, 346f.). Einleitend zum abgedruckten Briefmaterial bemerkte Gutzkow, dass Büchner hier »wie gewöhnlich ohne Datum« geschrieben habe, um erst im Anschluss an den präsentierten Text darauf aufmerksam zu machen, dass er ihn aus zwei Quellen kompiliert habe, die unterschiedlich zu datieren seien: »Dies Ganze ist die Zusammensetzung zweier Briefe, der letzte Theil ist älter, als der erste.« Er hat damit darauf hingewiesen, dass er zwei verschiedene Briefe als ein Korpus gestaltet hat. In D[1] ist er zensurbedingt gekürzt, in D[2] hat er umfangreicheren Text. Und

Gutzkow hat darauf hingewiesen, dass er das von ihm abgedruckte Material in chronologisch verkehrter Folge aus einem vorangestellten späteren Brief (hier: Brief 74) und einem daran angeschlossenen früheren Brief zusammengestellt hat. Der hier nach D[1] edierte frühere Brieftext ist in D[2] (vgl. Gu 1838, 45–47) deutlich durch eine Leerzeile von dem vorangestellten späteren Brieftext getrennt. Er ist aufgrund inhaltlicher Kriterien zu datieren: »Nach Mitte November 1835«, also nach »dem Erscheinungsdatum der ›Alsa-Bilder‹« (Mayer/Papst, L3: 1993, 149). Vgl. die Datierungen »um Ende November 1835« (BW 84) und »nach Mitte November 1835« (FA 420). Am 6. Februar 1836 erwähnte Gutzkow Büchners Brief, »der den Alsabildern beilag.« (BW 94.)

2 *ein Bändchen Gedichte:* vgl. *Alsa-Bilder. Vaterländische Sagen und Geschichten, mit Anmerkungen*, von den Brüdern August und Adolph Stöber, Straßburg 1836. Der vordatierte Band war Mitte November 1835 erschienen und enthält folgende Widmung: »Gustav Schwab, dem Dichter, und Adam Walther Strobel, dem treuen Pfleger vaterländischer Dichtung und Geschichte. Ihren verehrten Freunden. Die Verfasser.« Außerdem ein Motto von Ehrenfried Stoeber: »Das Rheinthal ist mein Vaterland, / Das Elsaß drin sein Diamant.«

2f. *meinem Freunde Stöber:* Gemeint ist vermutlich August Stoeber.

4f. *Manier à la Schwab und Uhland und der Parthei, die immer rückwärts ins Mittelalter greift:* die Aktualisierung mittelalterlicher Literatur als Eigenart der Schwäbischen Dichterschule um Gustav Schwab (siehe zu 61a,22), der 1835 seine Nacherzählung der *Deutschen Volksbücher* veröffentlichte und dem die *Alsa-Bilder* gewidmet waren, und Ludwig Uhland (siehe zu 61a,23), dem am Volkslied geschulten Lyriker, der als Balladendichter und in seinen dramatischen Versuchen eine Vorliebe für mittelalterliche Stoffe hatte.

9f. *die Vogesen sind ein Gebirg, das ich liebe:* siehe Brief 11.

12 *heimlich:* »aus der bedeutung des heimatlichen und häuslichen fliszt die vorstellung des traulichen und vertrauten« (Grimm 10, 873f.); heimelig.

12f. *die beiden Stöber sind alte Freunde:* siehe die Briefe 61 bis 63.

14f. *Adolph […] durch den Musenalmanach:* Adolph Stoebers Gedicht *Der Wiedertäuferhof* war in dem von Adelbert von Chamisso und Gustav Schwab herausgegebenen *Deutschen Musenalmanach für das Jahr 1835* (Leipzig, Jg. 6, S. 312–314) veröffentlicht worden.

19–21 *Versuchen, die noch manche Elsässer machen, um die deutsche Nationalität Frankreich gegenüber zu wahren:* Seit Ende des 18. Jahrhunderts »unternahmen [...] elsässische Autoren den Versuch, das Münster wie allgemein ihre Region in der Mitte zwischen den nationalen Erinnerungen Deutschlands und Frankreichs zu verankern. Die geradezu kanonische Form dieser Haltung war [...] von [...] Ehrenfried Stoeber formuliert worden: / ›Meine Leier ist deutsch, [...] / Liebend den gallischen Hahn, [...] / Elsass heisset mein Land! Elsass dir pocht mein Herz.‹« (Hartweg, L3: 2009, 414.) In dieser Haltung folgten ihm seine Söhne in den *Alsa-Bildern* und weiteren Publikationen. August Stoeber schrieb in dem von ihm herausgegebenen *Erinnerungsbüchlein für fremde und einheimische Freunde des Strassburger Münsters:* »Bist Du ein Kind des Landes, so verzeih' den deutschen Sängern im Büchlein, den heiligen Schmerz, womit sie vom Münster herab auf unser Land schauen oder von ihren Bergen herüber sehnsüchtig die Arme gegen es ausstrecken! Es macht deinem Elsaß Ehre daß man es vermißt im alten Vaterlande! [...] Das Münster ist die versteinerte Geschichte der Vorwelt. Wenn dich die Gegenwart unfreundlich erfaßt, so schlage ihre Blätter auf, und sei in der Vergangenheit selig!« (Stoeber, L2: 1836, 6f.)

23f. *wenn das Münster einmal ganz auf fremdem Boden stünde:* Von besonderer symbolischer Bedeutung hinsichtlich ›deutscher‹ Vergangenheit war das im Mittelalter erbaute Straßburger Münster; es galt als »das erhabenste Denkmal der sogenannten goth. oder vielmehr altdeutschen Baukunst.« (Brockhaus 10, 731.) Goethes »Begeisterung« für das Bauwerk und danach die schwärmerische »Bewunderung der deutschen Romantiker für das Münster« (Hartweg, L3: 2009, 412f.) waren die literarhistorischen Bezugspunkte. Auf Goethe berief sich etwa auch Ehrenfried Stoeber: »In einer Abhandlung, von deutscher Baukunst betitelt, stiftete er dem Erbauer des Münsterthurms, Erwin von Steinbach, ein Denkmal.« (E. Stoeber, L2: 1826, 288.) »Von Deutscher Baukunst« – diesen Aufsatz des jungen Goethe aus Herders Sammlung *Von Deutscher Art und Kunst* dürfte Büchner mit seinem Interesse für die Literatur des Sturm und Drang gekannt haben.

28 *Studium der Philosophie:* Büchner war um diese Zeit mit seinem Skript *Geschichte der Griechischen Philosophie* (vgl. MBA 9.1, 369–492) befasst, eine exzerpierende und kommentierende

Zusammenfassung der ersten drei Bände von Tennemanns *Geschichte der Philosophie*, sowie mit seinem Skript *Spinoza* H1 (vgl. MBA 9.1, 191–306), formal eine mit eingestreuten Kommentaren versehene Übersetzung von Spinozas *Ethik*, bei der er Tennemanns Übersetzung vorliegen hatte, inhaltlich eine Kritik und Fortentwicklung des Systems von Spinoza in der Diskussion etwa der Gottesbeweise oder der Substanzlehre. Vgl. dazu MBA 9.2, 191–194, 206–216, 265–278, 302–308. Siehe auch Brief 74.

31 *Löcher in unsern Hosen:* vgl. die verschlissene Kleidung als Bild für Armut in *Danton's Tod* I/2 (»ihr habt Löcher in den Jacken und sie haben warme Röcke«; DT 10) und II/6 (»den Löchern [...] in unsern Hosen«; DT 44).

73.

Text nach H, Faksimile (BW 150f.). H: Universitätsbibliothek Basel. D[1]: Ebstein, L1: 1923, 253–255. – 14 *weiter zu fürchten:* in H doppelt unterstrichen. 23 *Herrn Schroot:* davor in H kaum leserlich gestrichen: »Weinhändler Siegfried« (siehe zu 78,42f.). Büchner »schrieb«, so hatte Gutzkow dessen Briefe an ihn charakterisiert, »gewöhnlich ohne Datum« (Gu 1837, 346). Der einzige handschriftlich überlieferte Brief Büchners an Gutzkow ist undatiert und vermutlich nach Mitte Januar 1836 verfasst: »Zweite Januarhälfte 1836« (Mayer/Papst, L3: 1993, 150), »Mitte/Ende Januar 1836« (BW 89; FA 123).

6 *Brief von Boulet:* Jean Baptiste Etienne Boulet (1804–1864), Mitherausgeber der 1835 gegründeten, an deutscher Literatur interessierten Pariser Zeitschrift *Revue du Nord*, war von Gutzkow um Hilfe gebeten worden, wie er Büchner am 4. Dezember 1835 schrieb: »Erst wollt' ich fliehen u schrieb an Mr. Boulet in Paris, für mich zu sorgen.« (BW 85.) Der von Büchner übermittelte Brief Boulets ist verschollen.

9f. *Nach den Zeitungen [...] bald frei seyn. 4 Wochen:* Nach 6 Wochen Untersuchungshaft (siehe Brief 39) fand am 8. Januar 1836 in Mannheim die mündliche Verhandlung gegen Gutzkow statt, wobei der Staatsanwalt ein Jahr Zuchthaus beantragt hatte. Am 13. Januar 1836 war die Urteilsverkündigung. Gutzkow wurde wegen »verächtlicher Darstellung des Glaubens der christlichen Religionsgemeinschaften« (Gutzkow, L2: 1998, 449) zu einem

Monat Gefängnis verurteilt. Darüber hat die Presse berichtet. Das *Frankfurter Journal* meldete am 15. Januar 1836: »Dr. Gutzkow wurde zu 4 Wochen bürgerlichem Gefängniß [...] verurtheilt«, die *Beilage zur Allgemeinen Zeitung* präzisierte am 18. Januar 1836: »Stuttgarter, Frankfurter und andere Blätter sprechen nur von einer vierwöchentlichen bürgerlichen Gefängnißstrafe, in welche Dr. Gutzkow verurtheilt worden sey«, und schrieb, »daß nach dem Urtheile der überstandene sechswöchentliche Untersuchungsarrest von jenen zehn Wochen abgerechnet werden darf, so daß die noch zu erstehende Strafe blos vier Wochen beträgt« (Mayer/Papst, L3: 1993, 150).

9–17 *bald frei seyn [...] Haft [...] im Amthaus:* Gutzkow schrieb Büchner am 6. Februar 1836 noch aus dem Gefängnis in Mannheim über die Umstände seiner anstehenden Entlassung und die Haftbedingungen: »Die gegen mich bereits erhobene Appellation ist zurückgenommen durch die Minister in Carlsruhe. Ich danke Gott, von dieser Ungewißheit befreyt zu seyn. Am 10 Februar bin ich nun frey: mit der Weisung, Baden zu verlassen. Ich saß dann 2½ Monate u zwar wie Sie richtig annahmen im Amthause oder Kaufhause, wie der ganze Arcadenwürfel heißt. Behandlung war erst massiv; dann milderte sie sich u endete zuletzt in entschied. Höflichkeit. Erst wollte man mich steinigen, u jezt bin ich ziemlich populär. Die Deutschen sind wenigstens gutmüthig u können Niemanden lange leyden sehen.« (BW 94.)

19f. *verlassen Sie Teutschland so schnell, als möglich:* In seinem Brief vom 6. Februar 1836 erwähnte Gutzkow zwei Briefe von Büchner, »die ziemlich gleich lauteten« und ihm die Flucht in das Exil anrieten: »Ihre Rathschläge sind entschieden; aber ich möchte sie noch nicht befolgen. Eine Entfernung aus Deutschland brächte mich um die Voraussetzung eines guten Gewissens, auf das ich mich dreist berufe. Wenn auch von Menzel als strikter Republikaner denunzirt, so tritt doch die politische Seite meiner Anschuldigungen ziemlich in den Hintergrund, u. sogar in Preußen scheint man ein andres u milderes Benehmen einleiten zu wollen. Meine Taktik muß die seyn, Preußen (ich bin aus Berlin gebürtig) so lange zu vermeiden, bis ich das entschiedene Wort des Ministeriums hab, daß meiner Freiheit nichts in den Weg tritt. Da Laube u Mundt frey passiren, würde man vielleicht auch Anstand nehmen, gegen mich persönlich einzuschreiten. Solange ich kann, halt' ich mich um Frkft herum« (BW 94).

23 *Herrn Schroot Gastwirth zum Rebstock:* Der 1820 aus Hessen

eingewanderte Gastwirt Jean Henri Schroth (?–1870) betrieb in Straßburg den Gasthof ›Zum Rebstock‹ und galt als »Herbergsvater« (Mayer, L3: 1993, 76) für Flüchtlinge. Seinen Brief vom 10. Juni 1836 adressierte Gutzkow dann an »Herrn Georg Büchner / in / Straßburg / Im Rebstock« (BW 104). In seinem Brief vom 6. Februar 1836 zog Gutzkow, der befürchtete, aus seinem geplanten Zufluchtsort Frankfurt ausgewiesen zu werden, in Betracht, möglicherweise doch Büchners Rat zu folgen und die genannte Straßburger Adresse in Anspruch zu nehmen: »Kurz, ich sehe Noth u Plage voraus [...], daß ich zuletzt doch im ›Rebstöckel‹ nachfragen könnte. Aber die Freude, Sie zu sehen, müßt' ich dann theuer erkaufen, da mir schwerlich der Rückweg dann offen bliebe.« (BW 94.)

74.

Text nach D[2] (Gu 1838, 41–45). Textkonstitution: 17 *Rebstöckel:* in der Vorlage ein in Klammern gesetzter Hinweis, der als Erläuterung Gutzkows zu interpretieren ist, nicht als Brieftext Büchners: »Rebstöckel, (Straßburger Gasthof)«. Dem gegenüber D[1] (vgl. Gu 1837, 346) wesentlich umfangreicheren Textbestand dieses Briefes in D[2] folgt eine Leerzeile, welche die Trennung von einem anderen und früher zu datierenden Brief markiert, der im Anschluss abgedruckt war (hier: Brief 72). Datierung: »Anfang Juni 1836« (BW 102; FA 439).

5 *Abhandlung:* Büchners Dissertation (siehe die Briefe 37, 64, 77, 79).

8–10 *im nächsten Semester zu Zürich einen Kurs über die Entwickelung der deutschen Philosophie:* siehe Brief 44. Gutzkow äußerte sich am 10. Juni 1836 zu Büchners Umorientierung von der Medizin zur Philosophie: »Sie scheinen die Arzeneykunst verlassen zu wollen [...]. Seyen Sie nicht ungerecht gegen dies Studium; denn diesem scheinen Sie mir Ihre hauptsächliche force zu verdanken, ich meine, Ihre seltene Unbefangenheit, fast möcht' ich sagen, Ihre Autopsie, die aus allem spricht, was Sie schreiben. Wenn Sie mit Ihrer Ungenirtheit unter die deutschen Philosophen treten, muß es einen neuen Effekt geben. Wann werden Sie nach Zürich abgehen?« (BW 104.)

12 *Danton den Doktorhut:* Anspielung auf die mangelnde Anerkennung des Dramas *Danton's Tod* in der literarischen Öffent-

lichkeit. Gutzkow schrieb Büchner dazu am 10. Juni 1836: »Ihr Danton zog nicht: vielleicht wissen Sie den Grund nicht? Weil Sie die Geschichte nicht betrogen haben: weil einige der bekannten heroice Dicta in Ihre Comödie hineinliefen u von den Leuten drin gesprochen wurden, als käme der Witz von Ihnen. Darüber vergaß man, daß in der That doch mehr von Ihnen gekommen ist, als von der Geschichte u machte aus dem Ganzen ein dramatisirtes Capitel des Thiers.« (BW 104.)

15 *in Frankfurt […] unangefochten?:* Gutzkow hatte Büchner am 6. Februar 1836 noch aus der Haft in Mannheim geschrieben, möglicherweise werde er in Frankfurt »unsanft empfangen, u. das binnen 24 Stunden hör' ich schon« (BW 94), womit er damit rechnete, aus Frankfurt ausgewiesen zu werden. Am 10. Juni 1836 schrieb Gutzkow dann aus Frankfurt: »Es geht mir gut« (BW 103).

16f. *noch nicht im Rebstöckel angeklopft:* siehe Brief 73.

17f. *Stand der modernen Literatur in Deutschland:* Gutzkow hatte Büchner am 6. Februar 1836 hinsichtlich des Verbots der jungdeutschen Literatur infolge der publizistischen Attacken Menzels gegen ihn und seinen Roman *Wally, die Zweiflerin* (siehe die Briefe 38, 39) gefragt: »Können Sie denn in Str. vollkommen die deutschen Affairen seit einem halb. Jahre übersehen? Eine Kette von Nichtswürdigkeiten u Dummheiten: die gänzliche innre Auflösung Deutschlands characterisirend. Ich will mich nicht in Schutz nehmen, ich weiß, daß ich outrirt habe; aber was erlaubte man sich nicht dagegen! Vieles ist sehr versteckt u Sie erfahren es nocheinmal mündlich.« (BW 94.)

19 *nur einige versprengte Broschüren:* Es dürfte sich um folgende zwei Broschüren gehandelt haben: *Menzel und die junge Literatur* (1835) von Wienbarg sowie vor allem *Appellation an den gesunden Menschenverstand. Letztes Wort in einer literarischen Streitfrage* (1835) von Gutzkow, eine zwanzig Seiten umfassende Broschüre als Beitrag zum Streit mit Menzel, mit der sich Büchner in diesem Brief kritisch auseinandergesetzt und von der er sich deutlich abgegrenzt hat. Büchner war von Gutzkow am 28. September 1835 auf diese zwei Broschüren zu Menzel aufmerksam gemacht worden: »In einigen Tagen erscheinen von mir u Wienbarg Brochüren. Ich kann nichts Besseres thun, als aus seiner Infamie eine literarische Streitfrage machen.« (BW 82.)

33f. *Gesellschaft mittelst der Idee, von der gebildeten Klasse aus reformiren?:* Gutzkow hatte in seiner *Appellation an den gesun-*

den Menschenverstand ausgeführt: »Man will nun etwas entdeckt haben, was eine soziale Revolution vorstellen soll. Man will in der Redensart: Junges Deutschland etwas bemerken, was eine Incarnation des Jacobinismus wäre. Ich will mit einigen Worten das zu charakterisiren suchen, was man sich unter dieser Phrase: Soziale Umwälzung zu denken hat: / Die Gesellschaft fühlt, daß sich endlich die Bestimmung unsers Jahrhunderts aussprechen muß. Wären nicht Ideen vorhanden, [...] würde sich diese Streitfrage, welche jetzt das deutsche Vaterland beschäftigt, so rasch haben entwickeln können? Diejenigen, welche sie zunächst veranlaßten, erschrecken selbst über die Consequenzen, welche ihre ganz ohne Zusammenhang hingeworfenen Sätze, ein nur im Interesse der Poesie geschriebener Roman, herbeigeführt haben. [...] Ein merkwürdiges Zeichen der Zeit, daß die Ideen bald zusammen waren, welche noch Niemand gelehrt hat, und daß man eine Mission bekömmt, ohne sie gesucht zu haben. So dienen sie alle dem Genius des Jahrhunderts.« (Gutzkow, L2: 1835, 10f.) Und weiter: »Ich müßte mich sehr irren, wenn mir nicht Jeder zugestehen wird, daß keine Beschäftigung des denkenden Kopfes so würdig ist, als die, den Gebrechen der Gesellschaft auf eine milde und gefahrlose Weise abzuhelfen.« (Ebd. 13.)

35f. *directer politisch zu Werke gegangen:* das war Büchner mit dem *Hessischen Landboten*.

40f. *gebildete [...] Minorität:* Gutzkow in seiner *Appellation an den gesunden Menschenverstand*: »Für die Massen schreib' ich nicht. Mein Styl und meine Bildung entfremden mich der Durchschnittsintelligenz. [...] so werden meine Schriften immer nur einen geweihten Kreis bilden, in welchen die Einsichtsvollen und Unterrichteten eintreten. Mit diesen kann ich allein unterhandeln, mit Männern von Belesenheit und Bekanntschaft in dem geistigen Entwickelungsprozesse dieser Zeit, mit Frauen, welche reif sind für ernste Anschauungen« (Gutzkow, L2: 1835, 19).

43 *großen Klasse:* das Volk.

44f. *zwei Hebel, materielles Elend und religiöser Fanatismus:* Gutzkow dagegen in seiner *Appellation an den gesunden Menschenverstand* zunächst zur Frage der Armut: »Die Verarmung der Gesellschaft ist ein großes Uebel, aber die Vertheilung der Güter würde es nicht heben. [...] Es muß eine Gesinnung erweckt werden, welche die der Mildthätigkeit [..] ist. An unsere Gefühle müssen die Hebel der Aufopferung kommen, wir müssen wenigstens das erreichen, daß Niemand eine ruhige Nacht hat, der einen glänzenden Palast mitten in einem Viertel bewohnt, wo die Armuth keine Lumpen hat um ihre Blöße zu bedecken [...]. Welche Mittel haben wir zu unserm Feldzuge? keine anderen, als die des Wortes, keine schlagenderen als die der Poesie.« (Gutzkow, L2: 1835, 15.) Und zur Frage der Religion schrieb Gutzkow, entwickelt habe er in seinem Roman *Wally, die Zweiflerin* »die Tendenz, dem Christenthum im 19. Jahrhundert eine neue Wegbereitung in den Gemüthern zu geben, es in Einklang zu bringen mit den Stimmungen und Bedürfnissen dieser Zeit, es zur Angel einer neuen Bewegung zu machen. Schon in meiner ersten Production versuchte ich es, den Liberalismus als eine Sache der Religion zu entwickeln und jeden Fortschritt im Geist und der Wahrheit als ein wesentliches Merkmal der christlichen Ideen zu characterisiren.« (Ebd. 16.)

48f. *absoluten:* siehe zu 71,2f.

absoluten Rechtsgrundsatz: Kant hatte in seiner Schrift *Zum ewigen Frieden* ausgeführt: »Der [...] Satz: ›fiat iustitia, pereat mundus‹, das heißt zu deutsch: ›Es herrsche Gerechtigkeit, die Schelme in der Welt mögen auch insgesamt darüber zugrunde gehen‹, ist ein wackerer, alle durch Arglist oder Gewalt vorgezeichneten krummen Wege abschneidender Rechtsgrundsatz [...]. Dieser Satz will nichts anders sagen, als: Die politischen Maximen müssen [...] von dem reinen Begriff der Rechtspflicht (vom Sollen, dessen Prinzip a priori durch reine Vernunft gegeben ist) ausgehen« (Kant, L2: 1983, 65).

50 *abgelebte:* ›abgelebt‹ meint »matt und kraftlos« (Grimm 1, 46).

50f. *moderne:* »modern« meint »heutig, neu« (Heyse, L2: 1835, 97).

53f. *Leben [...] besteht nur in Versuchen, sich die entsetzlichste Langeweile zu vertreiben:* vgl. *Leonce und Lena* I/1: »Was die Leute nicht Alles aus Langeweile treiben! Sie studiren aus Langeweile, sie beten aus Langeweile, sie verlieben, verheirathen und vermehren sich aus Langeweile und sterben endlich aus Langeweile« (LL 8). Siehe zum Langeweile-Diskurs auch Brief 64.

75.

Text nach D[1] (Andler, L1: 1897, 190). H: Goethe- und Schiller-Archiv, Weimar. Es handelt sich wahrscheinlich um ein Zitat aus einem verschollenen Brief Büchners, denn als solches ist es in Gutzkows Brief an Büchner vom 10. Juni 1836 gekennzeichnet: »Von Ihren ›Ferkeldramen‹ erwarte ich mehr als Ferkelhaftes.« (BW 104.)

2 *Ferkeldramen:* das Lustspiel *Leonce und Lena*, dessen Wortspiele mit Sexualwitzen operieren, und das Dramenprojekt *Woyzeck*, das auf der Handlungsebene und in der metaphorischen Verklammerung durch den Sexualdiskurs geprägt ist. Falls Büchner ein Drama über den italienischen Renaissanceschriftsteller Pietro Aretino geschrieben haben sollte (siehe zu 59,2f.), dann war auch dieses nicht nachgewiesene Drama gemeint.

6. Konspirative Briefe an »Kater« und »Hund«

Zwei Briefe konspirativen Charakters an politische Freunde haben sich handschriftlich erhalten. Der eine Brief Büchners ist an den mit dem Decknamen »Kater« angeredeten Wilhelm Braubach (1812–1846) aus Butzbach gerichtet, der während seines Studiums in Gießen als »Mitglied der engeren Verbindung der Burschenschaft [...] an allen Aktivitäten von der Volksagitation im Umfeld des Hambacher Festes 1832 bis zur Vorbereitung des Frankfurter Wachensturms von 1833 beteiligt« (Mayer, L3: 1993, 105) war, im August 1833 arretiert wurde, bis zum 8. März 1834 in Friedberg in Haft saß, seit dem 8. Oktober 1835 steckbrieflich verfolgt wurde, nach Straßburg floh und von dort schließlich nach Zürich. Seit 1834 war er mit Büchner befreundet, der ihn Caroline Schulz zufolge »sehr gerne hatte.« (Grab, L1: 1985, 133.) Der andere Brief Büchners ist an den mit dem Decknamen »Hund« angesprochenen Georg Geilfus (1815–1891) gerichtet, den Büchner in den Briefen an die Familie erwähnt (siehe Brief 29). Beide Adressaten waren hessische Flüchtlinge im Exil in Zürich. Die beiden 1993 wiederaufgefundenen Briefe sind im kommentierten Erstdruck ausführlich erläutert. – Gegenbriefe sind nicht überliefert.

76.

Text nach H, Faksimile (HK 11f.). H: Stadtarchiv Butzbach. D[1] (kommentiert): HK 7, 20–23. Poststempel »STRASBOURG 26 J[AN]V.1836«, Eingangsvermerk »Jk. Steinhäuser / u. Gg

Büchner /Butzbach & Straßburg im Jan 36 / angekommen d. 28^{tn} Jan. 1836« von Braubach. Datierung nach Poststempel.

1 *Diefenbach:* Der Arzt Ernst Dieffenbach (1811–1855) war in Gießen an den Planungen für den Frankfurter Wachensturm beteiligt gewesen, im August 1833 nach Straßburg geflüchtet und arbeitete ab Juni 1834 in Zürich als Assistent des Arztes Hans Ulrich Zehnder, Büchners späterem Hauswirt.

5 *Fasan:* Ludwig Nievergelder (siehe zu 31,84 f.).

beyliegenden Brief: Jakob Steinhäusers Brief an Braubach ist nicht überliefert.

6 *ehemaligen Wohnung:* Braubach hatte in Straßburg gemeinsam mit anderen Flüchtlingen in der Küfergasse No. 27 gewohnt.

9 *Schritte [...] erfolglos:* Braubach fehlten noch die erforderlichen Papiere für einen Aufenthalt in Zürich.

11 *Ostern bin ich definitiv in Zürich:* Anders als geplant ging Büchner erst im Herbst 1836 nach Zürich (siehe Brief 46).

12 *Wilgens hat soutenirt:* Christoph Joseph Willigens, nach Straßburg geflüchteter Würzburger Burschenschaftler, hat seine am 26. Dezember 1835 eingereichte medizinische Dissertation verteidigt.

13 f. *2 von den Darmstädter Gefangnen sich zu entleiben versucht:* Der unter anderem wegen Vorbereitung des Frankfurter Wachensturms inhaftierte Akzessist Ludwig Bogen (1809–1886) hatte sich am 24. Dezember 1835 die Pulsadern aufgeschnitten; was den zweiten Selbstmordversuch angeht, so kursierte das Gerücht, August Becker habe sich die Pulsadern geöffnet.

17 *Strömer:* »um 1835 allgemeine studentische Selbstbezeichnung« (HK 22).

Wellers Brief: Der Brief an Büchner ist nicht erhalten. Franz Carl Weller (1811–1891), Student aus Marburg, beteiligt an der Verbreitung des *Hessischen Landboten*, war 1835 nach Straßburg und dann in die Schweiz geflohen.

77.

Text nach H, Faksimile (HK 13–16). H: Forschungsstelle Georg Büchner, Marburg. D^1 (kommentiert): HK 18 f., 27–33. Eingangsvermerk »G. Büchner / Straßburg, Monat Juli – / August« von Braubach. – 46 *dringend:* in H doppelt unterstrichen. 46 *baldige:* in H doppelt unterstrichen. Datierung: »vermutlich Ende bzw. um den 25. Juli 1836« (HK 18).

4 *noch in Zürich:* Geilfus war bereits aus Zürich ausgewiesen worden.

8 f. *Baiter:* Johann Georg Baiter (1801–1877), klassischer Philologe.

11 *Abhandlung:* Büchners Dissertation (siehe die Briefe 37, 64, 74, 79).

12 *Doctorgebühren:* siehe zu 64,20 f.

13 *Weller:* siehe zu 76,17.

16–23 *Stand der Dinge in Zürich [...] letzten Vorfällen:* siehe die Briefe 42, 43.

18 f. *Note bey der Tagsatzung eingereicht:* »eine im Befehlston gehaltene Note des französischen Gesandten in der Schweiz, [...] die am 19. Juli 1836 die Verhaftung und Ausweisung eines einzelnen Flüchtlings [...] forderte, welcher der Teilnahme am Attentat Fieschis auf Louis Philippe [...] verdächtigt« (HK 26) wurde.

20 *Ausweisung:* siehe zu 43,15 f.

21 *Resolution:* siehe zu 43,14 f.

24 f. *nächsten Winter meinen Kurs über Philosophie:* siehe zu 44,12.

25 f. *bin im October in Zürich:* siehe Brief 46.

27–29 *Aus Frankreich [...] verwiesen:* »etwa ab dem 18. Juli 1836« (HK 27), darunter hessische Flüchtlinge, die Büchner kannte.

28 f. *Mitglieder des jungen Teutschland:* Anhänger »der in der Schweiz 1834 gegründeten und auch im Elsaß tätigen revolutionären Emigranten- und Handwerkerbildungs-Organisation« (HK 27). Am 10. Juni 1836 hatte Gutzkow an Büchner geschrieben: »Die Flüchtigen in der Schweiz spielen nun auch mit dem jungen Deutschl. Komödie. Dadurch wird der Name, hoff' ich, von mir u meinen Freunden mit der Zeit abgewälzt, wie fatal es mir auch im Augenblick ist, daß der wunderliche Titel auf diese neue Weise adoptirt wurde. Mit der Zeit wird es ein pappener Begriff werden u sich abnutzen« (BW 101).

38 *Advokat Briel:* Friedrich Briel (1802–1893), Hofgerichtsadvokat in Gießen, der Büchner im Sommer 1834 juristisch beraten hatte (siehe zu 21,37 f.), war im Juli 1835 verhaftet worden; »sein letztes Verhör datiert vom 11. Juni 1836 (Prozeß)«, er wurde »am 22 oder 23 July seines Arrests entlassen« (HK 30).

41 *Schnaps:* vermutlich der Medizinstudent Jakob Edmund Trunck.

43 *Mikes:* Hermann Trapp (siehe zu 70,3 f.).
Zopf: Ludwig Becker (siehe zu 26,7).

43 f. *Liestal:* Hauptort des Kantons Basel-Land.

50 *Graf:* Johann Adam Graf (1784–1854), Direktor des Großher-

zoglich Hessischen Medizinalkollegs in Darmstadt, dem auch Büchners Vater angehörte.
Ploennies: August von Ploennies (1796–1847), Medizinalrat in Darmstadt, Gatte der Dichterin Luise von Ploennies.
51 *ob Weidig Prügel vertragen könne:* Die Gutachter Graf und Ploennies hatten sich in ihrem Bericht vom 7. Februar 1836 tatsächlich »bejahend« ausgesprochen: »Das körperliche Befinden ist ohne allen Zweifel gesund und kräftig genug, um körperliche Züchtigungen ohne Beeinträchtigung des Lebens zu ertragen.« (HK 33.)
Weidig: siehe die Briefe 26, 27, 29.

7. Behördenbriefe in die Schweiz

Von der Korrespondenz Georg Büchners mit Behörden haben sich zwei seiner Schreiben im Original erhalten, ein Brief an den Regierungspräsidenten des Kantons Zürich mit einem Zeugnis der Straßburger Polizei als Anlage, welcher seine Übersiedlung von Frankreich in die Schweiz betrifft, und ein Brief an das Präsidium des Erziehungsrates in Zürich zu seiner geplanten Privatdozentur an der dortigen Universität.

78.

Text nach H, Faksimile (BW 160–162). H: Staatsarchiv des Kantons Zürich. D^1: *Frankfurter Zeitung*, 15. Januar 1878. Poststempel »STRASBOURG 23 SEPT. 1836«, Adresse von der Hand Wilhelmine Jaeglés. Büchners Anschreiben an Johann Jakob Hess (1791–1857), Regierungspräsident des Kantons Zürich, enthielt als Anlage ein von dem Straßburger Polizeikommissar Jonathan Pfister für Büchner ausgestelltes Führungszeugnis.
9f. *Vaterland […] verlassen:* siehe zur Flucht nach Frankreich Brief 24.
16f. *zum Doctor kreirt:* Nachdem die Straßburger ›Société d'histoire naturelle‹ Büchner nach seiner Lesung des *Mémoire* zu ihrem korrespondierenden Mitglied ernannt hatte (siehe Brief 64), erteilte ihm die philosophische Fakultät der Universität Zürich am 3. September 1836 die Doktorwürde.

19f. *als Privatdocent […] angenommen zu werden:* siehe Brief 79.

20f. *im nächsten Semester meine Vorlesungen beginnen:* Nachdem Büchner zunächst einen philosophiegeschichtlichen Kurs vorbereitet hatte (siehe die Briefe 44, 64, 74, 77), das Fach Philosophie aber an der Universität Zürich bereits vertreten war und er sich auf ein naturwissenschaftliches Thema umorientieren musste, hielt er im Wintersemester 1836/37 in Zürich ein Kolleg »Zootomische Demonstrationen«. An diesem der vergleichenden Anatomie der Fische und Amphibien gewidmeten ersten und einzigen Kolleg Büchners, das verspätet (das Semester begann am 31. Oktober) ab dem 15. November 1836 dreimal wöchentlich durchgeführt wurde, nahmen nur fünf reguläre Hörer teil.

35f. *Schweiz und Frankreich neuerdings […] Maaßregeln ergriffen:* siehe die Briefe 27, 29, 35, 43, 46, 77. Zu den verschärften Maßregeln seit Juli 1836 gegen die Flüchtlinge siehe zu 43,15f.

41 *Antwort auf dieß Gesuch:* Der Züricher Polizeirat erklärte am 28. September 1836 auf das »Ansuchen des Herrn Georg Büchner von Darmstadt Doctor der Philosophie daß keine Hinderniße obwalten dem genannten Büchner in seiner Eigenschaft als politischer Flüchtling gegen Erfüllung der gesetzlichen Erforderniße den Aufenthalt in hiesigem Kanton zu gestatten, und daß Büchner in keine der dermal gegen politische Flüchtlinge obwaltenden Untersuchungen implicirt sey.« (KMa 250.)

42f. *Weinhändler Siegfried:* Büchner wohnte seit Ende 1835 im Haus des Weinhändlers Johann Daniel Siegfried in der Rue de la Douane No. 18.

78a.

Anlage nach H, Faksimile (KMa 210). H: Staatsarchiv des Kantons Zürich. D[1] (Auszug): *Frankfurter Zeitung*, 15. Januar 1878. Übersetzung: Wir, Jonathan Pfister, Polizeikommissar des Bezirks Süd der Stadt Straßburg, bescheinigen, dass: / Herr George Büchner, Doktor der Philosophie, 23 Jahre alt, geboren in Darmstadt, in unseren Melderegistern rue de la Douane No. 18 als wohnhaft in dieser Stadt seit 18 Monaten ohne Unterbrechung bis zum heutigen Tag eingeschrieben ist und dass während dieses Zeitraums sein Verhalten sowohl in politischer als auch in moralischer Hinsicht zu keiner Klage Anlass gegeben hat. / Beglaubigt durch den Unterzeichneten. Straßburg am 21. Sept. 1836. Pfister.

79.

Text nach H, Faksimile (BW 163). H: Staatsarchiv des Kantons Zürich. D[1] (Auszug): Mayer 1979 (hier: Mayer, L3: 1982b, 358f.). Das Anschreiben an das Präsidium des Erziehungsrates in Zürich um Zulassung zur Habilitation stammt von der Hand Wilhelmine Jaeglés und ist von Büchner eigenhändig unterschrieben.

2 *Abhandlung:* Büchners Dissertation (siehe die Briefe 37, 64, 74, 77).

5f. *zum Doctor philosophiae ernannt:* siehe zu 78,16f.

7–12 *Privatdocent [...] Probevorlesung:* Am 2. November 1836 lud der Dekan der philosophischen Fakultät der Universität Zürich, Johann Georg Baiter, im *Schweizerischen Republikaner* vom 4. November 1836 öffentlich zu Büchners Probevorlesung ein: »Künftigen Samstag den 5. Nov., Vormittags 11 Uhr, wird Herr Dr. G. Büchner von Darmstadt, um sich als Privatdozent an der hiesigen Hochschule zu habilitiren, in der Aula academica eine öffentliche Probevorlesung halten, welches hierdurch bekannt gemacht wird.« (KMa 255.) Vgl. das Faksimile der ohne Titel überlieferten naturwissenschaftlichen Probevorlesung: MBA 8, 124–149. Das Protokoll des Erziehungsrates Zürich vom 5. November 1836 hielt fest: »Auf den Bericht der philosophischen Facultät über die von H. Dr. Büchner gehaltene Probevorlesung wird dem H. Dr. Büchner die Bewilligung ertheilt, als Privatdocent an der hiesigen Hochschule aufzutreten.« (KMa 256.)

Verzeichnis der Briefe

Briefe an die Familie

34. »Straßburg, Anfangs August 1835.«
35. »Straßburg, den 17. August 1835.«
36. »Straßburg, den 20. September 1835.«
37. »Straßburg im Oktober 1835.«
38. »Straßburg, den 2. November 1835.«
39. »Straßburg, den 1. Januar 1836.«
40. An Ludwig Büchner. [*Straßburg, 1. Januar 1836*]
41. »Straßburg, den 15. März 1836.«
42. »Straßburg, im Mai 1836.« [*Juni 1836*]
43. »Straßburg im Juni 1836.« [*August 1836*]
44. »Straßburg, den 2. September 1836.«
45. [*Straßburg, September 1836*]
46. »Zürich, den 26. Oktober 1836.«
47. »Zürich, den 20. November 1836.«
48. An Wilhelm Büchner. [*Zürich, Ende 1836 oder Anfang 1837*]

Briefe an Edouard Reuss

49. »Darmstadt d. 20ten August 1832.«
50. »Darmstadt d. 31ten August 33«

Briefe an Wilhelmine Jaeglé

51. [*Gießen, Januar 1834*]
52. [*Gießen, Februar 1834*]
53. [*Gießen, 8. oder 9. März 1834*]
54. [*Gießen, Mitte März 1834*]
55. [*Gießen, Mitte März 1834*]
56. [*Zürich,*] »13. Januar 1837«
57. [*Zürich,*] »20. Januar« [*1837*]
58. [*Zürich,*] »27. Januar« [*1837*]
59. [*Zürich, Januar 1837*]
60. [*Zürich, 10. Februar 1837*]

Briefe an Straßburger Freunde

61. An August und Adolph Stoeber. »Darmstadt d. 24ten August. 1832«
62. An Adolph Stoeber. [*Straßburg, 3. November 1832*]
63. An August Stoeber. »Darmstadt: d. 9. Dec. 33.«
64. An Eugène Boeckel. »D. 1. Juni. Straßburg.« [*1836*]

Briefe an Karl Gutzkow
(mit einem Anschreiben an Johann David Sauerländer)

65. An Johann David Sauerländer. »Darmstadt d. 21. Febr. 35.«
66. [*Darmstadt, 21. Februar 1835*]
67. »Straßburg.« [*Mitte März 1835*]
68. [*Straßburg, vor 12. Mai 1835*]
69. [*Straßburg, September 1835*]
70. [*Straßburg, September 1835*]
71. [*Straßburg, September oder Oktober 1835*]
72. »Straßburg.« [*Nach Mitte November 1835*]
73. [*Straßburg, nach Mitte Januar 1836*]
74. »Straßburg.« [*Anfang Juni 1836*]
75. [*Straßburg, vor 10. Juni 1836*]

Konspirative Briefe an »Kater« und »Hund«

76. An Wilhelm Braubach (»Kater«). [*Straßburg, 26. Januar 1836*]
77. An Georg Geilfus (»Hund«). [*Straßburg, Ende Juli 1836*]

Behördenbriefe in die Schweiz

78. An Johann Jakob Hess. »Straßburg d. 22. September 1836«
79. An das Präsidium des Erziehungsrates in Zürich. »Straßburg den 26 Sep. 1836.«

Verzeichnis der Briefe in wahrscheinlicher chronologischer Folge

1. An die Familie. »Straßburg, im October 1831.« [*Nach 4. Dezember 1831*]
2. An die Familie. »Straßburg, im December 1831.«
3. An die Familie. »Straßburg, im Februar 1832.« [*Zwischen Mitte April und Mitte Mai 1832*]
49. An Edouard Reuss. »Darmstadt d. 20ten August 1832.«
61. An August und Adolph Stoeber. »Darmstadt d. 24ten August. 1832«
62. An Adolph Stoeber. [*Straßburg, 3. November 1832*]
4. An die Familie. »Straßburg, im December 1832.«
5. An die Familie. »Straßburg, im Januar 1833.«
6. An die Familie. »Straßburg, den 5. April 1833.« [*Frühestens 6. April 1833*]
7. An die Familie. [*Straßburg, April oder Mai 1833*]
8. An die Familie. »Straßburg, im Mai 1833.«
9. An die Familie. »Straßburg, im Juni 1833.«
10. An die Familie. [*Straßburg, Juni 1833*]
11. An die Familie. »Straßburg, den 8. Juli 1833.«
50. An Edouard Reuss. »Darmstadt d. 31ten August 33«
12. An die Familie. »Gießen, den 1. November 1833.«
13. An die Familie. »Gießen, den 19. November 1833.« [*12. November 1833*]
63. An August Stoeber. »Darmstadt: d. 9. Dec. 33.«
14. An die Familie. [*Gießen, Anfang 1834*]
51. An Wilhelmine Jaeglé. [*Gießen, Januar 1834*]
15. An die Familie. »Gießen, im Februar 1834.«
52. An Wilhelmine Jaeglé. [*Gießen, Februar 1834*]
53. An Wilhelmine Jaeglé. [*Gießen, 8. oder 9. März 1834*]
54. An Wilhelmine Jaeglé. [*Gießen, Mitte März 1834*]
55. An Wilhelmine Jaeglé. [*Gießen, Mitte März 1834*]
16. An die Familie. »Gießen, den 19. März 1834.«
17. An die Familie. [*Straßburg, Ende März 1834*]
18. An die Familie. »Gießen, den 25. Mai 1834.«
19. An die Familie. »Gießen, den 2. Juli 1834.«
20. An die Familie. »Frankfurt, den 3. August 1834.«
21. An die Familie. »Gießen, den 5. August 1834.«
22. An die Familie. »Gießen, den 8. August 1834.«

23. An die Familie. »Gießen, Ende August 1834.«
65. An Johann David Sauerländer. »Darmstadt d. 21. Febr. 35.«
66. An Karl Gutzkow. [*Darmstadt, 21. Februar 1835*]
24. An die Familie. »Weißenburg, den 9. März 1835.«
67. An Karl Gutzkow. »Straßburg.« [*Mitte März 1835*]
25. An die Familie. »Straßburg, den 27. März 1835.«
26. An die Familie. »Straßburg, den 20. April 1835.«
27. An die Familie. »Straßburg, den 5. Mai 1835.«
68. An Karl Gutzkow. [*Straßburg, vor 12. Mai 1835*]
28. An die Familie. »Straßburg, Mittwoch nach Pfingsten 1835.« [*10. Juni 1835*]
29. An die Familie. »Straßburg, im Juli 1835.«
30. An die Familie. »Straßburg, 16. Juli 1835.«
31. An die Familie. »Straßburg, 28. Juli 1835.«
32. An Wilhelm Büchner. [*Straßburg, frühestens Juli bis September 1835*]
33. An Wilhelm Büchner. [*Straßburg, frühestens Juli bis September 1835*]
34. An die Familie. »Straßburg, Anfangs August 1835.«
35. An die Familie. »Straßburg, den 17. August 1835.«
36. An die Familie. »Straßburg, den 20. September 1835.«
69. An Karl Gutzkow. [*Straßburg, September 1835*]
70. An Karl Gutzkow. [*Straßburg, September 1835*]
71. An Karl Gutzkow. [*Straßburg, September oder Oktober 1835*]
37. An die Familie. »Straßburg im Oktober 1835.«
38. An die Familie. »Straßburg, den 2. November 1835.«
72. An Karl Gutzkow. »Straßburg.« [*Nach Mitte November 1835*]
39. An die Familie. »Straßburg, den 1. Januar 1836.«
40. An Ludwig Büchner. [*Straßburg, 1. Januar 1836*]
73. An Karl Gutzkow. [*Straßburg, nach Mitte Januar 1836*]
76. An Wilhelm Braubach (»Kater«). [*Straßburg, 26. Januar 1836*]
41. An die Familie. »Straßburg, den 15. März 1836.«
64. An Eugène Boeckel. »D. 1. Juni. Straßburg.« [*1836*]
74. An Karl Gutzkow. »Straßburg.« [*Anfang Juni 1836*]
75. An Karl Gutzkow. [*Straßburg, vor 10. Juni 1836*]
42. An die Familie. »Straßburg, im Mai 1836.« [*Juni 1836*]
77. An Georg Geilfus (»Hund«). [*Straßburg, Ende Juli 1836*]
43. An die Familie. »Straßburg im Juni 1836.« [*August 1836*]
44. An die Familie. »Straßburg, den 2. September 1836.«

Siglen und Abkürzungen

Wenn die Nachweise im Kommentar und in den Hinweisen zu dieser Ausgabe nicht über Siglen erfolgen, ist auf die nachfolgend verzeichneten Titel des Literaturverzeichnisses (L) jeweils in Klammern mit dem Verfasser- oder Herausgebernamen, der Nummer des bibliographischen Abschnitts, dem Publikationsjahr und der Seitenzahl verwiesen, z. B.: (Dedner, L 1: 1990, 22).

Adelung	Grammatisch-kritisches Wörterbuch (→ L 2)
AT	Altes Testament (→ L 2, Die Bibel)
Brockhaus	Allgemeine deutsche Real-Encyklopädie, 8. Aufl. (→ L 2)
BW	Büchner. Briefwechsel (→ L 1)
D	Druck
DHA	Heine. Düsseldorfer Ausgabe (→ L 2)
DT	Büchner: Danton's Tod (→ L 2)
FA	Büchner: Sämtliche Werke. Bd. 2 (Frankfurter Ausgabe) (→ L 1)
GBJb	Georg Büchner Jahrbuch
Grimm	Deutsches Wörterbuch (→ L 2)
Gu 1837	G.[utzkow]: Ein Kind der neuen Zeit (→ L 1)
Gu 1838	Gutzkow: Götter, Helden, Don-Quixote (→ L 1)
GW	Büchner. Gesammelte Werke (→ L 1)
H	Handschrift
HK	Büchner an »Hund« und »Kater« (→ L 1)
HL	Büchner/Weidig: Der Hessische Landbote (→ L 2)
HSA	Heine. Säkularausgabe (→ L 2)
KMa	Georg Büchner. Leben, Werk, Zeit (Katalog Marburg) (→ L 2)
LL	Büchner: Leonce und Lena (→ L 2)
Lz	Büchner: Lenz (→ L 2)
MA	Büchner. Werke und Briefe (Münchner Ausgabe) (→ L 1)
MBA	Büchner. Sämtliche Werke und Schriften (Marburger Ausgabe) (→ L 1)
N	Nachgelassene Schriften von Georg Büchner (→ L 1)
NT	Neues Testament (→ L 2, Die Bibel)

Literaturverzeichnis

1. Quellen und Editionen (chronologisch)

G.[utzkow], K.[arl]: Ein Kind der neuen Zeit. In: Frankfurter Telegraph. (Neue Folge.) Juni 1837. Nr. 42. S. 329–332. Nr. 43. S. 337–340. Nr. 44. S. 345–348. – Auch in: Nachrufe auf Georg Büchner 1837. Frankfurt a. M. 1987. (= GW 9.)

Gutzkow, Karl: Götter, Helden, Don-Quixote. Abstimmungen zur Beurtheilung der literarischen Epoche. Hamburg 1838.

Nachgelassene Schriften von Georg Büchner. [Hrsg. von Ludwig Büchner.] Frankfurt a. M. 1850.

Andler, Charles: Briefe Gutzkows an Georg Büchner und seine Braut. In: Euphorion 4 (1897) 3. Ergänzungsheft. S. 181–193.

Houben, H.[einrich] H.[ubert]: Eine Georg Büchner-Reliquie. In: Frankfurter Zeitung. Jg. 62. Nr. 186. 7. Juli 1918. S. 2–3.

Diehl, [Wilhelm]: Minnigerode's Verhaftung und Georg Büchners Flucht. In: Hessische Chronik 9 (1920) S. 5–18.

Ebstein, Erich: Büchneriana. In: Das Inselschiff 4 (1923) Heft 4. S. 253–255.

Strohl, J.[ean] (Hrsg.): Ein Brief Büchners. Ein Brief seiner Braut. In: Corona 5 (1935) Heft 6. S. 657–661.

Strohl, Jean: Lorenz Oken und Georg Büchner. Zwei Gestalten aus der Übergangszeit von Naturphilosophie und Naturwissenschaft. Zürich 1936.

Lorenz, Frieder: Gedanken bei einem unbekannten Brief Georg Büchners. In: Maske und Kothurn 10 (1964) S. 532–537.

Lehmann, Werner R. / Mayer, Thomas Michael: Ein unbekannter Brief Georg Büchners. Mit biographischen Miszellen aus dem Nachlaß der Gebrüder Stoeber. In: Euphorion 70 (1976) S. 175–186.

Hauschild, Jan-Christoph: Georg Büchner. Studien und neue Quellen zu Leben, Werk und Wirkung. Mit zwei unbekannten Büchner-Briefen. Königstein i. Ts. 1985. (Büchner-Studien. 2.)

Grab, Walter (Hrsg.): Georg Büchner und die Revolution von 1848. Der Büchner-Essay von Wilhelm Schulz aus dem Jahr 1851. Text und Kommentar. Unter Mitarbeit von Thomas Michael Mayer. Königstein i. Ts. 1985. (Büchner-Studien. 1.)

Georg Büchner. Gesammelte Werke. Erstdrucke und Erstausgaben in Faksimiles. 10 Bde. Hrsg. von Thomas Michael Mayer. Frankfurt a. M. 1987.

Georg Büchner. Werke und Briefe. Münchner Ausgabe. Hrsg. von Karl Pörnbacher, Gerhard Schaub, Hans-Joachim Simm und Edda Ziegler. München [12]2006.

Dedner, Burghard (Hrsg.): Der widerständige Klassiker. Einleitungen zu Georg Büchner vom Nachmärz bis zur Weimarer Republik. Frankfurt a. M. 1990. (Büchner-Studien. 5.)

Georg Büchner an »Hund« und »Kater«. Unbekannte Briefe des Exils. Hrsg. von Erika Gillmann, Thomas Michael Mayer, Reinhard Papst, Dieter Wolf. Marburg 1993.

Georg Büchner. Briefwechsel. Kritische Studienausgabe von Jan-Christoph Hauschild. Frankfurt a. M. 1994.

Georg Büchner. Sämtliche Werke, Briefe und Dokumente in zwei Bänden. Hrsg. von Henri Poschmann. Bd. 2: Schriften, Briefe, Dokumente. Frankfurt a. M. 1999. (Bibliothek deutscher Klassiker.)

Georg Büchner. Sämtliche Werke und Schriften. Historisch-kritische Ausgabe mit Quellendokumentation und Kommentar (Marburger Ausgabe). Im Auftrag der Akademie der Wissenschaften und der Literatur, Mainz, hrsg. von Burghard Dedner. Mitbegr. von Thomas Michael Mayer. 10 Bde. Darmstadt 2000 ff.

2. Nachschlagewerke und weitere Quellen

Adelung, Johann Christoph: Grammatisch-kritisches Wörterbuch der Hochdeutschen Mundart, mit beständiger Vergleichung der übrigen Mundarten, besonders aber der Oberdeutschen. 4 Bde. Leipzig [2]1793–1801.

Allgemeine deutsche Real-Encyklopädie für die gebildeten Stände. (Conversations-Lexikon.) In zwölf Bänden. Leipzig [8]1833–1837.

Aristoteles: Poetik. Griechisch/Deutsch. Übers. und hrsg. von Manfred Fuhrmann. Stuttgart 1994.

Arndt, E.[rnst] M.[oritz]: Ueber Sitte, Mode und Kleidertracht. Ein Wort aus der Zeit. Frankfurt a. M. 1814.

Babeuf: Der Krieg zwischen Reich und Arm. Artikel, Reden, Briefe. Hrsg. von Peter Fischer. Berlin 1975.

Baedeker, K.[arl]: Die Rheinlande von der Schweizer bis zur Holländischen Grenze […]. Handbuch für Reisende. Koblenz [9]1856.

Baedeker, K.[arl]: Die Schweiz. Handbuch für Reisende, nach eigener Anschauung und den besten Hülfsquellen bearbeitet. Koblenz [4]1852.

Börne, Ludwig: Sämtliche Schriften. Neu bearb. und hrsg. von Inge und Peter Rippmann. Bd. 3. Düsseldorf 1964.

Brentano, Clemens: Godwi oder das steinerne Bild der Mutter. Ein verwilderter Roman von Maria. Bremen 1801.

Büchner, Georg: Dantons Tod. Ein Drama. Stuttgart 2000.

– Lenz. Studienausgabe mit Quellenanhang und Nachwort. Hrsg. von Hubert Gersch. Stuttgart [2]1998.

– Leonce und Lena. Studienausgabe. Hrsg. von Burghard Dedner und Thomas Michael Mayer. Stuttgart 2003.

– / Weidig, Friedrich Ludwig: Der Hessische Landbote. Studienausgabe. Hrsg. von Gerhard Schaub. Stuttgart 1996.

Bürger, Gottfried August: Wunderbare Reisen zu Wasser und Lande, Feldzüge und lustige Abenteuer des Freiherrn von Münchhausen, wie er dieselben bei der Flasche im Zirkel seiner Freunde selbst zu erzählen pflegt. In: Gottfried August Bürger's sämmtliche Werke. Hrsg. von Karl Reinhard. Bd. 6. Hamburg 1813. S. 3–150.

Cannabich, G.[ottfried] Ch.[ristian]: Kritik der praktischen christlichen Religionslehre. Bd. 2. Leipzig 1811.

Die Bibel oder die ganze Heilige Schrift Alten und Neuen Testaments nach der Uebersetzung D. Martin Luthers. […] bearbeitet und hrsg. von Nicolaus Funk. Altona 1815.

Donndorff, J.[ohann] A.[ugust]: Geschichte der Erfindungen in allen Theilen der Wissenschaften und Künste von der ältesten bis auf die gegenwärtige Zeit. Bd. 5. Quedlinburg/Leipzig 1818.

Ersch, J.[ohann] S.[amuel] / Gruber, J.[ohann] G.[ottfried]: Allgemeine Encyclopädie der Wissenschaften und Künste […]. Bd. 11. Leipzig 1823.

Estermann, Alfred (Hrsg.): *Deutsche Revue* und *Deutsche Blätter*. Zwei Zeitschriften des jungen Deutschland. Frankfurt a. M. 1971.

Fischer, Heinz: Georg Büchner und Alexis Muston. Untersuchungen zu einem Büchner-Fund. München 1987.

– Georg Büchner. Untersuchungen und Marginalien. Bonn 1972.

Georg Büchner 1813–1837. Revolutionär, Dichter, Wissenschaftler. Basel, Frankfurt a. M. 1987.

Georg Büchner. Leben, Werk, Zeit. Katalog [der] Ausstellung zum 150. Jahrestag des *Hessischen Landboten* […] bearbeitet von Thomas Michael Mayer. Marburg [3]1987.

Goethe, Johann Wolfgang: Dichtung und Wahrheit. Hrsg. von Walter Hettche. Stuttgart 1998.
– Die Leiden des jungen Werthers. Studienausgabe. Paralleldruck der Fassungen von 1774 und 1787. Hrsg. von Matthias Luserke. Stuttgart 1999.
Görisch, Reinhard / Mayer, Thomas Michael (Hrsg.): Untersuchungsberichte zur republikanischen Bewegung in Hessen 1831 bis 1834. Frankfurt a. M. 1982.
Gottschalck, Friedrich: Almanach der Ritter-Orden. Bd. 3. Leipzig 1819.
Grimm, Jacob und Wilhelm: Deutsches Wörterbuch. Leipzig 1854–1954. [Reprint in 33 Bänden. München 1984.]
Gutzkow, K.[arl]: Appellation an den gesunden Menschenverstand. Letztes Wort in einer literarischen Streitfrage. Frankfurt a. M. 1835.
Gutzkow, Karl: Wally, die Zweiflerin. Roman. Studienausgabe mit Dokumenten zum zeitgenössischen Literaturstreit hrsg. von Günter Heintz. Stuttgart 1998.
Hartlaub, Carl Georg Christian: Systematische Darstellung der reinen Arzneiwirkungen zum practischen Gebrauch für homöopathische Aerzte. Bd. 2. Leipzig 1826.
Hauschild, Jan-Christoph: (Un)bekannte Stammbuchverse Georg Büchners. Weitere biographische Miszellen aus dem Nachlaß der Gebrüder Stoeber. In: GBJb 1 (1981) S. 233–241.
Heine, Heinrich: Sämtliche Werke. Düsseldorfer Ausgabe. Historisch-kritische Gesamtausgabe. 16 Bde. Hrsg. von Manfred Windfuhr. Hamburg 1973–1997.
– Werke – Briefwechsel – Lebenszeugnisse. Säkularausgabe. 30 Bde. Hrsg. von den Nationalen Forschungs- und Gedenkstätten der klassischen deutschen Literatur in Weimar und dem Centre National de la Recherche Scientifique. Berlin/Paris 1970–1984.
Heinroth, Johann Christian August: Geschichte und Kritik des Mysticismus aller bekannten Völker und Zeiten. Ein Beitrag zur Seelenheilkunde. Leipzig 1830.
Hensler, Karl Friedrich: Das Donauweibchen. Erster Theil. Ein romantisch-komisches Volksmährchen mit Gesang in drey Aufzügen, nach einer Sage der Vorzeit […]. Wien 1792.
– Das Donauweibchen. Zweyter und letzter Theil. Ein romantisch-komisches Volksmährchen mit Gesang in drey Aufzügen, nach einer Sage der Vorzeit […]. Wien ^{2}1801.
Heyse, Joh.[han] Christ.[ian] Aug.[ust]: Allgemeines Fremdwör-

terbuch oder Handbuch zum Verstehen und Vermeiden der in unserer Sprache mehr oder minder gebräuchlichen fremden Ausdrücke [...]. Bd. 2. Hannover [7]1835.

Hoffmann, E. T. A.: Die Elixiere des Teufels. Nachgelassene Papiere des Bruders Medardus eines Kapuziners. Hrsg. von Wolfgang Nehring. Stuttgart 2000.

[Hoffmann, E. T. A.:] Fantasiestücke in Callot's Manier. Blätter aus dem Tagebuche eines reisenden Enthusiasten. 4 Bde. Bamberg 1814/15.

Hoffmann, E. T. A.: Nachtstücke. Hrsg. von Gerhard R. Kaiser. Stuttgart 1990.

Huber, Ernst Rudolf (Hrsg.): Dokumente zur deutschen Verfassungsgeschichte. Bd. 1. Stuttgart [3]1978.

Hufeland, C.[hristoph] W.[ilhelm]: Enchiridion medicum oder Anleitung zur medizinischen Praxis. Vermächtnis einer funfzigjährigen Erfahrung. Berlin 1836.

Jean Paul: Flegeljahre. Eine Biographie. 4 Bde. Berlin 1827.

– Hesperus, oder 45 Hundposttage. Eine Lebensbeschreibung. 4 Bde. Berlin 1826.

Jüngken, J.[ohann] C.[hristian]: Die Lehre von den Augenoperationen. Ein Handbuch für angehende Aerzte und Wundärzte. Berlin 1829.

Kant, Immanuel: Zum ewigen Frieden. Ein philosophischer Entwurf. Stuttgart 1983.

Lenz, Jakob Michael Reinhold: Werke. Hrsg. von Friedrich Voit. Stuttgart 1992.

Löhr, J.[ohann] A.[ndreas] C.[hristian]: Die Länder und Völker der Erde oder vollständige Beschreibung aller fünf Erdtheile und deren Bewohner. Bd. 2. Leipzig [3]1818.

Loschek, Ingrid: Reclams Mode- und Kostümlexikon. Stuttgart [5]2005.

Mayer, Thomas Michael: Das Protokoll der Straßburger Studentenverbindung ›Eugenia‹. In: GBJb 6 (1986/87) 1990. S. 324–392.

Meissner, Friedrich Ludwig (Hrsg.): Encyklopädie der medicinischen Wissenschaften nach dem Dictionnaire de Médecine frei bearbeitet und mit nöthigen Zusätzen versehen. Bd. 1. Leipzig 1830. Bd. 6. Leipzig 1831.

Most, Georg Friedrich (Hrsg.): Encyklopädie der gesammten medicinischen und chirurgischen Praxis, mit Einschluss der Geburtshülfe und der Augenheilkunde. Bd. 1. Leipzig 1833.

Müller, Johann Georg (Hrsg.): Erinnerungen aus dem Leben Joh.

Gottfrieds von Herder. Gesammelt und beschrieben von Maria Carolina von Herder, geb. Flachsland. Bd. 2. Tübingen 1820.

Noellner, Friedrich: Actenmäßige Darlegung des wegen Hochverraths eingeleiteten gerichtlichen Verfahrens gegen Pfarrer D. Friedrich Ludwig Weidig [...]. Darmstadt 1844.

Papst, Reinhard: Georg Büchner: Albumblatt für Edouard Reuss. In: GBJb 9 (1995–99) 2000. S. 1–4.

Ritter, Joseph Ignatz: Handbuch der Kirchengeschichte. Bd. 1. Bonn 1826.

Schaub, Gerhard: Kommentar und Dokumente. In: HL [1996]. S. 39–168.

Schiller, Friedrich: Die Räuber. Ein Schauspiel. Anmerkungen von Christian Grawe. Stuttgart 2001.

Schuler, Th.[éophile]: Das Straßburger Münster. Straßburg [2]1817.

[Stoeber, August (Hrsg.):] Erinnerungsbüchlein für fremde und einheimische Freunde des Strassburger Münsters. Straßburg 1836.

Stöber, Ehrenfried: Kurze Geschichte und Charakteristik der schönen Literatur der Deutschen. Paris/Straßburg 1826.

Stoeber, D.[aniel] E.[hrenfried]: Vie de J. F. Oberlin, pasteur à Waldbach, au Ban-de-la-Roche, chevalier de la Légion d'honneur. Paris/Straßburg/London 1831.

Tennemann, Wilhelm Gottlieb: Geschichte der Philosophie. Bd. 10. Leipzig 1817.

Tieck, Ludwig: Der Jahrmarkt. In: Novellenkranz. Ein Almanach auf das Jahr 1832. Jg. 2. Berlin [1832]. S. 1–210.

Wagner, Georg Wilhelm Justin: Statistisch-topographisch-historische Beschreibung des Großherzogthums Hessen. Bd. 4. Darmstadt 1831.

Weber, Wilhelm Ernst: Die elegischen Dichter der Hellenen nach ihren Ueberresten übersetzt und erläutert. Frankfurt a. M. 1826.

Wirth, J.[ohann] G.[eorg] A.[ugust]: Die Rechte des deutschen Volkes. Eine Vertheidigungsrede vor den Assisen zu Landau. Nancy 1833.

3. Forschungsliteratur

Bockelmann, Eske: Von Büchners Handschrift oder Aufschluß, wie der *Woyzeck* zu edieren sei. In: GBJb 7 (1988/89) 1991. S. 219–258.

Bringmann, Klaus / Schäfer, Thomas: Augustus und die Begründung des römischen Kaisertums. Berlin 2002.

Bunners, Christian: Paul Gerhardt. Weg – Werk – Wirkung. Göttingen 2006.

Fortmann, Patrick: Büchners Briefe an seine Braut. In: Deutsche Vierteljahrsschrift für Literaturwissenschaft und Geistesgeschichte 81 (2007) S. 405–439.

Friedrich, Gerhard: »... bei Gewittersturm und Hagel«. Zum Zusammentreffen von Georg Büchner und Alexis Muston im Juni 1834 in Straßburg. In: GBJb 9 (1995–99) 2000. S. 333–349.

Funk, Gerald: Georg Büchner. *Dantons Tod*. Nach der Historisch-kritischen Marburger Ausgabe. Erläuterungen und Dokumente. Stuttgart 2002.

Giesselmann, Werner: »Die Manie der Revolte«. Protest unter der Französischen Julimonarchie (1830–1848). Bd. 1. München 1993.

Hartweg, Frédéric: Das Straßburger Münster. In: Etienne François / Hagen Schulze (Hrsg.): Deutsche Erinnerungsorte. Bd. 3. München 2009. S. 408–421.

Hauschild, Jan-Christoph: Georg Büchner. Biographie. Stuttgart/ Weimar 1993.

– Neudatierung und Neubewertung von Georg Büchners »Fatalismusbrief«. In: Zeitschrift für deutsche Philologie 108 (1989) S. 511–529.

Kiekenap, Bernhard: Karl und Wilhelm. Die Söhne des Schwarzen Herzogs. Bd. 1. Braunschweig 2000.

Knapp, Gerhard P.: Georg Büchner. Stuttgart ^{3}2000. (Sammlung Metzler)

– / Wender, Herbert: Anmerkungen. In: Georg Büchner. Gesammelte Werke. Hrsg. [...] von Gerhard P. Knapp und Herbert Wender. München 2002. S. 397–470.

Langen, August: Der Wortschatz des 18. Jahrhunderts. In: Deutsche Wortgeschichte. Hrsg. von Friedrich Maurer und Heinz Rupp. Bd. 2. Berlin / New York ^{3}1974. S. 31–244.

– Der Wortschatz des deutschen Pietismus. Tübingen ^{2}1968.

Lehmann, Susanne: Der Brand im Hause der Büchners 1851. Zur Überlieferung des Darmstädter Büchner-Nachlasses. In: GBJb 6 (1986/87) 1990. S. 303–313.

Martin, Ariane: Eine Anekdote aus »den englischen Blättern«. Büchner als Gegengeschichtsschreiber (am Beispiel seines Briefes vom 15. März 1836). In: Commitment and Compassion. Essays on Georg Büchner. Hrsg. von Martha Helfer und Patrick Fortmann. Amsterdam / New York 2011. [Im Druck.]

Martin, Ariane: Georg Büchner. Stuttgart 2007.

Mayer, Thomas Michael: »Wegen mir könnt Ihr ganz ruhig sein ...«. Die Argumentationslist in Georg Büchners Briefen an die Eltern. In: GBJb 2 (1982) 1983. S. 249–280.

– Bausteine und Marginalien. In: GBJb 1 (1981) S. 187–223.

– Büchner und Weidig – Frühkommunismus und revolutionäre Demokratie. Zur Textverteilung des *Hessischen Landboten*. In: Georg Büchner I/II. Hrsg. von Heinz Ludwig Arnold. München ²1982. (Text + Kritik. Sonderband.) S. 16–298. [Zit. als: 1982a.]

– Georg Büchner. Eine kurze Chronik zu Leben und Werk. In: Georg Büchner I/II. Hrsg. von Heinz Ludwig Arnold. München ²1982. (Text + Kritik. Sonderband.) S. 357–425. [Zit. als: 1982b.]

– Jan-Christoph Hauschilds Büchner-Biographie(n). Einwendungen zu Methode, Ergebnissen und Forschungspolitik. In: GBJb 9 (1995–99) 2000. S. 382–500.

– Über den Alltag und die Parteiungen des Exils. Anläßlich von Büchners Briefen an Braubach und Geilfus. In: HK [1993]. S. 41–146.

– / Papst, Reinhard: Vergleichende Übersicht zu den Brief-Datierungen. In: HK [1993]. S. 147–151.

Morawe, Bodo: Methodische Nachbemerkung. In: Goethes Briefe. Hamburger Ausgabe. Bd. 3. Textkritisch durchges. und mit Anm. vers. von Bodo Morawe. München ³1988. S. 697–698.

Perreux, Gabriel: Au temps des sociétés secrètes. La propagande républicaine au début de la Monarchie de Juillet (1830–1835). Paris 1931.

Ponteil, Félix: L'opposition politique à Strasbourg sous la monarchie de juillet (1830–1848). Paris 1932.

Poschmann, Henri: Briefe. In: Büchner-Handbuch. Leben – Werk – Wirkung. Hrsg. von Roland Borgards und Harald Neumeyer. Stuttgart/Weimar 2009. S. 138–155.

Reuss, Rodolphe: La Cathédrale de Strasbourg pendant la Révolution. Etudes sur l'histoire politique et religieuse de l'Alsace (1780–1802). Paris 1888.

Roth, Udo: Georg Büchners naturwissenschaftliche Schriften. Ein Beitrag zur Geschichte der Wissenschaften vom Lebendigen in der ersten Hälfte des 19. Jahrhunderts. Tübingen 2004. (Büchner-Studien. 9.)

Schaub, Gerhard: Georg Büchner: *Poeta rhetor*. Eine Forschungsperspektive. In: GBJb 2 (1982) 1983. S. 170–195.

Schneider, Eva Maria: Herkunft und Verbreitungsformen der »Deutschen Nationaltracht der Befreiungskriege« als Ausdruck politischer Gesinnung. Bd. 1. Bonn 2002.

Schönpflug, Daniel: Der Weg in die Terreur. Radikalisierung und Konflikte im Straßburger Jakobinerclub (1790–1795). München 2002.

Schulz, Georg-Michael: Jacob Michael Reinhold Lenz. Stuttgart 2001.

Thamer, Hans-Ulrich: Die französische Revolution. München ²2006.

Wetzel, Heinz: Georg Büchner und ein polnischer General. Zwischen politischem Engagement und ironischer Distanz. In: Jahrbuch der deutschen Schillergesellschaft 25 (1981) S. 367–384.

Zimmermann, Erich: Die Schauspieler Carl Seydelmann und Therese Peche in Darmstadt. Ein Kapitel hessischer Theatergeschichte unter Ludwig I. In: Archiv für hessische Geschichte und Altertumskunde NF 41 (1983) S. 133–150.

Register

Personen

Werke

Orte